# 일본어권 의료관광 문화의 이해

본 과제(결과물)는 교육과학기술부의 재원으로 한국연구재단의 지원을 받아 수행된 광역경제권 선도산업 인재양성사업의 연구결과입니다.

# 일본어권 의료관광 문화의 이해

| 사이토 아케미 · 최수나 지음 |

小花

# 머리말

이 책은 제1부 '일본의 문화', 제2부 '일본의 관광, 의료문화'로 구성되어 있다. 일본어를 사용하여 의료관광에 종사하는 사람들에게 일본이나 일본인들 배경에 있는 일본문화를 이해하는 것은 대단히 중요하다. 서로의 문화를 이해하지 못해 올바른 일본어를 사용하고도 의사소통을 할 수 없거나 불필요한 오해를 낳는 경우가 적지 않기 때문이다.

제1부에서 소개하는 일본문화의 내용은 '일본의 지리, 자연', '일본의 전통문화', '일본의 마쓰리', '일본의 연중행사', '일본의 식문화', '일본의 주거문화', 일본의 의복문화'에 관한 것이며 모든 항목이 일본 및 일본인을 이해하기 위한 기본적 사항이라고 할 수 있다. 기본적인 지식을 배우고 이에 관련된 언어에 대해 학습한다. 다음으로 회화를 통해 관련된 일본어 단어나 표현을 실제로 사용할 수 있도록 하였고, 나아가서 연습문제를 통해 지식의 확인 및 보충을 할 수 있도록 하였다. 또한 필요에 따라 한국문화와 비교하여 언급하였다. 또한 제1부는 제1장이 일본어, 제2장은 제1장의 한국어 번역으로 되어 있으며 문제 해답도 제시되어 있으므로 우선 일본어로 학습하고 이해가 잘 안 되는 부분이나 연습문제 해답을 한국어로 확인할 수 있게 되어 있다.

제2부에서 소개하는 일본의 관광 및 의료문화의 내용은 '가계를 통해 본 일본인의 일상생활', '일본인의 관광문화', '일본의 고령자문제', '일본의 의료제도', '일본의 의료현황', '일본의 의료관광과 의료통역'으로 되어 있으며 모든 항목이 일본의 관광 및 의료문화를 이해하기 위한 정보로 구성되어 있다. 각 장에 일본의 총무성, 후생노동성, 관광청 등이 집계한 데이터를 활용하였으며, 이를 통해 그간의 추이와 최근의 동향을 확인할 수 있도록 하였다.

본서가 의료관광에 종사하기를 희망하는 사람들이 일본을 이해하는데 조금이나마 도움이 되기를 바라며, 또한 의료관광업계의 발전에 미력하나마 일조할 수 있기를 바란다.

2012년 1월

# 차례

## 제2부 일본의 관광, 의료문화

# 제1부
# 일본의 문화

# 제1장

# I. 日本の地理、自然

## 1. 日本の地理、人口

日本は北東から南西に長く伸びた列島で、北海道、本州、四国、九州の4つの島と伊豆諸島(いずしょとう)、小笠原諸島(おがさわらしょとう)および沖縄を中心とする南西諸島からなり、その長さは約3,500kmにおよぶ。「平成22年全国都道府県市区町村別面積調」(国土地理院) によると、面積は、377,950,10km$^2$である。国土の6割以上が森林であるため美しい自然に恵まれ、人々の生活が豊かになっているが、居住可能な地域が限られているため住宅が密集している場合が多い。

2010年の国勢調査によると、日本の総人口は128,057,352人であり、5年前の調査結果に比べ289,358 人増加した。しかし、日本人の数は125,358,854人であり、5年前の調査より37万人減少している。日本人の人口は今後も減少が予想され、少子高齢化が大きな社会問題となっている。『世界人口白書2011』(国連人口基金東京事務所)によると、今や世界の人口は70億人に達し、日本の人口は中国、インド、アメリカ、インドネシア、ブラジル、パキスタン、ナイジェリア、バングラデシュ、ロシアに次いで10位である。

## 2. 日本列島の位置

日本はユーラシア大陸の東にあり、東アジアに含まれる。そのため、「中国の東」や「太平洋の西」ということがある。海に囲まれており、約東経123度から154度、北緯20度から45度の間に位置する。ほぼ温帯地帯に属するが、南北にのびているので地域によって気候が異なっている。季節は、春(3～5月)、夏(6～8月)、秋(9～11月)、冬(12月～2月)の四季があり、人々は春は花見、夏は海水浴、秋は紅葉狩り、冬はスキーといったように変化に富んだ四季折々の生活を楽しんでいる。しかし、毎年夏から秋にかけて台風による被害にみまわれたり、地震が日本各地でたびたび起こるなどの自然災害もあり、日本語には恐ろしいものを順に並べた表現として「地震、雷(かみなり)、火事、親父(おやじ)」ということがある。

**〈世界の中の日本の位置〉**

地図で日本の位置を確認してみよう。

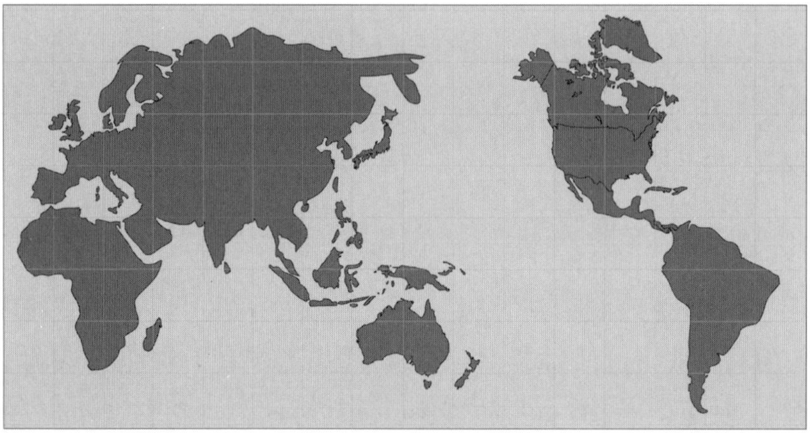

[図 1–I–1]

## 3. 日本の地方区分

日本の地方区分は、北海道、東北地方(福島県、宮城県、岩手県、青森県、山形県、秋田県)、関東地方(東京都、茨城県、栃木県、群馬県、埼玉県、千葉県、神奈川県)、中部地方(新潟県、富山県、石川県、福井県、山梨県、長野県、岐阜県、静岡県、愛知県)、近畿地方(京都府、大阪府、滋賀県、兵庫県、奈良県、和歌山県、三重県)、中国地方(岡山県、広島県、山口県、島根県、鳥取県)、四国地方(徳島県、香川県、愛媛県、高知県)、九州地方(福岡県、佐賀県、長崎県、熊本県、大分県、宮崎県、鹿児島県)に区分されている。

[図 1-I-2] 日本の地方区分

## 4. 日本の行政区分

日本の行政区分は全国を1都、1道、2府、43県に分け、さらに市町村に分けている。国土地理院全国都道府県市区町村面積調べ(平成22年10月1日現在)によると、全国の都道府県の面積の広さベスト10は、1位 北海道(83,456.87km$^2$)、2位 岩手県(15,278.89km$^2$)、3位 福島県(13,782.76km$^2$)、4位 長野県(13,104.95km$^2$)、5位 秋田県(11,636.25km$^2$)、6位 新潟県(10,363.72km$^2$)、7位 岐阜県(9,768.20km$^2$)、8位 青森県(9,644.54km$^2$)、9位 鹿児島県(9,044.45km$^2$)、10位 広島県(8,479.58km$^2$)の順である。

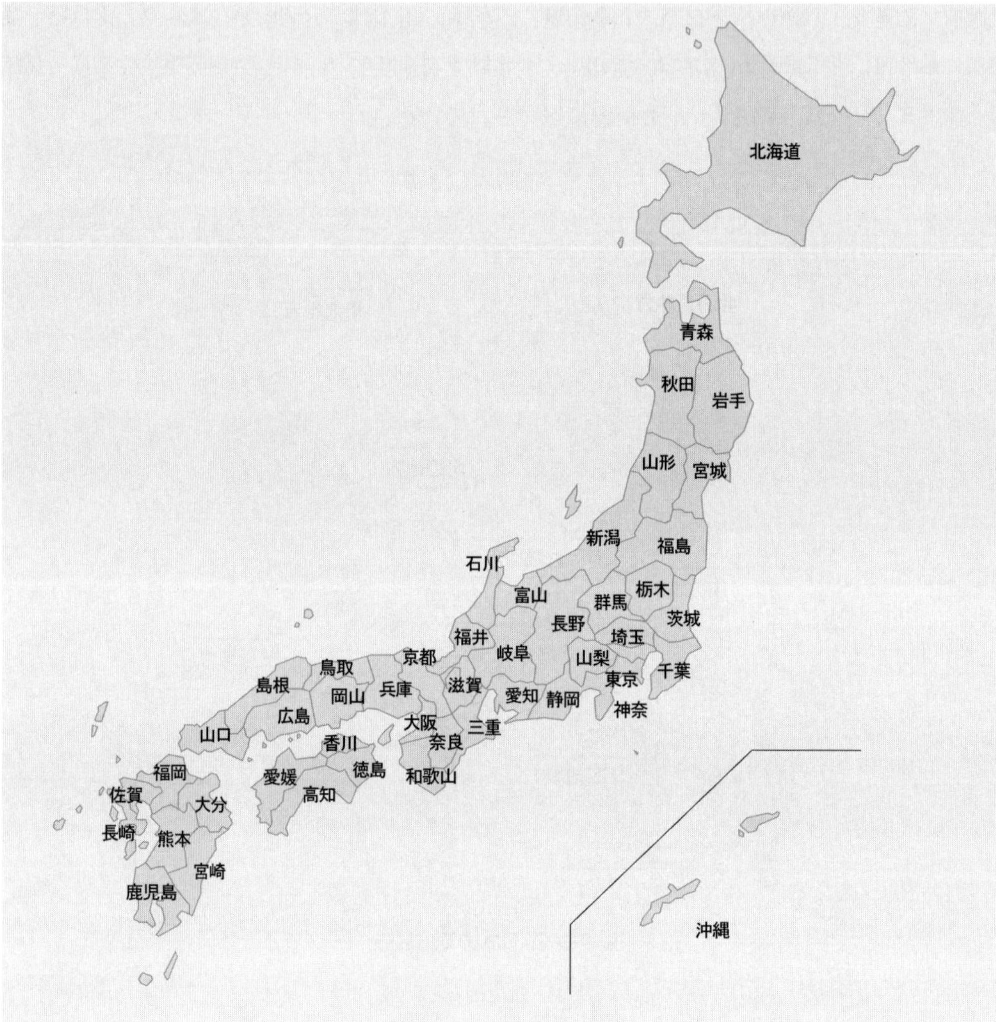


[図 1-I-3] 日本の行政区分

## 5. 県庁所在地

県庁所在地は、次のようである。

北海道(札幌市)、青森県(青森市)、秋田県(秋田市)、岩手県(盛岡市)、山形県(山形市)、宮城県(仙台市)、福島県(福島市)、群馬県(前橋市)、栃木県(宇都宮市)、茨城県(水戸市)、千葉県(千葉市)、埼玉県(埼玉市)、東京都(東京)、神奈川県(横浜市)、新潟県(新潟市)、長野県(長野市)、山梨県(甲府市)、静岡県(静岡市)、富山県(富山市)、岐阜県(岐阜市)、愛知県(名古屋市)、石川県(金沢市)、福井県(福井市)、滋賀県(大津市)、三重県(津市)、京都府(京都市)、奈良県(奈良市)、兵庫県(神戸市)、大阪府(大阪市)、和歌山県(和歌山市)、鳥取県(鳥取市)、岡山県(岡山市)、島根県(松江市)、広島県(広島市)、山口県(山口市)、香川県(高松市)、徳島県(徳島市)、愛媛県(松山市)、高知県(高知市)、福岡県(福岡市)、佐賀県(佐賀市)、長崎県(長崎市)、大分県(大分市)、熊本県(熊本市)、宮崎県(宮崎市)、鹿児島県(鹿児島市)、沖縄県(那覇市)

また、都道府県名と県庁所在地が異なるのは次の18の地域である。

1. 北海道　2. 岩手県　3. 宮城県　4. 群馬県　5. 栃木県　6. 茨城県　7. 埼玉県　8. 神奈川県　9. 山梨県　10. 愛知県　11. 石川県　12. 滋賀県　13. 三重県　14. 兵庫県　15. 島根県　16. 香川県　17. 愛媛県　18. 沖縄県

## 6. 日本の山

日本は国土の約７割が山である。日本の山は古来、神々が住む神聖な地として信仰の対象とされたり修行の場とされた。国土地理院の「日本の山岳標高一覧(1003山)」(2011) によると、日本には3000m以上の山が23あり、高い順にあげると次のようである。

1. 富士山(ふじさん、3,776m) 2. 北岳(きただけ、3,193m) 3. 奥穂高岳(おくほたかだけ、3,190m) 4. 間ノ岳(あいのだけ、3,189) 5. 槍ヶ岳(やりがたけ、3,180m) 6. 東岳(悪沢岳)(ひがしだけ、わるさわだけ、3,141m) 7. 赤石岳(あかいしだけ、3,120m) 8. 涸沢岳(からさわだけ、3,110m) 9. 北穂高岳(きたほたかだけ、3,106m) 10. 大喰岳(おおばみだけ、3,101m) 11. 前穂高岳(まえほたかだけ、3,090m) 12. 中岳(なかだけ、3,084m) 13. 荒川岳(中岳)(あらかわだけ、なかだけ、3,083m) 14. 荒川岳(前岳)(あらかわだけ、まえだけ、3,068m) 15. 御嶽山(剣ヶ峰)(おんたけさん、けんがみね、3,067m) 16. 農鳥岳(西農鳥岳)(のうとりだけ、にしのうとりだけ、3,051m) 17. 塩見岳(しおみだけ、3,047m) 18. 仙丈岳(せんじょうがたけ、3,033m) 19. 南岳(みなみだけ、3,033m) 20. 乗鞍岳(剣ヶ峰)(のりくらだけ、けんがみね、3,026m) 21. 農鳥岳(のうとりだけ、3,026m) 22. 立山(大汝山)(たてやま、おおなんじやま、3,015m) 23. 聖岳(前聖岳)(ひじりだけ、まえひじりだけ、3,013m)

ここにあげた山のうち、富士山と御嶽山以外は、南アルプスか北アルプスに属する。南アルプスとは日本アルプスを構成する赤石山脈の別称であり、北アルプスとは飛騨山脈の別称である。また、日本アルプスは、中部地方の飛騨(ひだ)、木曽(きそ)、明石(あかいし)の3山脈の総称である。

[図 1-I-4] 富士山

〈日本の山〉

地図で日本の山を確認してみよう。

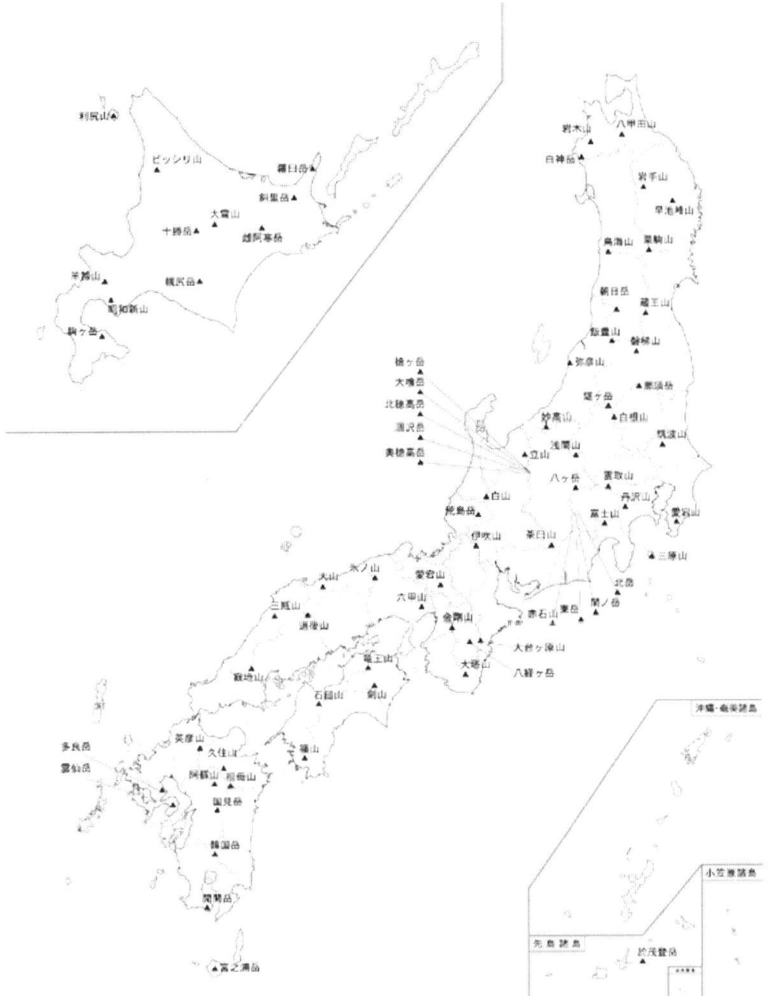


[図 1–I–5]

### 〈日本の山脈、山地、高知名〉

地図で日本の山脈、山地、高地名を確認してみよう。

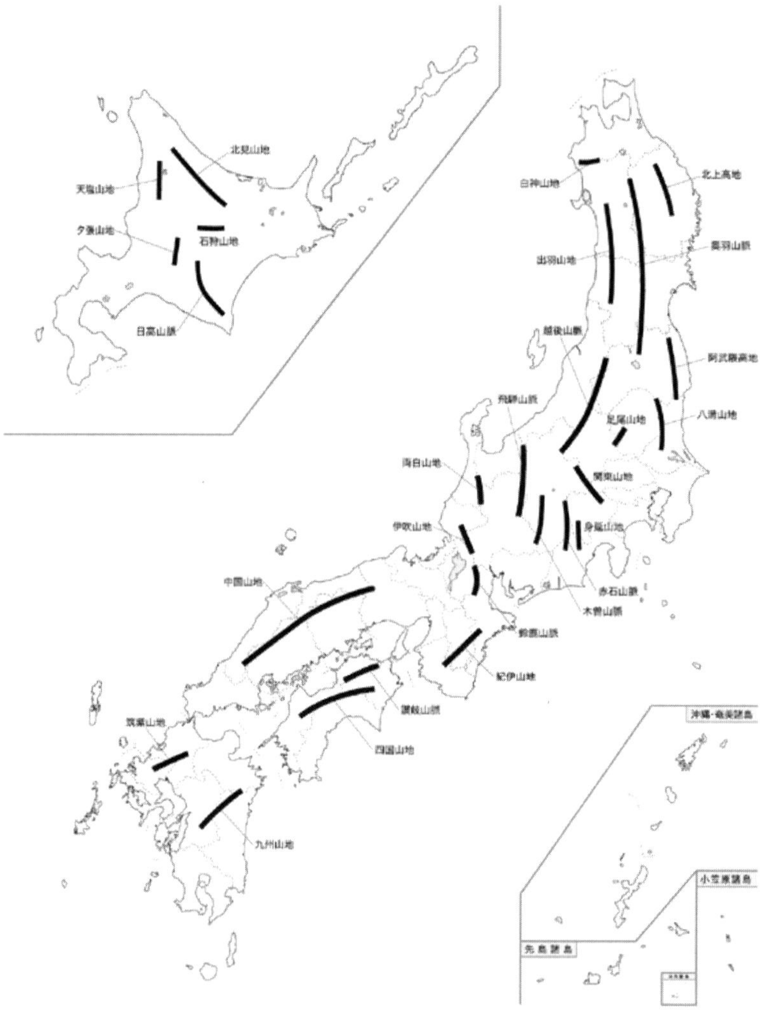


[図 1–I–6]

## 7. 日本の河川と湖

『日本の統計2011』(総務省統計局発行、総務省統計研究所編集) によると、日本の河川の長さベスト10は、次のようである。これらの河川は、すべて200km以上である。

1. 信濃川(しなのがわ、367km) 2. 利根川(とねがわ、322km) 3. 石狩川(いしかりがわ、268km) 4. 天塩川(てしおがわ、256km) 5. 北上川(きたかみがわ、249km) 6. 阿武隈川(あぶくまがわ、239km) 7. 木曽川(きそがわ、229km) 8. 最上川(もがみがわ、229km) 9. 天竜川(てんりゅうがわ、213km) 10. 阿賀野川(あがのがわ、210km)

また、日本の主な湖沼の広さベスト10は次のようである。

1. 琵琶湖(びわこ、670.3km$^2$) 2. 霞ヶ浦(かすみがうら、167.6km$^2$) 3. サロマ湖(151.8km$^2$) 4. 猪苗代湖(いなわしろこ、103.3km$^2$) 5. 中海(なかうみ、86.2km$^2$) 6. 屈斜路湖(くっしゃろこ、79.6km$^2$) 7. 宍道湖(しんじこ、79.1km$^2$) 8. 支笏湖(しこつこ、78.4km$^2$) 9. 洞爺湖(とうやこ、70.7km$^2$) 10. 浜名湖(はまなこ、65.0km$^2$)

[図 1–I–7] 日本の河川

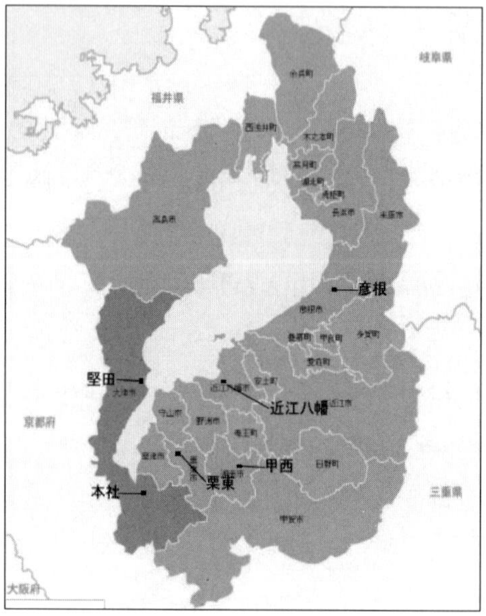


[図 1-I-8] 琵琶湖

## ことば

次のことばの韓国語を調べて表を完成させてください。

| 日本語 | 韓国語 | 日本語 | 韓国語 |
|---|---|---|---|
| 地理 | | 地域 | |
| 列島 | | 住宅 | |
| 北海道 | | 密集 | |
| 本州 | | 国勢調査 | |
| 四国 | | 減少 | |
| 九州 | | 少子高齢化 | |
| 沖縄 | | 社会問題 | |
| 南西諸島 | | 大陸 | |
| 森林 | | 温帯地帯 | |
| 自然 | | 気候 | |
| 居住 | | 被害 | |

次のことばの韓国語を調べて表を完成させてください。

| 日本語 | 韓国語 | 日本語 | 韓国語 |
|---|---|---|---|
| 地方区分 | | 山岳標高一覧 | |
| 東北地方 | | 富士山 | |
| 関東地方 | | 南アルプス | |
| 中部地方 | | 北アルプス | |
| 近畿地方 | | 統計 | |
| 中国地方 | | 総務省 | |
| 四国地方 | | 河川 | |
| 九州地方 | | 信濃川 | |
| 県庁所在地 | | 湖沼 | |
| 都道府県 | | 琵琶湖 | |
| 国土地理院 | | 霞ヶ浦 | |

会話

主な登場人物

みさき(大学2年生)

ヒョンジュ(大学2年生、韓国からの交換留学生)

だいち(みさきの同級生)

ひろき(みさきの弟、中学2年生)

みさきの父

みさきの母

## 会話

(ヒョンジュとみさきが旅行について話しています。)

みさき： ヒョンジュ、どこか行きたいところある。
ヒョンジュ： うん。私、ずっと前から富士山に登ってみたいと思っていたの。
みさき： ほんとう。私は小学校6年生の夏休みに家族で登ったよ。
たしか、山開きは7月の初めだから、夏休みにいっしょに行こうか。
ヒョンジュ： 行きたあい。富士山って日本で一番高い山でしょ。
みさき： そうよ。3776mで、日本で一番高いのよ。
ヒョンジュ： そんな高い山に登るのは、準備が大変じゃないの。
みさき： だいじょうぶ。5合目まではバスで行けるし、途中、馬にも乗ったよ。
真夏でも夜は寒かったけどね。
ヒョンジュ： じゃ、たくさん着こんでいかなきゃだめだね。
時間はどのくらいかかるの。
みさき： そうね。あまり軽装で行かないほうがいいかもね。
急がずゆっくり行こうよ。山小屋で一泊するのも楽しいよ。
ヒョンジュ： 山小屋かあ。いいねえ、楽しそうね。

**〈ことば〉**

| | | |
|---|---|---|
| 富士山(ふじさん) | 山開(やまびら)き | 5合目(ごごうめ) |
| 真夏(まなつ) | 着(き)こむ | 軽装(けいそう) |

## 会話

(ヒョンジュとみさきが季節について話しています。)

みさき：日本と韓国は季節も似てるわね。
ヒョンジュ：うん。わたしは春が好き。
韓国の春はチンダレやケナリが本当にきれいよ。みさきは。
みさき：そうねえ。私は夏かな。
夏には海で泳いで、スイカを食べて。
ヒョンジュ：みさき泳げるの。
みさき：もちろんよ。小学校のときから友達といっしょに水泳教室にかよったのよ。上手に泳げるようになると帽子につけた線の数がふえるの。
ヒョンジュ：へえ。おもしろいね。小学校のときは学校が終わるとすぐに塾に行ってたから、なんか忙しかったわね。算数、英語、ピアノ、美術。
みさき：そうなの。大変だったのね。私は水泳教室だけだったんだけど、そのおかげでぜんそくがなおったの。
ヒョンジュ：そう。水泳って体にいいんだね。じゃあ、ダイエット効果もあるかしら。私も始めてみようかしら。
みさき：いいわね。私も久しぶりに泳ぎたいわ。近くのプールに行ってみようか。

〈ことば〉

| | |
|---|---|
| 季節(きせつ) | 水泳教室(すいえいきょうしつ) |
| 久(ひさ)しぶり | ダイエット効果(こうか) |

## 練習問題

1. 16ページを参考にして日本地図に都道府県名を書いてみましょう。

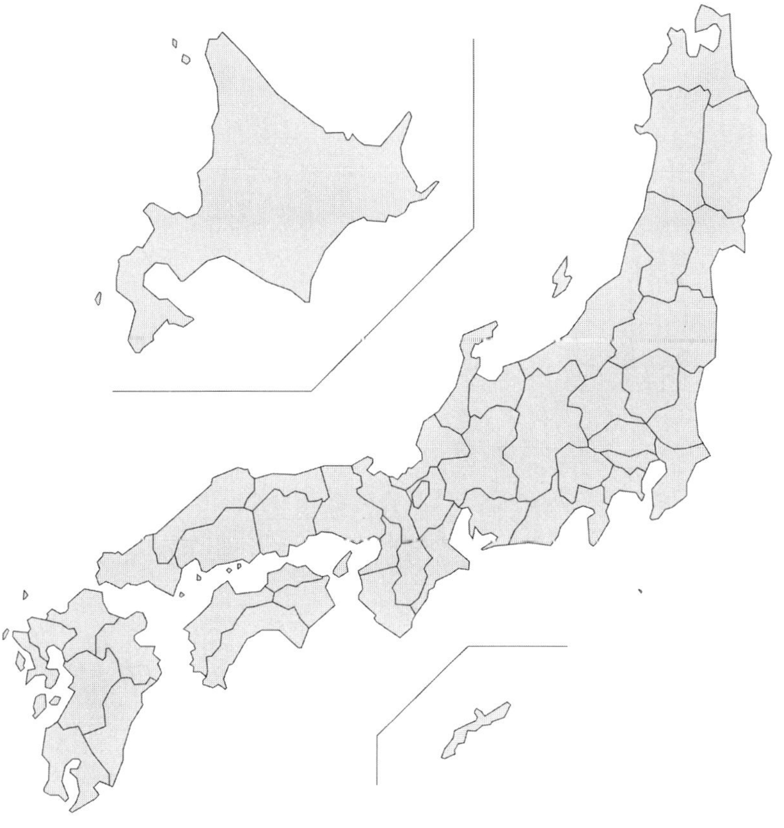

2. 2~3人のグループを作って、韓国と日本の位置、行政区域、人口などを調べて発表しましょう。

# II. 日本の伝統文化

日本の伝統文化には、「文化」としては、生け花、茶道、俳句、短歌、浮世絵、水墨画などがあり、「芸能」としては、歌舞伎、能、狂言、文楽、落語、漫才などがある。また、「スポーツ」には、相撲、柔道、剣道、空手などがある。

## 1. 文化

### 1) 生け花

草木の花や枝などを切りとって花器にさして飾ること。歴史は古く、奈良時代には仏前に花を供える供花(くげ) が行われ、平安時代には花や木を器に盛って飾ったという記録が残っている。室町時代になると床の間の飾り花として発達し、室町時代、江戸時代に多くの流派がうまれた。花(華) 道ということばは江戸時代になって使われた。池坊(いけのぼう)、草月流(そうげつりゅう)などの流派がある。

### 2) 茶道(さどう)

人を招いて抹茶をたててもてなすこと。茶の湯ともいう。

喫茶の習慣は奈良時代から平安時代の初期に中国から伝えられたが、平安末期に抹茶による茶道が伝えられた。室町時代になると茶の湯の遊芸化が盛んになり、千利休(せんのりきゅう)によって大成したといわれている。茶道ということばが用いられたのは江戸時代になってからであった。「茶道」の読み方は「さどう」であるが、この読み方は江戸時代まではまれであり、「ちゃどう」というのが一般的であった。

[図 1–II–1] 生け花

[図 1–II–2] 茶道

### 3) 書道

毛筆を使って文字を美しく書く芸術。中国から伝わったが、平安時代に日本でかなが作られると日本風の書道が発展した。日本では、高等学校で学習する科目の一つであり、小学校、中学校では「習字」といい、国語科の一分野となっている。中学校、高等学校では部活動として「書道部」がある学校も少なくない。

### 4) 俳句

俳句は、五七五の三句、十七文字で完成する短い定型詩で、「古池や蛙飛びこむ水の音」の「や」のような切れ字、および季節感を表すためのことばである季語(季題)を入れるのが原則である。五七五と七七を交互に繰り返す俳諧連歌から派生し、松尾芭蕉が現在の形式にした。また、五七五からなる発句のみを「俳句」というようになったのは、明治時代の中期に正岡子規(まさおかしき)が出現してからであった。時には定型をくずしたり、季語を入れないものもみられる。

## 5) 短歌

五七五七七の五句で構成され、三十一字(みそひともじ)からなる定型の詩。五七五を上の句〔本(もと)〕、七七を下の句〔末(すえ)〕という。近代短歌には、定型をくずしたものもある。日常生活を題材にし、平易なことばで表現した歌集『サラダ記念日』(俵万智、たわらまち、1962～)がベストセラーとなり、短歌を作ることがブームになったこともあった。

[図 1-II-3] 書道

[図 1-II-4] 俳句

[図 1-II-5] 短歌

## 6) 浮世絵

浮世絵は江戸時代に発達した木版画を中心とする日本絵画である。17世紀後半に菱川師宣(ひしかわもろのぶ) によって基礎が築かれ、鈴木春信(すずきはるのぶ) によって錦絵という多色刷りの版画が発達した。浮世絵の題材は、役者、美人、力士などの似顔絵や庶民の生活を描いた風俗画、遊里、芝居の情景、歴史画、花鳥など幅広い。「富嶽(ふがく)三十六景」で有名な葛飾北斎(かつしかほくさい)の風景画や花鳥画、東洲斎写楽(とうしゅうさいしゃらく)の誇張された作風の歌舞伎役者や力士の似顔絵、大首絵(おおくびえ)の様式を確立した喜田川歌麿(きたがわうたまろ)の美人画などが有名である。

## 7) 水墨画

水墨画は墨で描く絵のことであり、中国の唐の時代に始まり宋の時代に盛んになった。禅僧によって鎌倉時代に中国から日本に伝えられ、室町時代に盛んに行われた。室町時代に周文のあと画僧であった雪舟(せっしゅう、1420～1506頃)が出現し、日本的な水墨画が完成されたことは有名である。雪舟の絵には山水画、人物画、花鳥画などがある。

[図 1-II-6] 浮世絵

[図 1-II-7] 水墨画

## 2. 芸能

### 1) 歌舞伎

日本特有の演劇で江戸時代初期にうまれた。もともとは出雲(いずも) の阿国(おくに)が、京都で念仏踊りをしたことから始まったが、風紀を乱すという理由で禁止された。その後男性のみにより演じられ、音楽、科白(かはく)、舞踊の伝統演劇として発展した。「歌舞伎」は「傾(かぶ)く」の連用形が名詞化したものであるが、「傾(かぶ)く」とは、異様なふるまい、自由奔放な行動をすることである。隈取(くまどり)という派手で独特な化粧をしたり、回り舞台、セリなどの舞台装置があるのも歌舞伎の特徴の一つである。現在は高校生のための歌舞伎教室なども開催されるが、イヤホーンガイドで舞台装置などに関する詳しい解説が行われる。

### 2) 能

日本特有の伝統演劇で斉唱団と囃子(はやし)を用い、舞いながら謡う歌舞劇である。筋は謡(うたい)といわれる歌で表現し、主役は「シテ」、脇役は「ワキ」という。木で作った、漆(うるし)塗りの能面をかぶり、豪華な能装束を身につけるところに特色があるが、面をかぶらない役柄もある。南北朝から室町時代にかけて観阿弥(かんあみ)、世阿弥(ぜあみ)が出現し、将軍であった足利義満(あしかがよしみつ)の保護のもとに大成した。日本語で「のうめんのような顔」ということがあるが、これは端麗な顔をさすこともあるが、「表情に変化がない、無表情な顔」を表すことが多い。能は韓国の仮面劇と比較されることもある。

[図 1-II-8] 歌舞伎

[図 1-II-9] 能

### 3) 狂言

日本の古典芸能の一つで室町時代に発達した対話と所作を中心とする芸能である。能が幽玄(ゆうげん)味をもつのに対して、狂言は、主として滑稽、笑い、風刺などを中心に演じる。猿楽が能と狂言に分かれたが、狂言は能に比べて庶民的であるともいえる。江戸時代には能と同じように幕府の式楽として儀式に用いられた。もともとは能と能との間に演じられ、即興性が強かったが、次第に固定化されるようになった。独立して演じる「本狂言」と能の間に演じられる「間狂言(あいきょうげん)」とがある。

### 4) 文楽

義太夫節に合わせて演ずる人形浄瑠璃の一呼称であり、明治末期以降から大正時代の初めにかけて、「文楽座」が操人形芝居の専用劇場になったことから「文楽」といわれる。能、歌舞伎とともに日本の三大古典演劇の一つである。文楽には、太夫(たゆう)といわれる浄瑠璃語りと三味線(しゃみせん)弾き、人形遣いがいる。人形は1~1.5メートル位の大きさで3人の人形遣が操っている。人形遣は黒い衣装を身につけ、人形の動作が際立つようにしている。

[図 1-II-10] 狂言

[図 1-II-11] 文楽

## 3. 寄席

### 1) 落語

一人の落語家が滑稽、おかしさを中心とする話に出てくる複数の登場人物を、ことばと身振りなどで演じ分ける話芸で、最後に落ちがある寄席芸能である。落語に用いる道具は、扇子、手ぬぐいなどの小道具だけである。はじまりは江戸時代であり、幕末から明治時代の初めに三遊亭円朝が江戸落語を大成したといわれる。「落語」の読み方は、もとは「オトシバナシ」であったが、明治時代に入ってから「ラクゴ」と音で読むようになった。古くから伝えられ明治期に完成されたものを古典落語、それ以後作られたものを新作落語という。古典落語中心に演じる落語家もいれば、新作落語を得意とする落語家もいる。現在は寄席だけでなく、テレビやラジオなどにも出演し幅広く活躍している 。

### 2) 漫才

二人の芸人が掛け合いでおもしろい話をし、ことばやしぐさで観客を笑わせる寄席(よせ)演芸である。大阪で、正月に祝言をいって家々を歩いた「万歳」を舞台で演じたことがはじまりであった。最初は「万才」と書いたが、昭和初期に「漫才」という表記が使われはじめた。漫才も落語同様、テレビなどでも放映され人気を得ている。

[図 1-II-12] 落語

[図 1-II-13] 漫才

## 4. スポーツ

### 1) 相撲

日本の国技に指定されている。二人の力士が土俵の中でまわし一つを身につけて素手で勝敗を競う格闘技。どちらかが土俵の外に出るか倒れるまで戦う。古くは農耕儀礼や宮中行事としても行われた。近世になって職業相撲が発達し、現在、日本相撲協会が、年6回の興行を行っている。2011年は、1月場所(初場所、1月開催、両国国技館)、三月場所(春場所、三月開催、大阪府立体育会館)、五月場所(夏場所、五月開催、両国国技館)、七月場所(名古屋場所、七月開催、愛知県体育館)、九月場所(秋場所、九月開催、両国国技館)、十一月場所(九州場所、十一月開催、福岡国際センター) が開催された。最近は日本人力士だけでなく外国人力士の活躍もめざましい。

### 2) 柔道

日本の代表的な格闘技の一つで、素手で相手の攻撃に応じ、防御、攻撃などの技を競う。身体の鍛錬と精神修養をも目的としている。起源はかなり古く、江戸時代には武士の武道として発達したが、一般的には、明治15年(1882)に嘉納治五郎(かのうじごろう)が日本古来の柔術(じゅうじゅつ)を近代化し、創始した「講道館柔道(こうどうかんじゅうどう)」をさす。1952年には国際柔道連盟が設立され、現在はオリンピックの正式種目にもなっている。

[図 1-II-14] 相撲

[図 1-II-15] 柔道

### 3) 剣道

面、籠手(こて)、胴(どう)、垂(た)れなどの防具をつけ、竹刀(しない)を使って対戦する競技である。室町時代に発展し、江戸時代には武士の表芸であった。明治時代に武士階級がなくなり衰微するなど紆余曲折があったが、1952年に全国日本剣道連盟が創設され、1970年には国際剣道連盟が創設されて今や世界的なスポーツになった。心身を鍛えるスポーツとしても有名である。高等学校には部活としての「剣道部」もあり、男子だけでなく女子部員も大勢いる。

### 4) 空手

空手は中国から沖縄に伝わり盛んに行われるようになった武道である。武器を持たずに、突き、蹴り、受けの三方式を基本のわざとする。1964年に全日本空手道連盟が結成された。競技には相対した二人の選手が競う相手試合と、空手の形を競う形試合(かたじあい)の2種目がある。

[図 1-II-16] 剣道

[図 1-II-17] 空手

ことば

次のことばの韓国語を調べて表を完成させてください。

| 日本語 | 韓国語 | 日本語 | 韓国語 |
|---|---|---|---|
| 生け花 | | 風紀 | |
| 流派 | | 禁止 | |
| 花道 | | 舞踊 | |
| 茶道 | | 自由奔放 | |
| まっちゃ | | 舞台装置 | |
| 遊芸化 | | 主役 | |
| 書道 | | 脇役 | |
| 毛筆 | | 仮面劇 | |
| 習字 | | 所作 | |
| 歌舞伎 | | 幕府 | |
| 演劇 | | 専用劇場 | |

次のことばの韓国語を調べて表を完成させてください。

| 日本語 | 韓国語 | 日本語 | 韓国語 |
|---|---|---|---|
| 落語家 | | 順応 | |
| 複数 | | 攻撃 | |
| 登場人物 | | 防御 | |
| 完成 | | 鍛錬 | |
| 観客 | | 精神修行 | |
| 舞台 | | 近代化 | |
| 格闘技 | | 正式種目 | |
| 力士 | | 防具 | |
| 農耕儀礼 | | 竹刀 | |
| 宮中行事 | | 武士階級 | |
| 職業相撲 | | 衰微する | |

## 会話

（ヒョンジュとみさきが新宿で漫才を見た帰りに話をしています。）

みさき：ヒョンジュ、どうだった。
ヒョンジュ：いつもテレビで見ている人がたくさん出てたからびっくりしちゃった。
みさき：本当ね。ラッキーだったわね。
でも、思ったより小さい劇場だったでしょう。
ヒョンジュ：うん。だけど舞台と客席が近くてよかったよ。
チケットもそんなに高くなかったしね。
みさき：そうだよね。それに予約しなくても気楽に入れるのがいいよね。
ここは大阪の芸人さんたちが多いのよ。本拠地が大阪だから。
ヒョンジュ：それが私には問題なのよ。
いつも勉強してるのは東京のことばだから、関西のアクセントやイントネーションが難しくて。
みさき：関東のことばと関西のことばは随分違うからね。
ヒョンジュ：前からドラマを見ながら、関西弁っておもしろいなあって思っていたんだけど。
みさき：ほんとね。関西のことばを聞いただけで何だか楽しい感じがするよね。
ヒョンジュ：うん。これからは関西弁も勉強しなくっちゃね。
みさき：ヒョンジュ、頑張って。

〈ことばと表現〉

| | | |
|---|---|---|
| 新宿(しんじゅく) | 漫才(まんざい) | 舞台(ぶたい) |
| 客席(きゃくせき) | 本拠地(ほんきょち) | 関西弁(かんさいべん) |

## 会話

(みさきとみさきの母が、買い物の帰りに落語を聞こうとしています。)

みさきの母：落語なんて久しぶりね。
みさき：うん。買い物が早くすんだから、ちょうどよかったね。
みさきの母：そうね。久しぶりに思いっきり笑って帰りましょ。

(二人は、古典落語「ときそば」を聞いて、帰りにうどんやさんに寄りました。)

みさきの母：ときそばって何回聞いてもおもしろいよね。
みさき：うん。同じ話でも落語家さんによって個性があっていいよね。
みさきの母：そうね。新作落語もおもしろいけど古典落語もやっぱりいいわね。
みさき：そうだ、お母さん、来月上方落語を聞きにいかない。
見台を前にして小拍子を鳴らしながら話すの見てみたい。
みさきの母：そうね。じゃあ、あとでネットで探してみようか。
みさき：うん。
ところで母さん、今なんどきだい。
みさきの母：みさきったら、もう落語口調になってる。
みさき：へへッ。

〈ことば〉

| | | |
|---|---|---|
| 劇場(げきじょう) | 客席(きゃくせき) | 新作落語(しんさくらくご) |
| 古典落語(こてんらくご) | 落語口調(らくごくちょう) | |

## 練習問題

1. 次の説明を読んで、①~④の中から適切なことばを選んで（　　　）の中に番号を書いてください。

| ① 日本舞踊 | ② 文楽 | ③ 雅楽 | ④ 薪能 |
|---|---|---|---|

1) 奈良興福寺で行われた薪をたいて演じる神事能。（　　　）
2) 義太夫節に合わせて演じるあやつり人形浄瑠璃芝居。（　　　）
3) 広義には日本で発達した舞踊の総称。（　　　）
4) 奈良、平安時代の昔から宮廷、寺社などで演奏されてきた音楽。（　　　）

2. 2~3人のグループを作って、韓国の仮面劇と日本の能を詳しく調べて類似点、相違点を発表しましょう。

# III. 日本の祭り

## 1. 日本の祭り

日本の伝統的な祭りは、元来、神を迎え、神と人とのつながりを深めるための宗教的な行事であった。また、神や仏を祭り豊作を祈願したり、秋の収穫に感謝する祭もある。このような祭りには、花祭り、七夕(たなばた)祭り、夏祭り、裸祭り、雪祭り、夜祭り、火祭りなどがあり日本各地で開催されている。最近は町おこしのために行われる観光用の祭もある。

## 2. 日本の主な祭り一覧

| 1 | さっぽろ雪祭 | 札幌 | 2 | ねぶた祭 | 青森 |
|---|---|---|---|---|---|
| 3 | 竿灯 | 秋田 | 4 | 七夕祭 | 仙台 |
| 5 | おわら風の盆 | 富山 | 6 | 秩父の夜祭 | 埼玉 |
| 7 | 三社祭 | 東京 | 8 | 神田祭 | 東京 |

| 9 | 高山祭 | 岐阜 | 10 | 祇園祭 | 京都 |
|---|---|---|---|---|---|
| 11 | 葵祭 | 京都 | 12 | 天神祭 | 大阪 |
| 13 | よさこい祭 | 高知 | 14 | 阿波踊り | 徳島 |
| 15 | 博多どんたく | 福岡 | | | |

**〈お祭りマップ〉**

前ページの祭りの一覧表を参考にして日本地図に祭りの名称を書いてください。

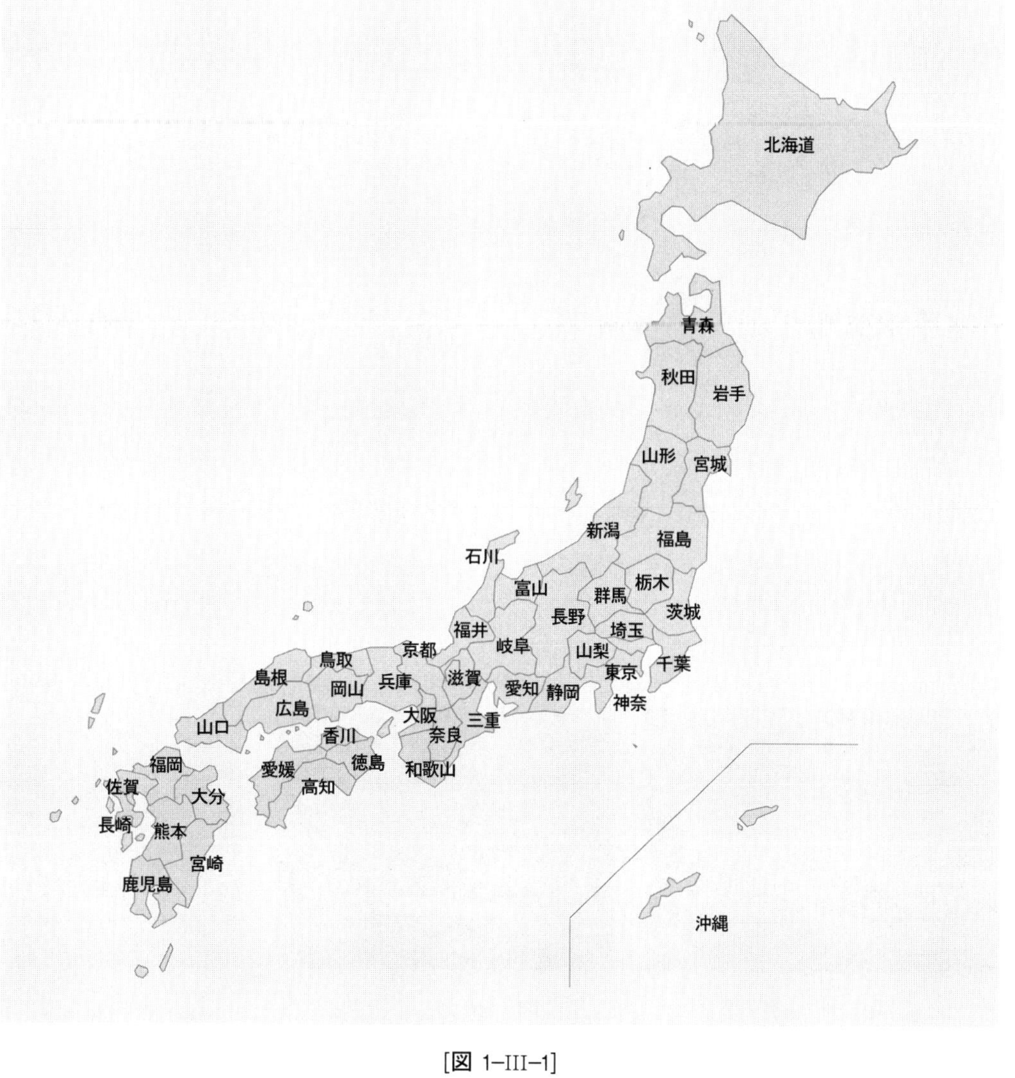


[図 1–III–1]

## 3. 日本の主な祭り

### 1) さっぽろ雪祭り(札幌)

北海道の札幌にある大通り公園で行われる雪像(せつぞう)の祭りである。現在は陸上自衛隊や市民ボランティア、市民グループなどが雪像づくりに参加し、国際雪像コンクールが開催される。海外からも多くの観光客が集まる壮大な祭である。

### 2) ねぶた祭り(青森)

東北地方の青森市、弘前(ひろさき)市で、8月の初めに盛大に行われる燈籠祭。竹や木、針金などで作った枠に紙を張り、武者人形、鳥獣、人物や歌舞伎の場面を描いたものに鮮やかな色をつけ、中に灯をともして練り歩く。ネブタは睡魔のことで、元来は睡魔を追い払うためのものであった。弘前では「ねぷた」という。

### 3) 竿灯(秋田)

竿灯(かんとう)は8月の初旬に秋田市などで行われる七夕祭りで、たくさんの提灯を肩や腰、額などに乗せ、提灯の火を消さないように練り歩く。長い竹ざおに横木をつけてたくさんの提灯をつるしたものが数多く連なり、夜の町を練り歩く様子は幻想的で美しい。昭和初期まではねぶり流しと呼ばれた。

[図 1-III-2] さっぽろ雪祭

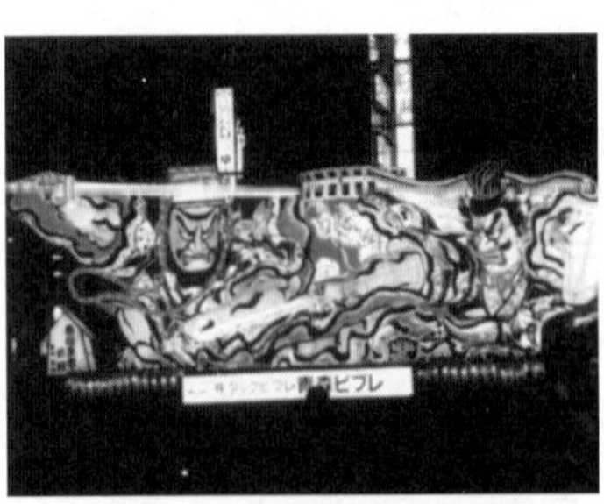

[図 1-III-3] ねぶた祭

[図 1-III-4] 竿灯

### 4) 七夕祭り(仙台)

宮城県仙台市の七夕祭り。仙台市の商店街は大きな七夕飾りで埋め尽くされる。青森のねぶた祭、秋田の竿灯とともに東北三大祭りの一つである。

### 5) 三社(さんじゃ)祭(東京)

東京都台東区にある浅草神社〔三社権現(さんじゃごんげん)〕の祭で5月の中旬に開催される。大勢の人がみこしをかついで練り歩く威勢のいい祭りで、神社の境内では田楽が舞われたりもする。無形文化財の拍板(びんざさら)の舞などが演じられることでも有名。山王(さんのう)祭、神田祭(かんだまつり)とともに、江戸三大祭の一つ。

### 6) 高山祭(岐阜)

岐阜県高山市にある日枝神社(ひえじんじゃ)で4月14日～15日に開催される春祭りと、10月9日～10日に八幡神社(はちまんじんじゃ)で行われる秋祭りを高山祭という。山王祭、八幡祭ともいう。日本の三大美祭の一つといわれる。豪華な屋台が練り歩くのが特徴である。また、屋台(山車)でおこなわれる精巧なからくり人形も有名。

[図 1-III-5] 七夕祭

[図 1-III-6] 三社祭

[図 1-III-7] 高山祭

## 7) 祇園祭(京都)

祇園祭(ぎおんまつり)は毎年7月に京都市東山区の八坂神社(やさかじんじゃ)で行われる豪華絢爛な祭礼。平安時代に疫病退散を祈願するために66本の矛をたてて御霊会(ごりょうえ)を行ったのが起源であり、室町時代になって現在のようになったといわれる。7月1日～29日まで多くの行事が繰り広げられる。豪華な山鉾(やまぼこ)が特色である。葵祭(あおいまつり)とともに京都二大祭として有名である。

## 8) 葵祭(京都)

古来、祭といえば葵祭を意味した。5月15日に京都の上賀茂、下賀茂両神社で行われる祭り。祭りの当日に社前や牛車(ぎっしゃ)、家々を賀茂あおいで飾り、行列の参列者なども衣冠に賀茂あおいをつけたことから葵祭の名が付いた。賀茂まつりともいわれる。

## 9) 天神祭(大阪)

大阪市北区にある、菅原道真(すがわらみちざね)を祀る大阪天満宮の夏祭りで、天満天神祭、天満祭ともいう。7月25日に行われ、天下の三大祭といわれている。京都の祇園祭とともに関西の夏祭りとしては最大である。24日の宵夜(よみや)祭に鉾流(ほこながし)神事がある。

[図 1-III-8] 祇園祭

[図 1-III-9] 葵祭

[図 1-III-10] 天神祭

### 10) 阿波踊り(徳島)

阿波踊り(あわおどり)は徳島市とその周辺の盆踊り。徳島地方はかつて阿波(あわ)といった。大勢の男女が連(れん)を作って笛、三味線、太鼓の囃子(はやし)に合わせて自由に踊りを踊りながら練り歩く。「踊るあほうに見るあほう、同じあほなら踊らにゃ損々」の文句が有名。大勢の観光客を集めている。

### 11) 博多どんたく(福岡)

「どんたく」はオランダ語のゾンタークがなまったもので、日曜、休日の意味。博多どんたくは、九州の福岡市で開催される港祭りで5月3日～4日に行われる。古くは、正月15日に藩主に対する年賀の行事として、祝言の舞を舞ったといわれている。現在のような港祭に変ったのは、明治時代になってからである。櫛田神社の境内に集まり、馬に乗った福神、えびす、大黒などと屋台が町を練り歩く。

[図 1–III–11] 阿波踊り

[図 1–III–12] 博多どんたく

ことば

次のことばの韓国語を調べて表を完成させてください。

| 日本語 | 韓国語 | 日本語 | 韓国語 |
|---|---|---|---|
| 宗教 | | 火祭 | |
| 行事 | | 開催 | |
| 豊作 | | 日本各地 | |
| 祈願 | | 北海道 | |
| 夏祭 | | 札幌 | |
| 花祭 | | 公園 | |
| 裸祭 | | 雪像 | |
| 星祭 | | 海外 | |
| 雪祭 | | 観光客 | |
| 村祭 | | 壮大 | |
| 夜祭 | | 東北地方 | |

次のことばの韓国語を調べて表を完成させてください。

| 日本語 | 韓国語 | 日本語 | 韓国語 |
|---|---|---|---|
| 盛大 | | 横木 | |
| 針金 | | 連なる | |
| 鳥獣 | | 豪華 | |
| 睡魔 | | 昭和 | |
| 弘前(ひろさき) | | 宮城県 | |
| 秋田 | | 商店街 | |
| 提灯 | | 埋め尽くす | |
| 肩 | | 浅草 | |
| 腰 | | 境内(けいだい) | |
| 額 | | 無形文化財 | |
| 有名 | | 豪華絢爛 | |

## 会話

(みさきとヒョンジュ、大学の友人のだいちが日本の祭りについて話しています。)

みさき： ヒョンジュは日本に来てからお祭りに行ったことある。
ヒョンジュ： 近所の商店街の夏祭とか七夕祭には行ったことあるよ。
だいち： 東北地方のねぶた祭や竿灯なんかは見たことないの。
ヒョンジュ： あ、あるわよ。東北地方には行ったことないんだけど、ソウルで見たの。
みさき： ソウルで日本の祭が見られるの。
ヒョンジュ： うん。青森のねぶたも見たし、秋田の竿灯も見たわよ。
そうそう、お祭に参加して「よさこいアリラン」も踊ったわよ。
だいち： それってお祭の出張だね。おもしろそうだなあ。
じゃあ、屋台なんかもでたの。
ヒョンジュ： うん。ヨーヨーやわたあめのお店がでてたよ。
あ、そうそう、短冊に願い事を書いて竹の枝に飾ったりもしたよ。
みさき： ヒョンジュもなにかお願いした。
ヒョンジュ： したわよ。私は、日本の大学に留学できますようにって書いたの。
だいち： そしたら実現したってわけだ。よかったね。
ヒョンジュ： 留学もできたし、友達もできたし。
だいち： 僕のようなイケメンにも会えたしね。
ヒョンジュ： え、イケメン。どこにいるの。
だいち： ここ、ここ。ここにいるだろ。ちゃんと見ろよ。

**〈ことば〉**

| | | |
|---|---|---|
| 商店街(しょうてんがい) | 屋台(やたい) | 竹(たけ)の枝(えだ) |
| 留学(りゅうがく) | 実現(じつげん) | |

### 会話

(近所のお祭に来て、ヒョンジュ、みさき、だいちが屋台の前を歩いています。)

みさき：ちょっとお腹すいたわね。
何かたべない。
だいち：いいね。何にする。
ヒョンジュ：いろんな屋台がでてるわね。こんなにあったら迷っちゃう。
だいち：僕はやっぱりやきそばかな。
みさき：私は、たこ焼き。ヒョンジュは何にする。
ヒョンジュ：ううんと、あれは何。あれ、きれいね。
みさき：ああ、あれはりんご飴よ。お祭のときにしか食べられないわよ。
食べてみる。
ヒョンジュ：ううん、迷っちゃう。わたあめも食べたいし。
みさき：じゃあ、やきそばとたこ焼きとりんご飴とわた飴を買って、
みんなでいっしょに食べるっていうのはどう。
だいち：あ、それいいね。そうしよう。
ヒョンジュ：そしたら全部食べられるわね。ウフッ。

〈ことば〉

| | | |
|---|---|---|
| 屋台(やたい) | 短冊(たんざく) | 願(ねが)い事(ごと) |
| やきそば | たこ焼(や)き | りんご飴(あめ) |

**練習問題**

1. 次の説明を読んで、①~④の中から適切なことばを選んで（　　　）の中に番号を書いてください。

| ① 神田祭 | ② 豊浜の鯛祭 | ③ 七夕祭 | ④ 秩父の夜祭 |
|---|---|---|---|

1) 埼玉県の秩父神社の祭礼。ぼんぼりや提灯をつけた屋台が練り歩く。（　　　）
2) 仙台の祭で、町を大きな七夕の飾り物で飾る。（　　　）
3) 赤と黒の大きな鯛をかついだ若者が練り歩いたあと海に入る祭。（　　　）
4) 東京の三大祭の一つ。神田明神で５月に行われる祭礼。（　　　）

2. 2~3人のグループを作って、韓国と日本の祭について詳しく調べて発表してみましょう。

# Ⅳ. 日本の年中行事

年中行事とは、1年を通じて一定の時期に日本各地で慣例として行われる行事のことで、もともとは宮中で行われるもののことであったが、のちには民間の行事・祭礼にもいうようになった。

| 日本の主な年中行事 | |
|---|---|
| 1月 1~7日 | お正月 |
| 2月 3日 | 節分 |
| 3月 3日 | ひな祭り |
| 5月 5日 | こどもの日 |
| 5月 第2日曜日 | 母の日 |
| 6月 第3日曜日 | 父の日 |
| 7月 7日 | 七夕 |
| 8月 13~15日<br>(旧暦では7月13~15日) | お盆 |
| 9月 中旬 | お月見 |
| 11月 中旬 | 七五三 |
| 12月 31日 | 大晦日 |

| 韓国の主な年中行事 | |
|---|---|
| 1月 1日 | 元旦 |
| 旧暦 1月 1日 | 正月(ソルラル) |
| 3月 1日 | 3・1 独立運動記念日(トンニプキニョンイル) |
| 4月 5日 | 国土緑化の日・植木日(シンモギル) |
| 旧暦 4月18日 | 釈迦誕生日(チョパイル) |
| 5月 5日 | 子供の日(オリニナル) |
| 6月 6日 | 顕忠日(ヒョンチュンイル) |
| 7月 17日 | 制憲節(チェホンジョル) |
| 8月 15日 | 光復節(クワンボクチョル) |
| 旧暦 8月 15日 | 秋夕(チュソク) |
| 10月 3日 | 開天節(ケチョンジョル) |
| 12月 25日 | クリスマス |

## 1. 正月(1月 1~7日)

正月は、お盆とともに日本の二大行事の一つである。いつもは遠くにいてなかなか会えない家族が集まり、皆で雑煮やおせち料理を食べながら、新しい年を祝う。雑煮は、餅や野菜等が入ったお正月料理で韓国のトックッと似ている。おせち料理は正月三が日食べられる保存料理で、黒豆、海老、栗きんとん、田作り、昆布巻き等を重箱に詰めたもので、たとえば、豆は「まめ(健康)」を願う気持ち、海老は「海老のように腰が曲がるまで」という意味で長寿を願う心、栗きんとんは、黄色い色から、「お金」がたくさん手に入るように、昆布巻きは、「よろこぶ」ことがたくさんあるように、といった願いが込められている。

また、門松(かどまつ)、しめ飾り、鏡餅(かがみもち)などのお正月飾りをしてお正月の神様を迎える。門松は歳神(としがみ)を迎えるための目印として門口にたてる飾りの松、しめ飾りは正月にしめ縄を張ってかざること、鏡餅は、鏡のように丸く平たい大小二個の餅を重ねたもので、神仏に供えるためのものである。

元旦(1月1日)には初詣のために神社や寺に出かけ、家族の健康や家内安全等の祈願をする人が多い。年賀状は韓国にもあるが、日本でも昨年のお礼と新年の挨拶を年賀はがきに書き、知人や友人、お世話になった人々等に送る習慣がある。しかし、最近は若者を中心にメールや携帯電話、スマートホーンのメッセージなどで済ませる人も多くなっている。子供たちが楽しみにしているお年玉の習慣は韓国と同じである。

[図 1-IV-1] 門松

[図 1-IV-2] 年賀状

[図 1-IV-3] おせち料理

[図 1-IV-4] 初詣

## 2. 節分(2月 3日)

節分は、「鬼は外、福は内」などと大きな声で叫びながら、豆まきをすることによって邪気を追い払い、福を招き入れる行事である。豆まきが終わると、自分の歳の数だけまいた豆を食べ、一年の無病息災を願う。豆は大豆を使うところが多いが、北海道、東北、北陸、南九州のように落花生をまくところもある。また、戸口にヒイラギの小さな枝と焼いたいわしの頭をさすところもある。また、恵方巻を食べるところもあるが、恵方巻というのは節分にその年の恵方(縁起のいい方向)を向いて食べる太い巻き寿司のこと。

[図 1-IV-5] 豆まき

[図 1-IV-6] 恵方巻

## 3. ひな祭り(3月 3日)

ひな祭りは、女児の成長を祝い幸福を願う日。3月3日に女の子のいる家庭では雛人形や調度品を飾り、あられや白酒、ひしもち、桃の花等を供えてまつる。「桃の節句」ともいう。

現在のひな祭りの形式が定まったのは、江戸時代以後といわれる。雛人形には5段飾りや7段飾りもあるがお内裏さまとお雛さまだけを飾る家もある。

[図 1-IV-7] ひな祭り

## 4. こどもの日(5月 5日)

こどもの人格を重んじ、こどもの幸福をはかる日。男の子がいる家庭では鯉のぼりを立て、武者人形などを飾って成長を祝い幸福を願う風習がある。かつての「端午の節句」に当たる。中国の故事「鯉の滝登り」に由来する鯉は、古くから出世魚といわれ、立身出世を祈る日でもある。こどもの日には、柏餅やちまきを食べ、菖蒲湯に入る習慣もある。菖蒲湯は、菖蒲の葉を入れてわかす風呂のことであり、邪気をはらい、疫病にかからないといわれる。

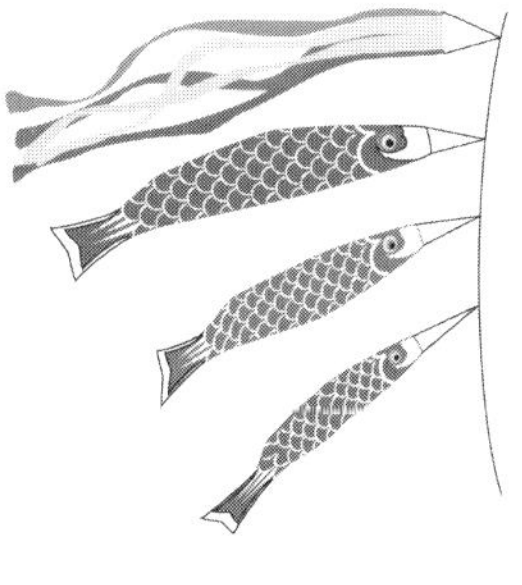

[図 1-IV-8] 鯉のぼり

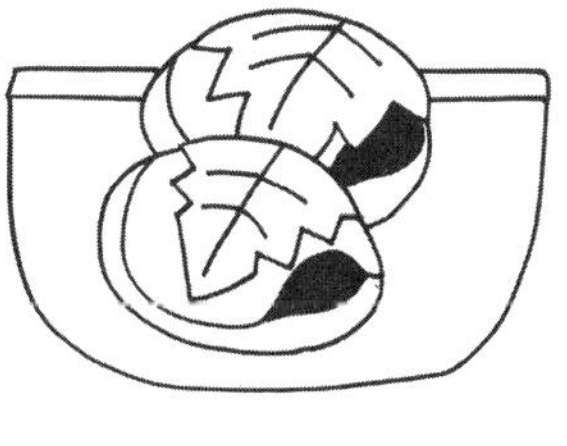

[図 1-IV-9] 柏餅

[図 1-IV-10] こどもの日

## 5. 母の日(5月 第2日曜日)

母の日は、日頃の母の愛情に感謝し、苦労をねぎらう日。カーネーションの花を贈る習慣がある。アメリカで始まった行事。

## 6. 父の日(6月 第3日曜日)

父親の労苦をたたえ、愛情に対する感謝の意を表す日。アメリカで始まった行事。

## 7. 七夕(7月 7日)

天の川の両岸にある牽牛(けんぎゅう)星と織女(しょくじょ)星が、1年に1度だけ会うという中国の伝説にちなんだ星を祭る年中行事。7月7日に5色の短冊(たんざく)に願いごとを書いて葉竹に飾る。七夕伝説は中国、日本、韓国ともにある。

[図 1-IV-11] 七夕

## 8. お盆〔8月(旧暦では7月) 13～15日〕

お盆は、お正月とともに日本の二大年中行事の一つである。盂蘭盆(うらぼん)の略で、先祖の霊を迎え、供養する仏事。8月13日～15日をお盆とするところが多いが、地域によっては7月のところもある。現在は、8月13日に迎え火をたいて先祖の霊を自宅に迎え、16日に送り火で送る。先祖の霊の乗り物とされる、「なす」や「きゅうり」の牛や馬を作り、盆だなに供えた野菜や果物などの近くに置く。墓参りをする。また、盆踊りや精霊流しをするところもある。

[図 1−IV−12] お墓参り

[図 1−IV−13] 盆踊り

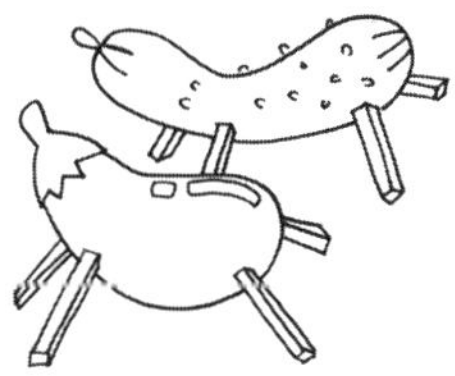

[図 1−IV−14] 胡瓜と茄子の馬と牛

[図 1−IV−15] 精霊流し

## 9. お月見(9月　中旬)

陰暦の8月15日に満月の月をながめて楽しむ日。十五夜の月は、中秋の名月ともいわれ月を鑑賞するのにふさわしい季節であるとされる。このとき団子を供え、すすき、里芋、栗、などを飾る。韓国の秋夕に当たる。

[図 1−IV−16] お月見

## 10. 七五三(11月 中旬)

子供の成長を祝う祝儀で、男子は3歳と5歳、女子は3歳と7歳にあたる11月15日に、晴れ着を着て氏神などに参拝する。このような七五三の行事は明治時代以後に盛んになったといわれる。七五三の日によく買われる千歳飴は、縁起の良い紅白の細長い飴のことで、長寿を願う心が込められている。千歳飴は、鶴や亀、松竹梅が描かれた化粧袋に入っている。

[図 1-IV-17] 七五三

[図 1-IV-18] 千歳飴

## 11. 大晦日(12月 31日)

大晦日は一年の最終の日。おおつごもり、大年(おおとし)ともいう。12月の最後の日であり、正月の準備をする日でもある。大晦日に年越し蕎麦を食べる風習は江戸時代から始まったとされるが、細く長い蕎麦を食べることによって皆の長寿を願う。また、108の煩悩を除去し、新年を迎えるために108回つきならす鐘を除夜の鐘という。

[図 1-IV-19] 年越しそば

[図 1-IV-20] 除夜の鐘

ことば

次のことばの韓国語を調べて表を完成させてください。

| 日本語 | 韓国語 | 日本語 | 韓国語 |
|---|---|---|---|
| 正月 | | 端午の節句 | |
| 雑煮 | | 出世魚 | |
| おせち料理 | | 立身出世 | |
| お正月飾り | | 柏餅 | |
| 初詣 | | 菖蒲湯 | |
| 年賀状 | | 邪気 | |
| 節分 | | 疾病 | |
| 無病息災 | | 短冊 | |
| 落花生 | | 牽牛 | |
| 雛人形 | | 織女 | |

次のことばの韓国語を調べて表を完成させてください。

| 日本語 | 韓国語 | 日本語 | 韓国語 |
|---|---|---|---|
| 桃の節句 | | お盆 | |
| 調度品 | | 先祖 | |
| 5段飾り | | 霊 | |
| お内裏さま | | 供養 | |
| お雛さま | | 迎え火 | |
| 鯉のぼり | | 送り火 | |
| 兜 | | 盆踊り | |
| 鑑賞 | | 千歳飴 | |
| 松竹梅 | | 紅白 | |
| 年越しそば | | 除夜の鐘 | |

## 会話

(みさきと弟のひろき、ヒョンジュの3人が、神社で初詣をしています。)

みさき：ヒョンジュ、お参りは、お賽銭を入れて鈴を鳴らしたら、2礼、2拍手、1拝だよ。

ヒョンジュ：ええと、2回おじぎをして、2回拍手して、2回おじぎするんだよね。

みさき：ううん。最後のおじぎは1回でいいんだよ。

ヒョンジュ：あ、そうか。そうだったね。

---

ヒョンジュ：みさき、ずいぶん真剣にお参りしてたね。何をお願いしたの。

みさき：今年こそ彼氏ができますようにって。あと、試験でいい成績がとれますようにって。ヒョンジュは。

ヒョンジュ：私と春川にいる家族が、1年間健康で楽しく過ごせますようにってお祈りしたの。それから、妹の大学受験がうまくいきますようにって。

みさき：そういえば妹さん、高3だったね。大変だね。

ヒョンジュ：うん。

**〈ことば〉**

| | |
|---|---|
| お参(まい)り | お賽銭(さいせん) |
| おじぎ | 真剣(しんけん)に |

## 会話

(3人はおみくじを引くことにしました。)

ひろき： ヒョンジュさん、おみくじ引いてみない。
ヒョンジュ： おみくじ？おもしろそうね。

(おみくじを引いて)

みさき： あ、小吉。ヒョンジュ、おみくじには、大吉、中吉、小吉、吉、末吉、凶、大凶の７種類があるって知ってた？
ヒョンジュ： え、そんなにあるの。なんかドキドキする。
えーと、わたしは… あ、大吉だ。
みさき： ヒョンジュすごいじゃん。よかったね。ひろきは？
ひろき： 僕は中吉。探しものはみつかるって書いてあるよ。
僕の携帯みつかるかな。
ヒョンジュ： 携帯なくなっちゃったの。みつかるといいね。
ひろき： うん。
そうだ、帰りにお守り買ってもいい。
みさき： いいよ。わたしも「縁結び」のお守り買っていこうかな。
ヒョンジュ： じゃ、私も妹に「合格」のお守りを買っていこう。

**〈ことば〉**

| | |
|---|---|
| おみくじ | 探(さが)しもの |
| 縁(えん)結(むす)び | お守(まも)り |

## 練習問題

1. 1～4の説明とあっているものを①～④の中から選んで、(　　　) の中に番号を書いてください。

| ① 屠蘇(とそ) | ② 鏡開き | ③ すごろく | ④ はねつき |
|---|---|---|---|

1) 元旦に飲んで1年の邪気を払う屠蘇散を入れた酒。 (　　)
2) 羽子板ではねをついて遊ぶ正月の遊び。 (　　)
3) 鏡餅を下げて雑煮やお汁粉にして食べること。 (　　)
4) さいころを振って出た目の数だけ進める遊び。 (　　)

2. 2～3人のグループを作って、例にならって韓国と日本の年中行事の類似点、相違点を詳しく調べて発表しましょう。

(例)
韓国には先生の日(5月 15日)があるが、日本にはない。
韓国にはバレンタインデーの他にブラックデーがあるが、日本にはない。

# V. 日本の食文化

## 1. 日本人の食生活

韓国の人々に「好きな日本料理は何ですか。」と尋ねると、「すし」と答える人が多い。これは、日本料理といったら、「すし」を思い浮かべる人が多いということでもあるだろう。しかし、近年、日本人の食生活は変化に富み、東京のレストランでは、和食はもちろんのこと、洋食、中華、韓国料理、エスニック料理など世界各地の料理を楽しむことができる。また、韓国料理に関しては、東京の新大久保に行けば、本場の韓国料理をそのまま出してくれるところが多い。最近は韓流ブームの影響も手伝って新大久保の町は連日大勢の人で賑わっている。

このように日本人の食生活は豊かになり、朝食はトーストとコーヒー、昼食はうどんかそば、という人も少なくないが、元来日本人は稲作民族であり、米を主食としている人が大半を占めている。米はご飯として食べるだけでなく、餅や酒などを作り、日本人の食生活には欠かせない。最近は米から作ったパンも人気があるという。また、日本は四方が海で囲まれ、豊富な海産物に恵まれているため、魚や貝などの海産物もやはり食生活に欠かせないものとなっている。

## 2. 日本の伝統料理

日本の伝統料理には、すき焼き、てんぷら、寿司、刺身、懐石料理などがある。

### 1) すき焼き

すき焼きは、明治時代から盛んに食べるようになった料理である。浅い鉄鍋に牛肉、葱、白菜、春菊、しいたけ、豆腐、しらたきなどを入れて煮焼きしたもの。関東地方では割下を用い、関西地方ではしょうゆ、砂糖などの調味料を別々に入れて調理する。外で鋤の上にのせて焼いた、または、肉をすきみ(薄く切った)にしたところから「すきやき」という名称がついたともいう。溶いた卵をつけて食べるところに特色がある。

### 2) てんぷら

てんぷらは、江戸時代から始まった料理で、さつまいも、れんこん、なす、かぼちゃ、しいたけ、大葉などの季節の野菜やえび、あじなどの魚介類、ちくわのような練製品などを小麦粉を水溶きした衣をつけて油で揚げたものである。野菜類を揚げたものを精進揚げという。食べるときには「てんつゆ」につけることが多いが、塩をつけて食べることもある。また、砂糖、醤油、みりんなどで味付けして、ごはんの上に乗せた天丼にして食べたりもする。

[図 1-V-1] すき焼き

[図 1-V-2] てんぷら

### 3) 寿司

寿司は、握った酢飯にわさびをつけ、上にまぐろ、たこ、いか、いくら、さば、貝柱などの新鮮な魚介類、卵などのねたをのせて食べる料理。近年は待たずにすぐに食べられ、価格も手ごろな回転寿司が人気があり、ここではご飯の上にサラダをのせたような洋風のものなどもみられる。寿司の種類には、にぎりずし、おしずし、まきずし、ちらしずし、はこずし、いいずし、いなりずしなどがある。寿司は、もとは魚介類を塩蔵して自然発酵させたものであった。文化・文政年間(1804～1830) 頃、江戸で握鮨が登場し、多くの人が食べるようになったという。

### 4) 刺身

新鮮な生の魚やいかなどを食べやすい大きさに薄く切って、わさび醤油で食べる日本の代表的な料理のこと。子供やわさびの苦手（にがて）な人は醤油だけで食べることも多い。刺身を大根の千切（せんぎ）りにのせることが多い。

[図 1-V-3] 寿司

[図 1-V-4] 刺身

### 5) 懐石料理

[図 1-V-5] 懐石料理

懐石とはもともと禅院で空腹をしのぐために懐中に入れた温かい石のことであった。懐石料理は、主に茶道で用いられる料理のことであり、基本的には菜食中心で肉類は使わない。今日の懐石料理は千利休が完成したといわれる。近年、レストランなどで出す懐石料理は品数が豊富で豪華なものになっており、仏教精神にこだわらないものが多い。

## 3. どんぶりもの

どんぶりものというのは、丼にご飯を盛り、さまざまな具(ぐ)を上にのせた一品料理のことで、カツ丼、牛丼、親子丼、天丼、うな丼、鉄火丼など多くの種類がある。

### 1) カツ丼(かつどん)

カツはカツレツの略。どんぶりにご飯を盛り、ご飯の上に豚カツと玉ねぎなどを砂糖、醤油、みりんなどで甘辛く煮て卵でとじたものを汁ごとのせた料理のこと。「カツ」ということばから、縁起をかついで試験の前に食べる人も多い。

### 2) 牛丼(ぎゅうどん)

牛肉を玉ねぎなどの野菜やこんにゃくなどといっしょに煮て、汁とともにどんぶりに入れたご飯の上にかけたもの。

### 3) 親子丼(おやこどん)

鶏肉、玉ねぎなどをだし汁で煮て、卵でとじたものを丼に盛ったご飯の上にのせたもの。親子丼の名称は、鶏の肉と卵を使うところからきている。

[図 1-V-6] **カツ丼(かつどん)**

[図 1-V-7] **牛丼(ぎゅうどん)**

[図 1-V-8] **親子丼(おやこどん)**

## 4. 麺類

### 1) うどん

うどんは韓国にもあるが、小麦粉に少量の塩と水を加えてこね、薄く伸ばして細く切ったもののことである。ゆでてかけ汁にひたしたり、つけ汁につけたり、汁と共に煮て食べるなどいろいろな食べ方がある。うどんの種類には、かけうどん、きつねうどん、てんぷらうどん、カレーうどん、コロッケうどん、鍋焼きうどんなどのさまざまな種類がある。暑い夏には冷たいうどん、寒い冬には鍋焼きうどんのような温かいうどんが人気がある。

### 2) そば

そばは、そば粉を水でこねて薄くのばし、細長く切った食品のことである。そばを作るときに卵、ヤマイモ、小麦粉などを加えることもある。食べるときは、ゆでてつけ汁につけたり、つゆをかけたり、煮込んだりする。そばの種類には、ざるそば、もりそば、かけそば、たぬきそば、てんぷらそばなどがある。うどんと同じように、冷たいそばも温かいそばもある。そばをゆでたあとの湯である蕎麦湯(そばゆ)をそばつゆに加えて飲むこともある。また、日本には大晦日に「年越しそば」を食べる習慣がある。

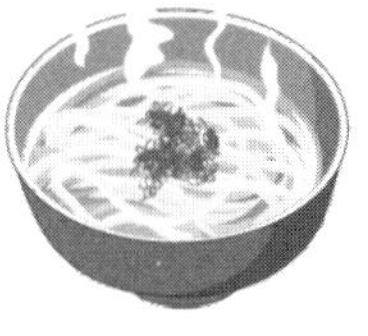

[図 1-V-9] かけうどん

[図 1-V-10] ざるそば

## 5. 家庭料理

家庭料理には肉じゃがのような煮物や、焼き魚のような焼き物、コロッケなどの揚げ物、茶碗蒸しのような蒸し物などがある。また、代表的なスープである味噌汁や漬物(つけもの)も日本の食卓には欠かせないものの一つとなっている。また、韓国と日本の料理にはカレーやうどんのように共通したものもあり、日本のお正月料理である雑煮と韓国のトックッや日本のお月見の日に食べる月見団子と韓国のソンピョンのように似たものもある。

[図 1–V–11] カレー

[図 1–V–12] 肉じゃが

[図 1–V–13] コロッケ

### 1) 韓国と日本のお正月料理

[図 1–V–14] 韓国のトックッ

[図 1–V–15] 日本の雑煮

### 2) 韓国のソンピョンと日本の月見だんご

[図 1–V–16] 韓国のソンピョン

[図 1–V–17] 日本の月見だんご

### 3) 朝食

朝食にはご飯を主食とする和食(わしょく)やパンを主とする洋食などがある。

[図 1-V-18] 和食

[図 1-V-19] 洋食

## 6. 食事のマナー

日本の食事のマナーとして、箸の使い方をあげておく。してはいけない箸の使い方には、寄せばし、刺しばし、迷いばし、舐めばし、さぐりばし、はし移しなどがある。最近は幼稚園のお弁当を食べるときなどに箸ではなく、スプーンやフォークを使う子供たちも多く、箸を正しくもつことができない子供たちも少なくないという話も聞く。

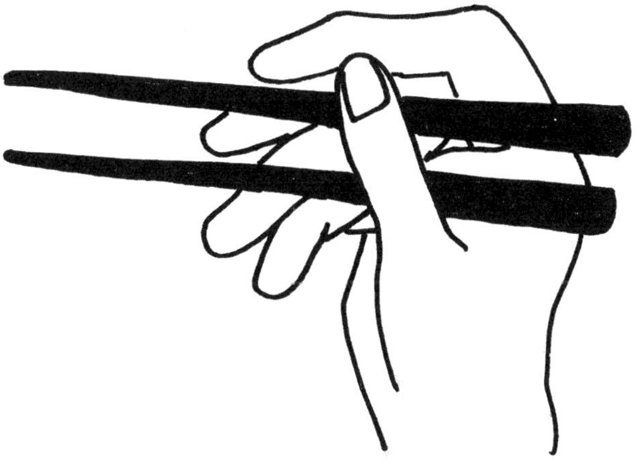

[図 1-V-20] 箸の持ち方

## 1) してはいけないはしの使い方

[図 1−V−21] 寄せばし

[図 1−V−22] 刺しばし

[図 1−V−23] 迷いばし

[図 1−V−24] 舐めばし

[図 1−V−25] さぐりばし

[図 1−V−26] はし移し

## 2) 韓国と日本の食事のマナー

1. 韓国は、通常、箸とスプーンを使い、ご飯や汁物はテーブルの上に置いたままスプーンで食べ、器を直接口に持っていかないが、日本は、ご飯を食べたり汁物を飲んだりするときは箸を使い、器は直接口に持っていく。

2. 韓国は、女性が片膝をたてるのは正式な座り方で、男女共にあぐらをかいてもよいが、日本は女性が片膝をたてたり、あぐらをかいたりするのは、マナー違反とされる。

3. 韓国では、お酒はコップが空になってからつぐが、日本ではコップにお酒が残っていても注ぎ足していい。

4. 韓国では、目上の人が前にいる時は横を向くような姿勢でお酒を飲むが、日本ではそのようにしない。

ことば

次のことばの韓国語を調べて表を完成させてください。

| 日本語 | 韓国語 | 日本語 | 韓国語 |
|---|---|---|---|
| 和食 | | 酒 | |
| 洋食 | | 海産物 | |
| 中華 | | 食生活 | |
| 韓国料理 | | 明治時代 | |
| エスニック料理 | | 鉄鍋 | |
| トースト | | 牛肉 | |
| 稲作民族 | | 白菜 | |
| 主食 | | しいたけ | |
| 餅 | | 豆腐 | |
| 団子 | | 関東地方 | |
| せんべい | | 割下 | |

次のことばの韓国語を調べて表を完成させてください。

| 日本語 | 韓国語 | 日本語 | 韓国語 |
|---|---|---|---|
| 砂糖 | | 禅僧 | |
| しょうゆ | | 茶道 | |
| みりん | | 菜食 | |
| 鋤 | | 高級料理 | |
| 生卵 | | 仏教精神 | |
| 小麦粉 | | 丼 | |
| 天丼 | | だし汁 | |
| 酢飯 | | 線状 | |
| 自然発酵 | | そば粉 | |
| 握鮨 | | 少量 | |
| わさび | | 食品 | |

## 会話

(ヒョンジュがみさきといっしょに映画をみた帰りにみさきの家に招待されました。)

みさき：ただいま。
みさきの母：おかえりなさい。ヒョンジュさん、いらっしゃい。
みさきがいつもお世話になっております。
ヒョンジュ：こちらこそ、お世話になっております。
みさきの母：さ、あがって。こちらにどうぞ。
みさきの父：いらっしゃい。ヒョンジュさん。
ヒョンジュ：おじゃまします。

---

(ヒョンジュ、みさき、みさきの父、母、弟が夕食の席につきました。)

みさき：あ、ちらし寿司。私の好きな酢ばすもある。
みさきの母：ヒョンジュさん、キムチもありますよ。
うちはみんなキムチが好きで毎日食べてるのよ。たくさん召し上がってね。
ヒョンジュ：ありがとうございます。おいしそうなキムチですね。
それにちらし寿司ってすごくきれいですね。
みさき：うちではよくこれをつくるのよ。
ちらし寿司の上に、お醤油に漬けたお刺身をのせて食べるのが好きなの。
ヒョンジュ：おいしそう。
みさきの父：ヒョンジュさん、遠慮しないでたくさん食べてくださいね。
ヒョンジュ：はい、ありがとうございます。いただきます。
ひろき：いただきます。

〈ことば〉
ちらし寿司(ずし)　酢(す)ばす　醤油(しょうゆ)　遠慮(えんりょ)

## 会話

(日本の家庭料理についてヒョンジュが尋ねています。)

ヒョンジュ： これ何というんですか。おいしいですね。

みさきの母： 肉じゃがよ。こちらは日本のお漬物。ぬか漬けなの。

ヒョンジュ： ぬか漬け。

みさきの母： ええ。糠に塩と水を混ぜたものに、なすとかきゅうり、大根なんかを漬けたのよ。お口に合うかしら。

ヒョンジュ： はい。おいしいです。韓国にも辛くないキムチがありますよ。

みさきの母： そうなの。

ヒョンジュ： これは卵ですか。

みさきの父： それは茶碗蒸し。溶き卵にだし汁を合わせて、松茸、かまぼこ、鶏肉、三つ葉なんかを入れて蒸したんだよ。

ひろき： ぼく、茶碗蒸し大好き。

ヒョンジュ： そうなの。私もよ。これに似たものが韓国にもあるよ。海苔巻きやうどん、おにぎりなんかもあるんだよ。

ひろき： ふうん。似ている食べ物がたくさんあるんだね。

みさき： ヒョンジュ、話してばかりいないで、食べて、食べて。

ヒョンジュ： はい。

〈ことば〉

| | | |
|---|---|---|
| ただいま | おかえりなさい | いつもお世話(せわ)になっております |
| おじゃまします | 肉(にく)じゃが | 松茸(まつたけ) |

## 練習問題

1. 1～4の食べ物の名前はなんでしょう。①～④の中から選んで、(　　　) の中に番号を書いてください。

| ① うな重 | ② 目玉焼き | ③ しゃぶしゃぶ | ④ おにぎり |
|---|---|---|---|

1) ご飯に梅干、塩鮭などを入れ、丸形や三角に握ったもの。　(　　　)
2) 卵を割り入れ、卵黄の形を崩さずに焼いたもの。　(　　　)
3) 薄切りの肉や野菜を熱湯にくぐらせ、たれ汁につけて食べる料理。　(　　　)
4) 重箱に入れたご飯の上にうなぎの蒲焼をのせたもの。　(　　　)

2. 2～3人のグループを作って、韓国と日本の食生活について詳しく調べて、類似点、相違点を発表しましょう。

# Ⅵ. 日本の住文化

日本の住居には一戸建てと集合住宅(マンション、アパート、団地、公団住宅)がある。駅の近くや環境のいいところ、スーパーマーケットに近く、買い物が便利なところなどに住宅が密集していることが多い。一戸建てには、純日本的なタイプと西欧風のタイプ、両方のいいところを取り入れた折衷タイプなどがある。ここでは日本の家屋のうち、日本風の一戸建てを中心に紹介していくことにする。

## 1. 一戸建て

一戸建て家屋は韓国の単独住宅にあたる。2階建てが多いが平屋もある。また、部屋は和室と洋室があり、和室は畳敷きの部屋、洋室は床張りの部屋をいう。和室には床の間、押入れ、障子、ふすまなどがあるが、近年は和室を作らない家も多い。

[図 1-VI-1] 一戸建て(2階建て)

[図 1-VI-2] 一戸建て(平屋)

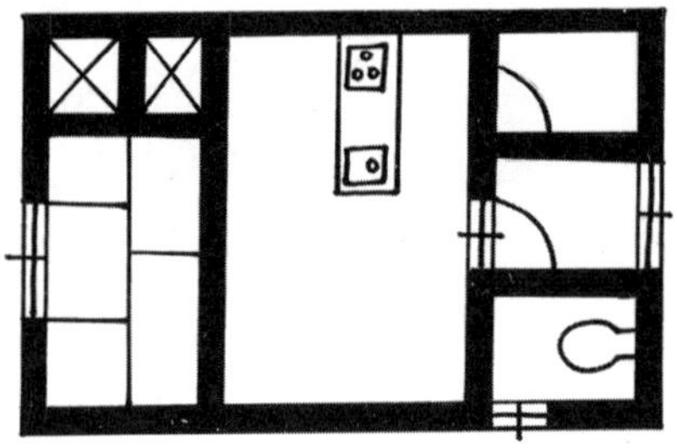

[図 1-VI-3] 間取り図

## 1) 和室

和室とは、日本風の部屋のことで、畳が敷いてある部屋をいう。日本間(にほんま)ともいう。部屋の広さは畳の枚数で表す。たとえば、畳が8枚敷ける部屋は8畳(じょう)の間(ま)、畳が6枚の大きさならば6畳の部屋という。ときには畳が4枚半の大きさの4畳半の部屋もある。

## 2) 洋室

洋室(ようしつ)は和室に対することばで、西洋風の部屋をさす。洋間(ようま)ともいう。

[図 1-VI-4] 和室

[図 1-VI-5] 洋室

## 2. マンション

中高層建築の集合住宅。賃貸や分譲形式のものがある。おおむね韓国のアパートにあたる。

## 3. アパート

アパートメントハウスの略。集合住宅。共同住宅。

## 4. 床の間、障子、押入れ、ふすま

[図 1-VI-6] 床の間

[図 1-VI-7] ふすま

[図 1-VI-8] 畳、障子

### 1) 床の間

床(とこ)の間とは、日本建築の和室の上座(かみざ)にあり、床を一段高く設けたところ。正面の壁に掛け軸などをかけたり、床板の上に生け花や人形などの置物を置いたりもする。室町時代の押板が起源であるといわれている。幅が広くて奥行きが狭い。最近の集合住宅には床の間がないところが多い。

### 2) 押入れ

和室にある布団などの寝具(しんぐ)や道具を収納(しゅうのう)するところ。一般的には間口(まぐち) 180cm奥行(おくゆ)き90cmのものや間口も奥行きも90cmのものが多く、ふすまや戸

がついている。物が入れやすいように2段になっていることが多い。ストーブや扇風機などを、必要に応じて入れておくのにも便利である。

### 3) 障子

障子(しょうじ)とは、部屋をしきったり、窓の内側などに立てる建具。枠の縦横に桟(さん)を渡し、白い和紙などでできた障子紙(しょうじがみ)を張ったもの。保温性を考慮してガラス戸と一緒に二重にして使ったり、和風住宅の室内と縁側(えんがわ)の境に用いたりする。現在の障子は鎌倉時代から多く用いるようになり、ふつう採光に役立つ「明かり障子」のことをいう。年末に大掃除といっしょに障子の張替えをする家も多い。自分の家でする人が多いが業者に頼む人もいる。最近は、破れにくい丈夫な材質でできた障子紙や美しい模様をあしらった障子紙なども多い。

### 4) ふすま

和室用の建具(たてぐ)の一つで、部屋の間仕切り、防寒などのための引き戸。障子のような木の骨組みの両面に布や紙などを張ったもの。唐紙(からかみ)ともいう。ふすまには美しい自然や鳥などの襖絵(ふすまえ)が描かれているものも多く、これらの襖絵が和室の落ち着いた雰囲気を出すのに役立っている。

## 5. 布団

布団には掛け布団と敷布団とがある。布団の中には綿や羽毛が入っていて、羽毛が入っている布団を羽毛布団(うもうぶとん)という。日本は湿気が多いので天気のいい日には外で布団を干す人も多く、晴れた休日などにはパタンパタンという布団をたたく音が聞こえることもある。しかし、最近は室内で布団乾燥機を使用する人も多い。布団を使わないときは押入れに入れ、部屋を広く使う。

## 6. こたつ

こたつは便利な暖房器具(だんぼうきぐ)である。こたつには、掘りごたつ、やぐらごたつなどの種類があるが、一般家庭でよく使っているのはやぐらごたつタイプの電気ごたつである。テーブルを布団で覆い、テーブルの裏側に設置した電気ヒーターでこたつの中を温める。主に腰や足を部分的に暖めるのでストーブやエアコンと併用する場合も多い。

[図 1-VI-9] 布団

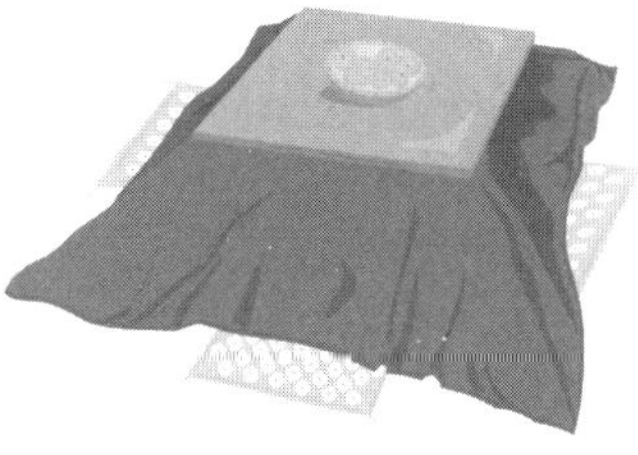

[図 1-VI-10] こたつ

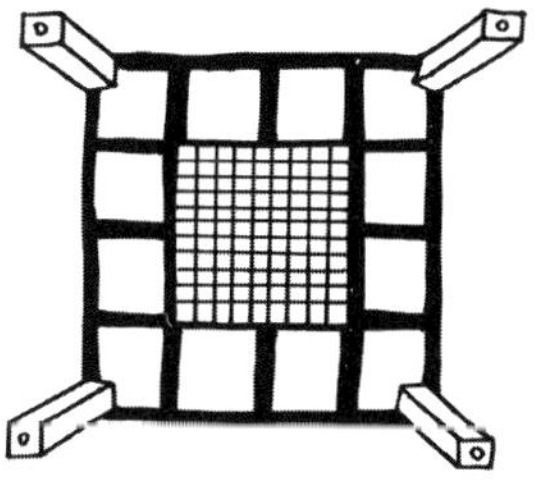

[図 1-VI-11] こたつの裏側

## 7. 日本の風呂とトイレ、キッチン

日本の家庭では風呂とトイレが違う場所にあるのが一般的である。また、韓国とは異なった習慣であると思われるが、浴槽の外にある洗い場で体をきれいに洗ってから浴槽につかり、浴槽のお湯は家族全員が入浴を済ませるまで捨てないことが多い。

## 8. 韓国と日本の住生活

| 韓国 | 日本 |
|---|---|
| ・一般家庭では、風呂とトイレは同じ場所にあることが多い。 | ・一般家庭では風呂とトイレは違う場所にあることが多いが、ホテルのような宿泊施設では、洗面所、風呂とトイレが同じ場所にあるのが普通である。 |

| | |
|---|---|
| ・一般家庭の冷房器具はエアコン、扇風機などを用いることが多く、暖房はオンドルが中心である。 | ・一般家庭の冷房器具はエアコン、扇風機が中心であるが、暖房は、こたつ、エアコン、ヒーター、ストーブなどを使用することが多く、床暖房はあまり多くない。 |
| ・浴槽の湯は入浴する人ごとに新しくする。 | ・浴槽の外で体をきれいに洗ってから浴槽につかるので、バスタブの湯は家族みんなが入浴するまで捨てないことが多い。 |
| ・韓国で部屋を借りるときにはチョンセ、ウォルセ、チョンセとウォルセの中間の方法などがある。 | ・日本で部屋を借りるときには月々部屋代を払うのが一般的で、韓国のチョンセのような借り方はあまりしない。 |

## ことば

次のことばの韓国語を調べて表を完成させてください。

| 日本語 | 韓国語 | 日本語 | 韓国語 |
|---|---|---|---|
| 一戸建て | | 畳 | |
| 集合住宅 | | 洋間 | |
| 団地 | | 掛け軸 | |
| 住宅 | | 生け花 | |
| 密集 | | 室町時代 | |
| 和室 | | 布団 | |
| 洋室 | | 間口 | |
| 床の間 | | 奥行き | |
| 障子 | | 桟 | |
| 押入れ | | 和風 | |
| ふすま | | 採光 | |

次のことばの韓国語を調べて表を完成させてください。

| 日本語 | 韓国語 | 日本語 | 韓国語 |
|---|---|---|---|
| 住居 | | 綿 | |
| 建具 | | 羽毛 | |
| 防寒 | | 布団乾燥機 | |
| 引き戸 | | 風呂 | |
| 襖絵 | | 暖房器具 | |
| 掛け布団 | | トイレ | |
| 敷布団 | | キッチン | |

会話

（ヒョンジュがみさきの家を訪問しました。今日はみさきの家に宿泊します。）

ピンポーン（インターホーンの音）

みさき：はあい。
ヒョンジュ：ヒョンジュです。
みさき：どうぞ。開いてるわよ。
ヒョンジュ：おじゃまします。(靴を脱いであがる。)

----------------------------------------

みさき：ヒョンジュ、今日はこの部屋を使ってね。和室なんだけど。
ヒョンジュ：すてきな部屋ね。私、畳の部屋に泊まるの初めて。
この掛け軸、きれいね。ここだけ一段高くなってるんだね。
みさき：ここは床の間っていうのよ。それから、これが押し入れ。
ふとんはここに入っているの。
ヒョンジュ：ふーん。あ、この戸に描いてある絵もきれいね。
みさき：それはふすま。それから、窓を開けると庭がみえるよ。
ちいさい庭だけど緑とお花を楽しんでね。
ヒョンジュ：わあ、きれい。
ひろき：ヒョンジュさん、いらっしゃい。あとでいっしょにゲームしようね。
ヒョンジュ：いいわよ。

〈ことば〉

| | | |
|---|---|---|
| おじゃまします | 畳(たたみ)の部屋(へや) | 庭(にわ) |
| 泊(と)まる | 楽(たの)しんでね | |

## 会話

(夕食のあと、ヒョンジュがお風呂に入ります。)

| | |
|---|---|
| みさきの母： | ヒョンジュさん、お風呂どうぞ。 |
| ヒョンジュ： | ありがとうございます。 |
| みさき： | ヒョンジュ、洋服は脱衣所のかごに入れてね。<br>それから、体は湯船の中じゃなくて洗い場で洗ってね。<br>銭湯みたいに浴槽のお湯はみんながお風呂をでるまで捨てないの。 |
| ヒョンジュ： | うん、わかった。<br>みさき、なんかすごくいい香りがするよ。 |
| みさき： | そうでしょう。さっき私が入浴剤を入れておいたんだ。<br>ゆっくり入って疲れをとってね。 |
| ヒョンジュ： | なんだか温泉に来たみたい。 |
| みさき： | ヒョンジュがお風呂に入っている間に布団敷いておくね。 |
| ヒョンジュ： | ありがとう。 |

**〈ことば〉**

| | | |
|---|---|---|
| 洋服(ようふく) | 脱衣所(だついじょ) | 湯船(ゆぶね) |
| 銭湯(せんとう) | 入浴剤(にゅうよくざい) | 温泉(おんせん) |

## 練習問題

1. 次の説明を読んで、①~④の中から適切なことばを選んで（　　　）の中に番号を書いてください。

| ① 仏壇(ぶつだん) | ② 瓦(かわら) | ③ 風鈴(ふうりん) | ④ 銭湯(せんとう) |
|---|---|---|---|

1) 入浴料を払って入浴するところ。公衆浴場のこと。（　　）
2) 粘土を固めて焼いたもので建物の屋根をふくのに用いる。（　　）
3) 家庭に設置された、仏像、位牌などを祀って礼拝するための壇。（　　）
4) 金属、陶器、ガラスなどでできた釣鐘形の形をした鈴。（　　）

2. 2~3人のグループを作って、韓国と日本の住居について詳しく調べて、類似点、相違点を発表してみましょう。

# Ⅶ. 日本の衣文化

## 1. 日本人の衣服

日本は韓国と同じように四季があるので衣服は季節によって異なる。春には薄手の衣服を着用するが、最近は気温の変化が激しいので薄手のカーディガンなどを持っていると便利なことも多い。夏は涼しく過ごせる衣服が必要で、省エネの夏はクールビズを意識した軽装な服装が増えている。秋には春と同じく薄手の衣服を着用することが多い。また、寒い冬はセーター、コート、ダウンジャケットなどを着る人が多く、発熱性の下着なども人気がある。

## 2. 日本の伝統的な衣服

日本の伝統的な衣装には、着物、羽織はかま、浴衣などがある。

## 1) 着物

着物は日本に古くからある衣服であり、洋服に対する和服をいう。着物のような形の衣服は奈良時代からあったとされるが、着物が庶民の衣服として一般化したのは江戸時代のことであった。女性の着物は20cmほど長く仕立て、帯の下でたくしあげて着る。着物は、袖、身ごろ、おくみ、衿(えり)、共衿(ともえり)からなる。季節や場所、既婚者、未婚者によって、異なった着物を着る。

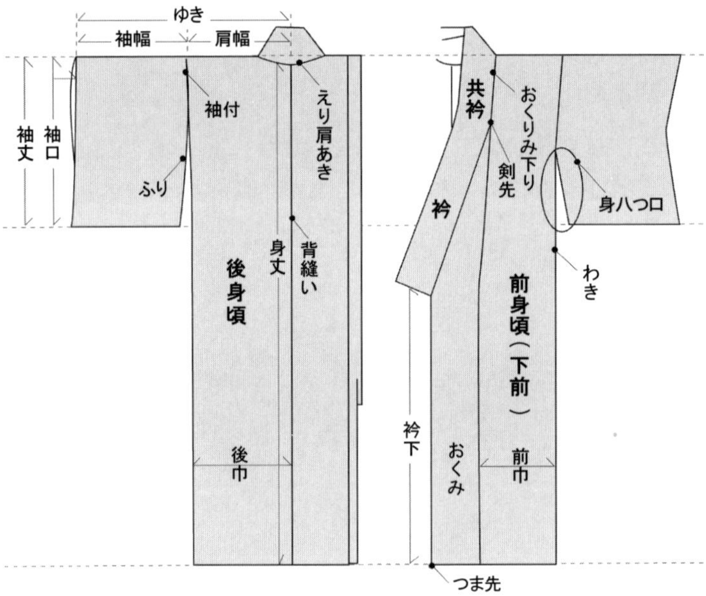


[図 1-VII-1] 着物の名称

着物の種類は、いくつかあるが、女性物には未婚の女性が着る振袖(ふりそで)、既婚の女性が着る留袖(とめそで)、未婚、既婚の区別のない着物などがある。男性物には未婚、既婚の区別はなく、礼装のときは袴(はかま)をはく。

## 2) 振袖(ふりそで)

袂(たもと)の長い袖で脇を縫い合わせない形の着物。袖の長さや形は時代によって変化しているが、現在は、袖丈の長い大振袖(おおふりそで)、と中振袖(ちゅうふりそで)、小振袖などがある。未婚女性の礼装用の着物である。近世には元服前の男女が着用したという。

### 3) 留袖(とめそで)

既婚の女性用の着物で、振袖に対して普通の袖丈の袖、またはその着物をいう。普通、女性は未婚のときは振袖を、結婚した後は留袖を着用する。黒地の黒留袖、それ以外の色留袖などがある。古くは結婚した女性が結婚後に振袖の袖を詰めて着用したという。帯は丸帯(まるおび)または、袋帯(ふくろおび)をしめる。

### 4) 羽織はかま

和装で、着物の上に着る膝丈位の丈の短い外衣を羽織といい、着物の上にはき腰から下を覆う衣服をはかまという。

### 5) 浴衣(ゆかた)

夏に着る木綿で仕立てたひとえの着物。夏の外出用として着用したり、ホテルや旅館で湯上がりのくつろぎ着として用いられる。また、盆踊りや花火大会のときに着る人も多い。振袖や留袖が礼装用であるのに対して、浴衣は気軽に着られるふだん着である。浴衣を着たときには素足に下駄をはくのが一般的である。

[図 1-VII-2] 振袖

[図 1-VII-3] 留袖

[図 1-VII-4] 羽織はかま

[図 1-VII-5] 浴衣

## 3. 和装小物

和装小物には次のようなものがある。

[図 1-VII-6] 和装小物

## 4. 韓国と日本の伝統的な衣服

### 1) 韓国のハンボク

[図 1-VII-7] ハンボク

[図 1-VII-8] 改良韓服

### 2) 日本の着物

[図 1-VII-9] 着物

[図 1-VII-10] 普段着の着物

## ことば

次のことばの韓国語を調べて表を完成させてください。

| 日本語 | 韓国語 | 日本語 | 韓国語 |
|---|---|---|---|
| 日常的 | | 浴衣 | |
| 洋服 | | 和服 | |
| 四季 | | 奈良時代 | |
| 衣服 | | 庶民 | |
| 薄手 | | 袖 | |
| 素材 | | 既婚者 | |
| 半袖 | | 未婚者 | |
| 重ね着 | | 女性物 | |
| フォーマル | | 礼装 | |
| インフォーマル | | 袂(たもと) | |
| 着物 | | 元服 | |

次のことばの韓国語を調べて表を完成させてください。

| 日本語 | 韓国語 | 日本語 | 韓国語 |
|---|---|---|---|
| 丸帯 | | 着用 | |
| 袋帯 | | 湯上がり | |
| 羽織 | | 盆踊り | |
| はかま | | 花火大会 | |
| 木綿 | | 素足 | |
| 下駄 | | ダウンジャケット | |

## 会話

(ヒョンジュとみさきが盆踊りをするために寺の境内に来ています。)

ヒョンジュ： みさき、私、ちゃんと踊れるかしら。
みさき： だいじょうぶ。いっしょに練習したじゃない。
ヒョンジュ： うん。でも、ちょっと心配。
それに初めて浴衣を着たから、なんか緊張しちゃって。
みさき： 私も浴衣着るの2年ぶりなんだ。ちょっと窮屈ね。
でも、ヒョンジュといっしょだから、すごく楽しい。
ヒョンジュ： わたしも。
ねえ、みさき、日本ではどうしてお盆に盆踊りをするの。
みさき： それはね、もともとはお盆に戻ってきた先祖の霊を慰めたり、魂を送るための仏教の儀式だったらしいのよ。
ヒョンジュ： そうなんだ。それで。
みさき： でも、室町時代の終わりごろからは民衆の娯楽として発達したらしいよ。
ヒョンジュ： すごい。みさきって本当に物知りなんだね。
みさき： ウフッ、実はお父さんからの受け売りよ。
ヒョンジュ： なあんだ、そうだったんだ。あ、これ私の好きな嵐の曲よ。
早く踊りに行こうよ。これだけは自信あるの。
みさき： 私もこの曲大好き。行こう、行こう。
でも、この曲が終わったら、いっしょに写真撮ろうね。
ヒョンジュ： うん、そうしよう。

**〈ことばと表現〉**

緊張(きんちょう)　　窮屈(きゅうくつ)
物知(ものし)り　　受(う)け売(う)り

## 会話

(ヒョンジュとみさきが韓国と日本の伝統的な衣服について話しています。)

みさき： ヒョンジュ、韓国のハンボクって本当にきれいね。
私、小学校のとき世界の民族衣装の中から自分の好きなものを描く宿題があったんだけど、そのとき韓国のハンボクを描いたのよ。

ヒョンジュ： 子供の頃から好きだったのね。

みさき： うん。今でも韓国ドラマにハンボクが出てくると、わくわくするわ。一度着てみたいな。

ヒョンジュ： もしよかったら、私のを着てみない。
日本に来るとき持ってきたの。

みさき： え、いいの。嬉しい。
じゃあ、私がヒョンジュのハンボクを着て、ヒョンジュが私の着物を着るっていうのはどう。

ヒョンジュ： いいわね。でも着るのはやっぱりお正月がいいかな。

みさき： うん、着物はお正月、成人式、結婚式、卒業式、パーティーのような特別な日にしか着ないからね。
やっぱり韓国でもそう。

ヒョンジュ： うん。韓国もだいたい同じだと思うよ。
それに若い人はもってない人が多いんだよ。

みさき： 着物もそうよ。そんなところも似てるわね。

**〈ことばと表現〉**

民族衣装(みんぞくいしょう)　　着(き)てみない

## 練習問題

1. 次の説明を読んで、①~④の中から適切なことばを選んで（　　）の中に番号を書いてください。

| ① 帯揚げ | ② 訪問着 | ③ 下駄 | ④ 振袖 |
|---|---|---|---|

1) 未婚の女性が着る袖の長い着物。（　　）
2) 帯の結び目が下がらないようにするための布。（　　）
3) 浴衣を着たときなどに履く木製の履物。（　　）
4) 他家を訪問するときに着る着物。（　　）

2. 2~3人のグループを作って韓国と日本の伝統的な衣服について詳しく調べて発表しましょう。

# 제2장

# I. 일본의 지리, 자연

## 1. 일본의 지리, 인구

일본은 북동에서 남서로 길게 뻗은 열도로, 홋카이도, 혼슈, 시코쿠, 규슈의 4개의 섬과 이즈제도, 오가사와라제도 및 오키나와를 중심으로 하는 난세이제도로 이루어졌으며, 그 길이는 약 3,500km에 달한다. 「2010년 전국 도도부현, 시구읍면 별 면적조사」(국토지리원)에 의하면 면적은 377,950,10km$^2$이다. 국토의 6할 이상이 삼림이기 때문에 아름다운 자연의 혜택을 받아 사람들의 생활이 풍요로우나, 거주 가능한 지역이 한정되어 있기 때문에 주택이 밀집해 있는 경우가 많다.

2010년의 국세조사에 의하면 일본의 총인구는 128,057,352명이며, 5년 전 조사 결과에 비하여 289,358명 증가했다. 그러나 일본인의 수는 125,358,854명으로, 5년 전 조사보다 37만 명 감소했다. 일본인의 인구는 앞으로도 감소가 예상되어 저출산 · 고령화가 큰 사회문제로 되어 있다. 『세계 인구백서 2011』(유엔 인구기금 도쿄사무소)에 의하면 바야흐로 세계의 인구는 70억 명에 달하였으며 일본의 인구는 중국, 인도, 미국, 인도네시아, 브라질, 파키스탄, 나이지리아, 방글라데시, 러시아에 이어 10위이다.

## 2. 일본열도의 위치

일본은 유라시아 대륙의 동쪽에 있으며 동아시아에 포함된다. 그 때문에 '중국의 동쪽'이나 '태평양의 서쪽'이라는 경우가 있다. 바다로 둘러싸여 있으며, 약 동경 123도에서 154도, 북위 20도에서 45도의 사이에 위치한다. 대략 온대지대에 속하나, 남북으로 길게 뻗어 있으므로 지역에 따라 기후가 다르다. 계절은 봄(3~5월), 여름(6~8월), 가을(9~11월), 겨울(12월~2월) 사계절이 있으며 사람들은 봄은 꽃구경, 여름은 해수욕, 가을에는 단풍놀이, 겨울은 스키라고 말할 정도로 변화가 많은 사계절 나름의 생활을 즐기고 있다.

그러나 매년 여름부터 가을에 걸쳐 태풍에 의한 피해를 입거나, 지진이 일본 각지에서 자주 일어나는 등의 자연재해도 있어, 일본어에는 무서운 것을 순서대로 늘어놓은 표현으로서 '지진, 천둥, 화재, 아버지'라고 말하기도 한다.

〈세계 중에서 본 일본의 위치〉

지도에서 일본의 위치를 확인해 봅시다([図 1-I-1]).

## 3. 일본의 지방구분

일본의 지방구분은 홋카이도(北海道), 도호쿠 지방(東北地方)〔(후쿠시마현(福島県), 미야기현(宮城県), 이와테현(岩手県), 아오모리현(青森県), 야마가타현(山形県), 아키타현(秋田県)〕, 간토(関東)지방〔도쿄도(東京都), 이바라키현(茨城県), 도치기현(栃木県), 군마현(群馬県), 사이타마현(埼玉県), 지바현(千葉県), 가나가와현(神奈川県)〕, 주부 지방(中部地方)〔(니가타현(新潟県), 도야마현(富山県), 이시카와현(石川県), 후쿠이현(福井県), 야마나시현(山梨県), 나가노현(長野県), 기후현(岐阜県), 시즈오카현(静岡県), 아이치현(愛知県)〕, 긴키 지방〔교토부(京都府), 오사카부(大阪府), 시가현(滋賀県), 효고현(兵庫県), 나라현(奈良県), 와카야마현(和歌山県), 미에현(三重県)〕, 주고쿠 지방(中國地方)〔(오카야마현(岡山県), 히로시마현(廣島県), 야마구치현(山口県), 시마네현(島根県), 돗토리현(鳥取県)〕, 시코쿠(四国) 지방〔도쿠시마현(徳島県), 가가와현(香川県), 에히메현(愛媛県), 고치현(高知県)〕, 규슈(九州) 지방〔후쿠오카현(福岡県), 사가현(佐賀県), 나가사키현(長崎県), 구마모토현(熊本県), 오이타현(大分県), 미야자키현(宮崎県), 가고시마현(鹿児島県)〕으로 구분되어 있다([図 1-I-2]).

## 4. 일본의 행정구분

일본의 행정구분은 전국을 1도(都), 1도(道), 2부(府), 43현(県)으로 나누며 이를 다시 시, 읍, 면으로 나누고 있다. 국토지리원 전국 도도부현(都道府県) 시구읍면(市区町村) 면적조사(2010년 10월 1일 현재)에 의하면 전국의 도도부현(都道府県)의 면적순위 베스트 10은 1위 홋카이도(83,456.87km$^2$), 2위 이와테현(岩手県 15,278.89km$^2$), 3위 후쿠시마현(福島県 13,782.76km$^2$), 4위 나가노현(長野県 13,104.95km$^2$), 5위 아키타현(秋田県 11,636.25km$^2$), 6위 니가타현(新潟県 10,363.72km$^2$), 7위 기후현(岐阜県 9,768.20km$^2$), 8위 아오모리현(青森県 9,644.54km$^2$), 9위 가고시마현(鹿児島県 9,044.45km$^2$), 10위 히로시마현(広島県 8,479.58km$^2$)의 순이다([図 1-I-3]).

## 5. 현, 청 소재지

현, 청 소재지는 다음과 같다.

홋카이도〔삿포로시(札幌市)〕, 아오모리현(青森県)〔아오모리시(青森市)〕, 아키타현(秋田県)〔아키타시(秋田市)〕, 이와테현(岩手県)〔모리오카시(盛岡市)〕, 야마가타현(山形県)〔야마가타시(山形市)〕, 미야기현(宮城県)〔센다이시(仙台市)〕, 후쿠시마현(福島県)〔후쿠시마시(福島市)〕, 군마현(群馬県)〔마에바시시(前橋市)〕, 도치기현(栃木県)〔우쓰노미야시(宇都宮市)〕, 이바라키현(茨城県)〔미토시(水戸市)〕, 지바현(千葉県)〔지바시(千葉市)〕, 사이타마현(埼玉県)〔사이타마시(埼玉市)〕, 도쿄도(東京都)〔도쿄(東京)〕, 가나가와현(神奈川県)〔요코하마시(横浜市)〕, 니가타현(新潟県)〔니가타시(新潟市)〕, 나가노현(長野県)〔나가노시(長野市)〕, 야마나시현(山梨県)〔고후시(甲府市)〕, 시즈오카현(静岡県)〔시즈오카시(静岡市)〕, 도야마현(富山県)〔도야마시(富山市)〕, 기후현(岐阜県)〔기후시(岐阜市)〕, 아이치현(愛知県)〔나고야시(名古屋市)〕, 이시카와현(石川県)〔가나자와시(金沢市)〕, 후쿠이현(福井県)〔후쿠이시(福井市)〕, 시가현(滋賀県)〔오쓰시(大津市)〕, 미에현(三重県)〔쓰시(津市)〕, 교토부(京都府)〔교토시(京都市)〕, 나라현(奈良県)〔나라시(奈良市)〕, 효고현(兵庫県)〔고베시(神戸市)〕, 오사카부〔오사카시(大阪市)〕, 와카야마현(和歌山県)〔와카야마시(和歌山市)〕, 돗토리현(鳥取県)〔돗토리시(鳥取市)〕, 오카야마현(岡山県)〔오카야마시(岡山市)〕, 시마네현(島根県)〔마쓰에시(松江市)〕, 히로시마현(広島県)〔히로시마시(広島市)〕, 야마구치현(山口県)〔야마구치시(山口市)〕, 가가와현(香川県)〔다카마쓰시(高松市)〕, 도쿠시마현(徳島県)〔도쿠시마시(徳島市)〕, 에히메현(愛媛県)〔마쓰야마시(松山市)〕, 고치현(高知県)〔고치시(高知市)〕, 후쿠오카현(福岡県)〔후쿠오카시(福岡市)〕, 사가현(佐賀県)〔사가시(佐賀市)〕, 나가사키현(長崎県)〔나가사키시(長崎市)〕, 오이타현(大分県)〔오이타시(大分市)〕, 구마모토현(熊本県)〔구마모토시(熊本市)〕, 미야자키현(宮崎県)〔미야자키시(宮崎市)〕, 가고시마현(鹿児島県)〔가고시마시(鹿児島市)〕, 오키나와현(沖縄県)〔나하시(那覇市)〕

또한, 도도부현(都道府県)명과 현청소재지가 다른 곳은 다음 18개 지역이다.

1. 홋카이도(北海道) 2. 이와테현(岩手県) 3. 미야기현(宮城県) 4. 군마현(群馬県) 5. 도치기현(栃木県) 6. 이바라키현(茨城県) 7. 사이타마현(埼玉県) 8. 가나가와현(神奈川県) 9. 야마나시현(山梨県) 10. 아이치현(愛知県) 11. 이시카와현(石川県) 12. 시가현(滋賀県) 13. 미에현(三重県) 14. 효고현(兵庫県) 15. 시마네현(島根県) 16. 가가와현(香川県) 17. 에히메현(愛媛県) 18. 오키나와현(沖縄県)

## 6. 일본의 산

일본은 국토의 약 7할이 산이다. 일본의 산은 예부터 신들이 사는 신성한 땅으로서 신앙의 대상이 되거나 수행의 장소로 여겨졌다. 국토지리원의 「일본의 산악표고일람(1003산)」(2011)에 의하면 일본에는 3,000m 이상 되는 산이 23곳으로, 높은 순서대로 예를 들면 다음과 같다.

1. 후지산(富士山, 3,776m)([図 1-I-4]) 2. 기타다케(北岳, 3,193m) 3. 오쿠호타카다케(奥穂高岳, 3,190m) 4. 아이노다케(間ノ岳, 3,189m) 5. 야리가타케다케(槍ケ岳, 3,180m) 6. 히가시다케(東岳)〔와루사와다케(悪沢岳), 3,141m〕 7. 아카이시다케(赤石岳, 3,120m) 8. 가라사와다케(涸沢岳, 3,110m) 9. 기타호타카다케(北穂高岳, 3,106m) 10. 오바미다케(大喰岳, 3,101m) 11. 마에호타카다케(前穂高岳, 3,090m) 12. 나카다케(中岳, 3,084m) 13. 아라카와다케(荒川岳)〔주다케(中岳), 3,083m〕 14. 아라카와다케(荒川岳)〔마에다케(前岳), 3,068m〕 15. 온타케산(御嶽山)〔겐가미네(剣峰), 3,067m〕 16. 노토리다케(農鳥岳)〔니시노토리다케(西農鳥岳), 3,051m〕 17. 시오미다케(塩見岳, 3,047m) 18. 센조다케(仙丈岳, 3,033m) 19. 미나미다케(南岳, 3,033m) 20. 노리쿠라다케(乗鞍岳)〔겐가미네(剣峰), 3,026m〕 21. 노토리다케(農鳥岳, 3,026m) 22. 다테야마(立山)〔오난지야마(大汝山), 3,015m〕 23. 히지리다케(聖岳)〔마에히지리다케(前聖岳), 3,013m〕

여기에 열거한 산 가운데, 후지산(富士山)과 온타케산(御嶽山) 이외는 남알프스나 북알프스에 속한다. 남알프스는 일본 알프스를 구성하는 아카이시(赤石) 산맥의 별칭이며, 북알프스는 히다산맥의 별칭이다. 또, 일본 알프스는 주부 지방(中部地方)의 히다(飛驒), 기소(木曾), 아카시(明石)의 3산맥의 총칭이다.

〈일본의 산〉
지도에서 일본의 산을 확인해 봅시다([図 1−I−5]).

〈일본의 산맥, 산지, 고지명〉
지도에서 일본의 산맥, 산지, 고지명을 확인해 봅시다([図 1−I−6]).

## 7. 일본의 하천과 호수

「일본의 통계 2011」(총무성 통계국 발행, 총무성 통계 연구소 편집)에 의하면 일본의 하천 길이 베스트 10은 다음과 같다. 이들 하천은 모두 200km 이상이다([図 1−I−7]).

1. 시나노가와(信濃川, 367km) 2. 도네가와(利根川, 322km) 3. 이시카리가와(石狩川, 268km) 4. 데시오가와(天川, 256km) 5. 기타카미가와(北上川, 249km) 6. 아부쿠마가와(阿武隈川, 239km) 7. 기소가와(木曾川, 229km) 8. 모가미가와(最上川, 229km) 9. 덴류가와(天竜川, 213km) 10. 아가노가와(阿賀野川, 210km)

또, 일본의 대표적 호소(湖沼) 넓이 베스트 10은 다음과 같다.

1. 비와호(琵琶湖, 670.3km²)([図 1−I−8]) 2. 가스미가우라(霞ヶ浦, 167.6km²) 3. 사로마호(151.8km²) 4. 이나와시로호(猪苗代湖, 103.3km²) 5. 나카우미(中海, 86.2km²) 6. 굿샤로호(屈斜路湖, 79.6km²) 7. 신지호(宍道湖, 79.1km²) 8. 시코쓰호(支笏湖, 78.4km²) 9. 도야호(洞爺湖, 70.7km²) 10. 하마나호(浜名湖, 65.0km²)

### 단어

다음 단어에 해당하는 한국어를 찾아 표를 완성해 봅시다.

| 日本語 | 韓国語 | 日本語 | 韓国語 |
|---|---|---|---|
| 地理 | 지리 | 地域 | 지역 |
| 列島 | 열도 | 住宅 | 주택 |
| 北海道 | 홋카이도 | 密集 | 밀집 |
| 本州 | 혼슈 | 国勢調査 | 국세조사 |
| 四国 | 시코쿠 | 減少 | 감소 |
| 九州 | 규슈 | 少子高化 | 저출산 |
| 沖縄 | 오키나와 | 社会問題 | 사회문제 |
| 南西諸島 | 난세이 제도 | 大陸 | 대륙 |
| 森林 | 삼림 | 温帯地帯 | 온대지대 |
| 自然 | 자연 | 気候 | 기후 |
| 居住 | 주거 | 被害 | 피해 |

다음 단어에 해당하는 한국어를 찾아 표를 완성해 봅시다.

| 日本語 | 韓国語 | 日本語 | 韓国語 |
|---|---|---|---|
| 地方区分 | 지방구분 | 山岳標高一覧 | 산악표고일람 |
| 東北地方 | 도호쿠 지방 | 富士山 | 후지산 |
| 関東地方 | 간토 지방 | 南アルプス | 남알프스 |
| 中部地方 | 주부 지방 | 北アルプス | 북알프스 |
| 近畿地方 | 긴키 지방 | 統計 | 통계 |
| 中国地方 | 주고쿠 지방 | 総務省 | 총무성 |
| 四国地方 | 시코쿠 지방 | 河川 | 하천 |
| 九州地方 | 규슈 지방 | 信濃川 | 시나노 강 |
| 県庁所在地 | 현청소재지 | 湖沼 | 호소(호수와 늪) |
| 都道府県 | 도도부현 | 琵琶湖 | 비와호 |
| 国土地理院 | 국토지리원 | 霞ヶ浦 | 가스미가우라 |

## 회화

주요 등장인물

미사키(대학교 2학년)

현주(대학교 2학년, 한국에서 온 교환유학생)

다이치(미사키의 동급생)

히로키(미사키의 남동생, 중학교 2학년)

미사키 아빠

미사키 엄마

회화

(현주와 미사키가 여행에 대하여 이야기하고 있습니다.)

미사키 : 현주야, 어디 가고 싶은 곳 있니?
현주 : 응! 나, 전부터 계속 후지산에 올라가 보고 싶었어.
미사키 : 정말? 나는 초등학교 6학년 여름방학에 가족과 함께 올라갔었어.
아마도, 등산 허가는 7월초니까, 여름방학에 함께 갈까?
현주 : 가고 싶어~ 후지산 말야 일본에서 가장 높은 산이지?
미사키 : 그래. 3,776m로 일본에서 제일 높지.
현주 : 그런 높은 산에 오르는 것은 준비가 힘들지 않을까?
미사키 : 괜찮아. 중턱까지는 버스로 갈 수 있고 도중에 말도 탔거든.
한여름이라도 밤에는 추웠지만.
현주 : 그럼, 많이 껴입고 가지 않으면 안 되겠네.
시간은 어느 정도 걸리는데?
미사키 : 글쎄, 너무 가벼운 차림으로 가지 않는 편이 좋을지도.
서두르지 말고 천천히 가자. 산장에서 1박 하는 것도 즐거워.
현주 : 산장이라고? 좋겠다. 재미있을 것 같아!

〈단어〉
富士山(ふじさん) 후지산
山開(やまびら)き 등산금지 시기가 지나 그해 처음으로 등산허가 하는 일
5合目(ごごうめ) 산의 중턱　　真夏(まなつ) 한여름
着(き)こむ 여러 벌 껴입다　　軽装(けいそう) 가벼운 차림

## 회화

(현주와 미사키가 계절에 대하여 이야기하고 있습니다.)

미사키 : 일본과 한국은 계절도 비슷하네.

현주 : 응! 나는 봄을 좋아해!
한국의 봄은 진달래나 개나리가 정말로 예쁘거든. 미사키는?

미사키 : 글쎄. 나는 여름?
여름에는 바다에서 헤엄치고 수박 먹고.

현주 : 미사키, 헤엄칠 수 있니?

미사키 : 물론이지. 초등학교 때부터 친구와 함께 수영 교실에 다녔거든. 능숙하게 헤엄칠 수 있게 되면 모자에 붙인 선의 수가 늘어나거든.

현주 : 와~ 재미있다. 초등학교 때는 학교가 끝나면 곧장 학원에 갔기 때문에 왠지 바빴어. 산수, 영어, 피아노, 미술.

미사키 : 그래. 힘들었겠다. 나는 수영교실만 다녔지만, 그 덕분에 천식이 나았어.

현수 : 그래? 수영이란 몸에 좋은 것이네. 그럼, 다이어트 효과도 있을까?
나도 시작해 볼까?

미사키 : 좋아. 나도 오래간만에 헤엄치고 싶어. 가까운 풀장에 가 볼까?

〈단어〉

| | |
|---|---|
| 季節(きせつ) 계절 | 水泳教室(すいえいきょうしつ) 수영교실 |
| 久(ひさ)しぶり 오래간만 | ダイエット効果(こうか) 다이어트 효과 |

연습문제

1. (　　) 페이지를 참고로 하여 일본지도에 도도부현의 이름을 써 봅시다.

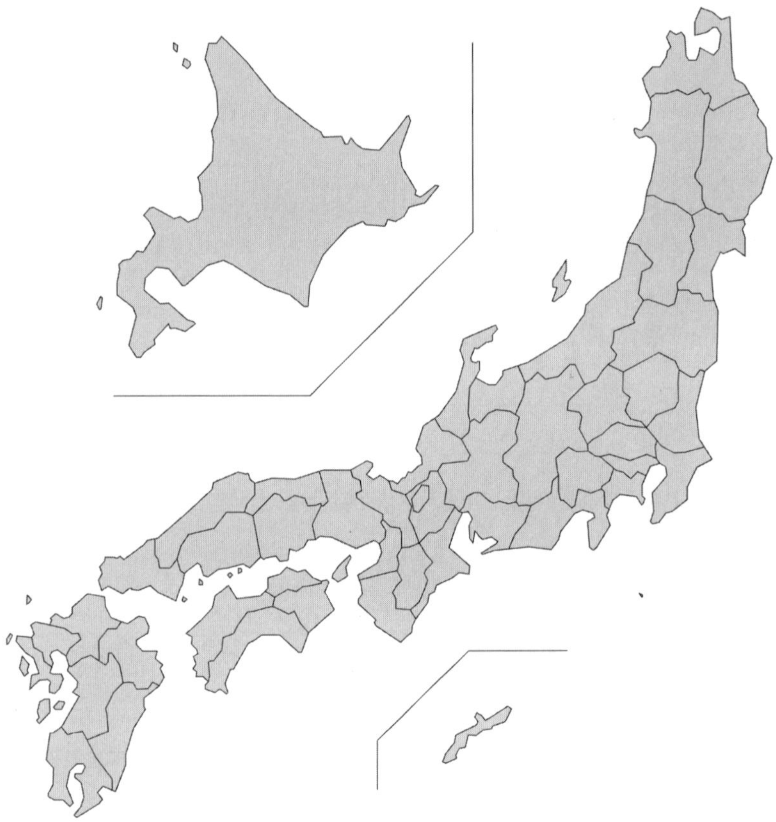

2. 2~3명이 그룹을 만들어 한국과 일본의 위치, 행정구역, 인구 등을 조사하여 발표해 봅시다.

# II. 일본의 전통문화

일본전통문화에는 '문화'로서 꽃꽂이, 다도, 하이쿠, 단카, 우키요에, 수묵화 등이 있으며, '예능'으로서 가부키, 노, 교겐, 분라쿠, 라쿠고, 만자이 등이 있다. 또한 '스포츠'로는 스모, 유도, 검도, 가라테 등이 있다.

## 1. 문화

### 1) 꽃꽂이(生け花)

초목의 꽃이나 가지 등을 잘라내서 꽃꽂이 용기에 꽂아 장식하는 것. 오랜 역사를 가졌으며 나라(奈良) 시대에는 불전에게 꽃을 바치는 헌화가 행하여졌으며, 헤이안 시대에는 꽃이나 나무를 그릇에 담아서 꾸몄다고 하는 기록이 남아 있다. 무로마치 시대에는 도코노마의 장식 꽃으로서 발달하였으며, 무로마치 시대, 에도 시대에 많은 유파가 탄생하였다. 하나(花/華)미치라고 하는 말은 에도 시대부터 사용되었다. 이케노보, 소게쓰류 등의 유파가 있다([図 1-II-1]).

### 2) 다도(茶道)

사람을 초대하여 말차(抹茶)를 타서 대접하는 것. '차노유'라고도 한다.

차를 마시는 습관은 나라 시대부터 헤이안 시대 초기에 중국에서 전해졌으며, 헤이안 말기에 말차에 의한 다도가 전해졌다. 무로마치 시대에 다도의 유예화(遊芸化: 취미로 배우는 예능화)가 왕성해졌으며, 센노리큐(千利休)에 의해 대성했다고 전해지고 있다. 다도라는 말이 사용되었던 것은 에도 시대 이후부터이다. '茶道'의 읽는 법은 '사도'이며, 이렇게 읽는 것은 에도 시대까지는 드물었고, '차도'로 말하는 것이 일반적이었다([図 1-II-2]).

### 3) 서도(書道)

붓을 사용하여 문자를 아름답게 쓰는 예술. 중국에서 전해졌으나, 헤이안 시대에 일본에서 가나가 만들어지면서 일본풍의 서도가 발전하였다. 일본에서는 고등학교에서 학습하는 과목 중 하나이며, 초등학교, 중학교에서는 '습자'라 하여, 국어과의 한 분야로 되어 있다. 중학교, 고등학교에서는 동아리 활동으로서 '서도부'가 있는 학교도 많다([図 1-II-3]).

### 4) 하이쿠(俳句)

하이쿠는 5・7・5의 3구, 17문자로 완성되는 짧은 정형시로 '오래된 연못에 개구리가 뛰어드는 물소리'의 'や'와 같이 구의 매듭짓는 말(切れ字) 및 계절감을 나타내기 위한 말인 계절어(季語/季題)를 넣는 것이 원칙이다. 5・7・5와 7・7을 번갈아 되풀이하는 하이카이(俳諧)연가에서 파생하여, 마쓰오 바쇼(松尾芭蕉)가 현재의 형식으로 완성하였다. 또, 5・7・5로부터 이루어지는 첫 귀만을 '하이쿠'라고 하게 된 것은 메이지 시대 중기에 마사오카 시키(正岡子規)의 출현 이후이다. 때로는 정형을 깨트리거나, 계절어를 넣지 않는 것도 보인다([図 1-II-4]).

### 5) 단카(短歌)

5・7・5・7・7의 5구로 구성되어 31자(みそひともじ)로 만든 정형화 된 시. 5・7・5를

상구(모토), 7 · 7을 하구(스에)라고 한다. 근대 단카에서는 정형을 무너트린 것도 있다. 일상생활을 소재로 하여, 평이한 말로 표현한 노래집 『샐러드 기념일』(俵万智、たわらまち, 1962~ )이 베스트셀러가 되자, 단카를 짓는 것이 붐이 된 적도 있었다([図 1-II-5]).

### 6) 우키요에(浮世絵)

우키요에(浮世絵)는 에도 시대에 발달했던 목판화를 중심으로 한 일본회화다. 17세기 후반에 히시카와 모로노부(菱川師宣)에 의해 기초가 만들어졌으며, 스즈키 하루노부(鈴木春信)에 의해 니시키에(錦絵)라는 다색인쇄의 판화가 발달했다. 우키요에의 소재는 배우, 미인, 스모 선수들의 인물화나 서민의 생활을 그린 풍속화, 유곽, 연극의 배경, 역사화, 화조 등 폭넓다. '후가쿠(富嶽) 36경'으로 유명한 가쓰시카 호쿠사이(葛飾北齋)의 풍경화나 화조화, 도슈사이 샤라쿠(東洲斎写楽)의 과장된 작품 풍의 가부키 배우나 스모 선수의 인물화, 오쿠비에(大首絵: 상반신을 클로즈업해 그린 우키요에)의 양식을 확립한 기타가와 우타마로(喜田川歌麿)의 미인화 등이 유명하다([図 1-II-6]).

### 7) 수묵화(水墨画)

수묵화는 먹으로 그리는 그림으로 중국의 당(唐) 시대에 시작되어 송 시대에 번성하였다. 선승에 의해 가마쿠라 시대에 중국에서 일본으로 전해져 무로마치 시대에 왕성히 행하여졌다. 무로마치 시대에 슈분(周文)의 뒤를 이은 화승인 셋슈(雪舟, 1420~1506경)가 출현하여, 일본적인 수묵화가 완성된 것으로 유명하다. 셋슈의 그림에는 산수화, 인물화, 화조화 등이 있다([図 1-II-7]).

## 2. 예능

### 1) 가부키(歌舞伎)

일본 특유의 연극으로 에도 시대 초기에 탄생하였다. 원래는 이즈모의 오쿠니가 교토에서 넨부쓰 오도리(염불을 외며 장단에 맞추어 추는 춤)를 춘 것으로부터 유래하였으나, 풍기를 어지럽힌다는 이유로 금지되었다. 그 후 남성만이 연기할 수 있었으며, 음악, 대사,

무용의 전통연극으로서 발전하였다. '가부키'는 '기울다(傾)く'의 연용형이 명사화한 것이지만 '(傾)く'는 이상한 행동, 자유분방한 행동을 하는 것이다. 구마도리(くまどり: 빨강, 파랑, 검정으로 얼굴을 칠해 배우가 성격, 표정을 돋보이게 하는 화장법)라는 화려하고 독특한 화장을 하거나, 회전 무대, 세리(무대 바닥의 일부를 뚫어 배우, 도구를 올리거나 내리는 장치) 등의 무대장치가 있는 것도 가부키의 특징의 하나이다. 현재는 고등학생을 위한 가부키 교실 등도 개최되는 한편, 이어폰 가이드로 무대장치 등에 관한 자세한 해설이 행해진다([図 1-II-8]).

### 2) 노(能)

일본 특유의 전통연극으로 제창단(일종의 코러스)과 하야시(피리, 북 등의 반주음악)를 이용하여, 춤추며 노래 부르는 가무극이다. 줄거리는 우타이(謡)라는 노래로 표현하며, 주연은 '시테', 조연은 '와키'라 한다. 나무로 만든 옻으로 칠한 노멘(能面: 가면)을 쓰고, 화려한 노쇼소쿠(能装束) 옷차림을 하는 특색이 있으나, 가면을 쓰지 않는 배역도 있다. 남북조에서 무로마치 시대에 걸쳐서 간아미(観阿弥), 제아미(世阿弥)가 출현하였으며, 장군이었던 아시카가 요시미쓰(足利義満)의 후원 하에 대성하였다. 일본어로 'のうめんのような顔'라는 표현이 있는데, 이는 단정한 얼굴을 지칭할 수도 있으나, '표정에 변화가 없는, 무표정한 얼굴'을 표현하는 경우가 많다. 노는 한국의 가면극과 비교되는 경우도 있다([図 1-II-9]).

### 3) 교겐(狂言)

일본의 고전예능의 하나로 무로마치 시대에 발달한 대화와 쇼사(몸짓, 행동, 춤)를 중심으로 하는 예능이다. '노'가 유겐(유현: 정취가 깊고 그윽한)의 맛을 가지는 것에 비하여, 교겐은 주로 곳케이(滑稽: 익살), 웃음, 풍자 등을 중심으로 연기한다. 사루가쿠(猿楽: 익살스러운 동작이나 곡예를 주로 한 연극)가 '노'와 '교겐'으로 나뉘었으나, '노'에 비해 서민적이라고도 말할 수 있다. 에도 시대에는 '노'와 같이 막부(幕府)의 공식적인 행사로서 의식에 행하여졌다. 원래는 '노'와 '노' 사이에 연기되어지며, 즉흥성이 강하였으나, 점차로 고정화되게 되었다. 독립해서 연기하는 '혼교겐(本狂言)'과 '노'의 사이에 연기하는 '아이교겐(間狂言)'이 있다([図 1-II-10]).

#### 4) 분라쿠(文楽)

가다유부시(義太夫節: 샤미센 반주로 이야기를 엮어나감)에 맞춰서 연기하는 인형 조루리(浄瑠璃)의 한 호칭으로, 메이지 말기 이후부터 다이쇼(大正) 시대 초기에 걸쳐, '분라쿠좌(文楽座)'가 인형조작연극의 전용극장으로 된 후부터 '분라쿠(文楽)'라 말하게 되었다. 노, 가부키와 함께 일본의 3대 고전연극의 하나이다. 분라쿠(文楽)에는 다유(太夫)라는 조루리가타리(노래하는 사람)와 샤미센(三味線) 악사, 닌교쓰카이(인형조종자)가 있다. 인형은 1~1.5미터 정도의 크기이며 3명의 닌교쓰카이가 조종하고 있다. 닌교쓰카이는 검은 의상을 입고, 인형의 동작만이 두드러지도록 조종한다([図 1-II-11]).

## 3. 요세(寄席)

#### 1) 라쿠고(落語)

한 사람의 만담가(落語家)가 해학적(滑稽), 익살을 중심으로 하는 이야기에 나오는 복수의 등장인물을 말과 몸짓 등으로 나누어 연기하는 이야기 예술로, 마지막에 오치(落ち: 예상치 못한 결말)가 있는 예술공연장 예능(寄席芸能)이다. 라쿠고에 이용하는 도구는 부채, 수건 등의 소도구뿐이다. 시작은 에도 시대로 막부 말기부터 메이지 시대 초기에 산유우테이 엔초(三遊亭円朝)가 에도(江戸) 라쿠고를 대성했다고 전해진다. '라쿠고'의 읽는 법은 원래는 '오토시바나시'였으나, 메이지 시대로 들어간 후 '라쿠고'라고 읽게 되었다. 예부터 전해져 메이지시기(明治期)에 완성된 것을 고전 라쿠고, 그 이후에 만들어진 것을 신작 라쿠고라고 한다. 고전 라쿠고를 중심으로 연기하는 만담가가 있다면, 신작 라쿠고를 특기로 하는 만담가도 있다. 현재는 예술공연장뿐만 아니라, 텔레비전이나 라디오 등에도 출연하여 폭넓게 활약하고 있다([図 1-II-12]).

#### 2) 만자이(漫才)

두 사람의 게닌(芸人: 예능인)이 서로 번갈아 재미있는 이야기를 하고, 말이나 몸짓으로 관객을 웃기는 요세(寄席: 예술공연장) 연예다. 오사카(大阪)에서 정월에 축하하는 말을 전하며 집집을 돌아다닌 '만자이(万歳)'를 무대에서 연기한 것이 시작되었다. 처음에는 '万才'

라고 썼으나, 쇼와(昭和) 초기에 '漫才'라고 하는 표기가 사용되기 시작했다. 만자이도 라쿠고처럼 텔레비전 등에서도 방영되어 인기를 얻고 있다([図 1-II-13]).

## 4. 스포츠

### 1) 스모(相撲)

일본의 국기로 지정되어 있다. 두 사람의 리키시(力士: 스모선수)가 도효(土俵: 씨름판) 안에서 마와시(まわし: 샅바 구실을 하는 폭이 좁고 긴 천으로 10m, 4~5kg 정도) 하나를 몸에 두르고 빈손으로 승패를 겨루는 격투기. 어느 쪽인가가 도효 밖으로 나오든지, 쓰러질 때까지 싸운다. 옛날에는 농경의례나 궁중행사로서 행하여졌다. 근세가 되어서 직업으로 하는 스모가 발달하였으며, 현재 일본 스모협회가 연 6회 흥행을 하고 있다. 2011년은 1월 장소(하쓰바쇼: 初場所 처음 출장하는 장소, 1월 개최, 료코쿠국기관), 3월 장소〔하루바쇼: 春場所, 3월 개최, 오사카부립(大阪府立)체육회관〕, 5월 장소(나쓰바쇼, 5월 개최, 료코쿠국기관), 7월 장소〔나고야(名古屋)바쇼, 7월 개최, 아이치현(愛知県)체육관〕, 9월 장소(아키바쇼, 9월 개최, 료코쿠국기관), 11월 장소〔규슈(九州) 바쇼, 11월 개최, 후쿠오카(福岡) 국제센터〕에서 개최되었다. 요즘은 일본인 리키시뿐만 아니라 외국인 리키시의 활약도 눈부시다([図 1-II-14]).

### 2) 유도(柔道)

일본이 대표적인 격투기의 하나로 빈손으로 상대의 공격에 대비하여, 방어, 공격 등의 기술을 겨룬다. 신체의 단련과 정신수양으로도 목적으로 하고 있다. 기원은 꽤 거슬러 올라가며, 에도 시대에는 무사의 무도로서 발달했으나, 일반적으로는 메이지15년(1882)에 가노 지고로(嘉納治五郎)가 일본 고래의 유술(柔術)을 근대화하여 창시한 '고도칸 유도(講道館柔道)'를 가리킨다. 1952년에는 국제유도연맹이 설립되어, 현재는 올림픽의 정식종목으로도 되어 있다([図 1-II-15]).

### 3) 검도(剣道)

멘(面, 호면: 얼굴을 가리는 호구), 고테(籠手, 호완: 손, 팔뚝을 보호하는 호구), 도우(胴, 갑혁:

가슴, 배를 보호하는 호구), 다레(垂, 갑상: 허벅지와 엉덩이를 보호하는 호구) 등의 호구를 붙이고 시나이(竹刀, 죽도)를 사용하여 대전하는 경기이다. 무로마치 시대에 발전하여 에도 시대에는 무사의 필수기예였다. 메이지 시대에 무사계급이 없어져 쇠퇴하는 등 우여곡절이 있었으나, 1952년에 전국 일본검도연맹이 창설되었으며, 1970년에는 국제검도연맹이 창설되어 지금이야말로 세계적인 스포츠가 되었다. 심신을 단련하는 스포츠로서도 유명하다. 고등학교에서는 동아리활동으로 '검도부'도 있으며 남자뿐만 아니라 여자부원도 많다([図 1-II-16]).

### 4) 가라테(空手)

가라테는 중국에서 오키나와에 전해져 왕성히 행해지게 된 무도다. 무기를 가지지 않고 지르기, 차기, 막기의 세 가지 방식을 기본기술로 한다. 1964년에 전국일본가라테연맹이 결성되었다. 경기에는 마주 대한 두 사람의 선수가 겨루는 대련시합(相手試合)과, 가라테의 형을 겨루는 형 시합(形試合)의 2종목이 있다([図 1-II-17]).

## 단어

다음 단어에 맞는 한국어를 찾아 표를 완성해 봅시다.

| 日本語 | 韓国語 | 日本語 | 韓国語 |
|---|---|---|---|
| 生け花 | 꽃꽂이 | 風紀 | 풍기 |
| 流派 | 유파 | 禁止 | 금지 |
| 花道 | 화도 | 舞踊 | 무용 |
| 茶道 | 다도 | 自由奔放 | 자유분방 |
| まっちゃ | 말차 | 舞台装置 | 무대장치 |
| 遊芸化 | 유예화 | 主役 | 주연 |
| 書道 | 서도 | 脇役 | 조연 |
| 毛筆 | 붓 | 仮面劇 | 가면극 |
| 習字 | 습자 | 所作 | 몸짓, 행동, 춤 |
| 歌舞伎 | 가부키 | 幕府 | 막부 |
| 演劇 | 연극 | 専用劇場 | 전용극장 |

다음 단어에 맞는 한국어를 찾아 표를 완성해 봅시다.

| 日本語 | 韓国語 | 日本語 | 韓国語 |
|---|---|---|---|
| 落語家 | 만담가 | 順応 | 순응 |
| 複数 | 복수 | 攻撃 | 공격 |
| 登場人物 | 등장인물 | 防御 | 방어 |
| 完成 | 완성 | 鍛錬 | 단련 |
| 観客 | 관객 | 精神修行 | 정신수양 |
| 舞台 | 무대 | 近代化 | 근대화 |
| 格闘技 | 격투기 | 正式種目 | 정식종목 |
| 力士 | 씨름선수 | 防具 | 방어용 도구 |
| 農耕儀礼 | 농경의례 | 竹刀 | 죽도 |
| 宮中行事 | 궁중행사 | 武士階級 | 무사계급 |
| 職業相撲 | 직업씨름 | 衰微する | 쇠퇴하고 약해지다 |

## 회화

(현주와 미사키가 신주쿠에서 만자이를 본 후 귀가 길에 이야기하고 있습니다.)

미사키 : 현주야 어땠어?
현주 : 늘 텔레비전에서 보던 사람이 많이 나와서 진짜 놀랐어.
미사키 : 정말이야. 운이 좋았어!
하지만 생각보다 극장이 작았지 그치?
현주 : 응. 그래도 무대와 객석이 가까워서 좋았어.
티켓도 그리 비싸지 않았고.
미사키 : 그렇지. 게다가 예약 안 하고도 편하게 들어갈 수 있어서 좋아.
여기는 오사카 예능인들이 많아. 본거지가 오사카니까.
현주 : 그게 나에게는 문제인 거야.
늘 공부하고 있는 것은 도쿄 말이니까, 간사이 말투나 억양이 어려워.
미사키 : 간토 말과 간사이 말은 상당히 다르니까.
현주 : 전부터 드라마 보면서 간사이 사투리가 재미있다고 느꼈었거든.
미사키 : 진짜 그래. 간사이 말을 듣는 것만으로 왠지 즐거운 느낌이 들거든.
현주 : 응. 앞으로는 간사이 사투리도 공부해야지.
미사키 : 현주! 화이팅!

〈단어〉

| | |
|---|---|
| 新宿(しんじゅく) 신주쿠 | 漫才(まんざい) 만담 |
| 舞台(ぶたい) 무대 | 客席(きゃくせき) 객석 |
| 本拠地(ほんきょち) 본거지 | 関西弁(かんさいべん) 간사이 사투리 |

### 회화

(미사키와 미사키의 엄마가 쇼핑 후에 라쿠고를 들으려 하고 있습니다.)

미사키 엄마 : 라쿠고라니 오랜만이네.
미사키 : 응. 쇼핑이 빨리 끝났으니, 마침 잘됐네.
미사키 엄마 : 그래. 간만에 실컷 웃고 집에 가자.

(두 사람은 고전 라쿠고 '도키소바'를 듣고, 귀가 길에 우동집에 들렀습니다.)

미사키 엄마 : 도키소바는 몇 번 들어도 재미있어.
미사키 : 응, 같은 이야기라도 만담가에 따라 개성이 있어서 좋아.
미사키 엄마 : 그렇지! 신작 라쿠고도 재밌지만 고전 라쿠고도 역시나 좋아.
미사키 : 아 맞다. 엄마! 다음 달 가미가타 라쿠고 들으러 갈까?
겐다이(독서를 위한 작은 받침대) 앞에 놓고 고뵤시(박자소리)치면서 말하는 것 보고 싶어.
미사키 엄마 : 그치? 그럼 나중에 인터넷으로 찾아볼까?
미사키 : 응, 그런데 엄마, 지금 어느 때지(몇 시지)?
미사키 엄마 : 미사키, 벌써 라쿠고 말투가 되어버렸네.
미사키 : 후훗.

〈단어〉
劇場(げきじょう) 극장
客席(きゃくせき) 객석
新作落語(しんさくらくご) 신작 라쿠고
古典落語(こてんらくご) 고전 라쿠고
落語口調(らくごくちょう) 라쿠고 말투, 어조

## 연습문제

1. 다음 설명을 읽고 ①~④번 중에서 적절한 단어를 골라 (　　　) 안에 번호를 쓰시오.

| ① 日本舞踊 | ② 文楽 | ③ 雅楽 | ④ 薪能 |
|---|---|---|---|

1) 나라(奈良) 고후쿠지(興福寺)에서 행해진 땔나무를 피워서 연기하는 신을 제사지내는 노 ( ④ )

2) 기다유부시에 맞춰서 연기하는 조종 인형 조루리 연극 ( ② )

3) 넓은 의미로 일본에서 발달한 무용의 총칭 ( ① )

4) 나라, 헤이안 시대부터 궁정, 절과 신사 등에서 연주되어 온 음악 ( ③ )

2. 2~3명의 그룹을 만들어, 한국의 가면극과 일본의 '노'를 자세하게 조사하여 유사점, 차이점을 발표해 봅시다.

# III. 일본의 마쓰리

## 1. 일본의 마쓰리(축제)

일본이 전통적인 마쓰리는 원래, 신을 맞이하여 신과 사람과의 유대를 깊게 하기 위한 종교적인 행사였다. 또한, 신이나 부처를 모셔 풍작을 기원하거나, 가을의 수확에 감사하는 마쓰리도 있다. 이러한 마쓰리에는 하나(花, 꽃) 마쓰리, 다나바타(七夕, 칠석) 마쓰리, 나쓰(夏, 여름) 마쓰리, 하다카(裸, 알몸) 마쓰리, 유키(雪, 눈) 마쓰리, 요(夜, 밤) 마쓰리, 히(火, 불) 마쓰리 등이 있으며 일본 각지에서 개최되고 있다. 요즘은 마을 살리기를 위해 행하여지는 관광용의 마쓰리도 있다.

## 2. 일본의 주요 마쓰리 일람

| 1 | 삿포로 유키 마쓰리 | 삿포로 | 2 | 네부타 마쓰리 | 아오모리 |
|---|---|---|---|---|---|
| 3 | 간토 | 아키타 | 4 | 다나바타 마쓰리 | 센다이 |

| 5 | 오와라 가제노 본 | 도야마 | 6 | 지치부노 요마쓰리 | 사이타마 |
|---|---|---|---|---|---|
| 7 | 산자 마쓰리 | 도쿄 | 8 | 간다 마쓰리 | 도쿄 |
| 9 | 다카야마 마쓰리 | 기후 | 10 | 기온 마쓰리 | 교토 |
| 11 | 아오이 마쓰리 | 교토 | 12 | 덴진 마쓰리 | 오사카 |
| 13 | 요사코이 마쓰리 | 고치 | 14 | 아와오도리 | 도쿠시마 |
| 15 | 하카다돈타쿠 | 후쿠오카 | | | |

〈오마쓰리지도〉

앞 페이지의 마쓰리일람표를 참고로 하여 일본 지도에 마쓰리 명칭을 써 봅시다([図 1－III－1]).

## 3. 일본의 주요 마쓰리

### 1) 삿포로 유키 마쓰리(삿포로)

홋카이도의 삿포로에 있는 오도리(큰길) 공원에서 개최되는 눈 조각작품 마쓰리이다. 현재는 육상 자위대나 시민 자원봉사, 시민 그룹 등이 눈 조각작품 만들기에 참가하며, 국제 눈 조각작품 콩쿠르가 개최된다. 해외에서도 많은 관광객이 모이는 장대한 마쓰리다([図 1－III－2]).

### 2) 네부타 마쓰리(아오모리)

도호쿠 지방(東北地方)의 아오모리시(青森市), 히로사키시(弘前市)에서 8월 초에 성대하게 행하여지는 등롱(燈籠祭) 마쓰리. 대나무나 나무, 철사 등으로 만든 틀에 종이를 붙이고, 무사인형, 새와 짐승, 인물이나 가부키의 장면을 그린 것에 선명한 색을 칠하고, 안에 등을 켜서 줄지어 행진한다. '네부타'는 수마(睡魔: 졸음)로, 원래는 수마를 쫓아버리기 위한 것이었다. 히로사키(弘前)에서는 '네푸타'라고 한다([図 1－III－3]).

### 3) 간토(아키타)

간토는 8월의 초순에 아키타시 등에서 행하여지는 칠석 축제로, 많은 초롱을 어깨나 허리, 이마 등에 태우고, 초롱의 불이 꺼지지 않도록 줄지어 행진한다. 긴 대나무에 가로대를 연결하여 많은 초롱을 달아 맨 것이 줄지어, 밤거리를 천천히 행진하는 모양은 환상적이며 아름답다. 쇼와(昭和) 초기까지는 '네부리나가시'라고 불렸다([図 1-III-4]).

### 4) 다나바타 마쓰리(센다이)

미야기현(宮城県) 센다이시(仙台市)의 칠석 축제. 센다이시의 상점가는 큰 칠석 장식으로 빼곡히 메워진다. 아오모리(青森)의 네부타 마쓰리, 아키타(秋田)의 간토 등과 함께 도호쿠 3대 마쓰리 중의 하나이다([図 1-III-5]).

### 5) 산자 마쓰리(도쿄)

도쿄도(東京都) 다이토쿠(台東区)에 있는 아사쿠사 신사 산자곤겐(三社権現) 마쓰리로 5월의 중순에 개최된다. 많은 사람이 미코시(신령이 내려앉는 가마로 신자들이 메고 행진한다)를 메고 줄지어 행진하는 위세 좋은 축제로, 신사의 경내에서는 덴가쿠(田楽: 모내기 때의 가무 음곡을 예능화한 것)를 추거나 한다. 무형문화재 빈자사라(拍板: 수 십장의 얇은 대나무, 나무 판을 끈에 꿴 타악기)춤 등이 공연되는 것으로도 유명. 산노(山王) 마쓰리, 간다(神田) 마쓰리와 함께 에도(江戸) 3대 마쓰리 중의 하나이다([図 1-III-6]).

### 6) 다카야마 마쓰리(기후)

기후현(岐阜県) 다카야마시(高山市)에 있는 히에 신사(日枝神社)에서 4월 14일~15일에 개최되는 봄 축제와, 10월 9일~10일에 하치만 신사(八幡神社)에서 행해지는 가을 축제를 다카야마 마쓰리라고 한다. 산노 마쓰리, 하치만 마쓰리라고도 한다. 일본의 3대 미(美)축제 중 하나로 알려져 있다. 호화스러운 포장마차가 줄지어 행진하는 것이 특징이다. 또한, 포장마차(山車, 다시: 축제 때 장식한 수레)로 행해지는 정교한 꼭두인형도 유명하다([図 1-III-7]).

### 7) 기온 마쓰리(교토)

기온마쓰리는 매년 7월에 교토시(京都市) 히가시야마구(東山区)의 야사카 신사에서 행하여지는 호화 현란한 제례. 헤이안(平安) 시대에 전염병 퇴치를 기원하기 위해서 66개의 창을 세워서 고료에(영혼회)를 행한 것이 기원으로, 무로마치 시대 이후 현재의 형태와 같아졌다고 전해진다. 7월 1일~29일까지 많은 행사가 벌어진다. 호화스러운 야마보코(山鉾)가 특색이다. 아오이 마쓰리(葵祭)와 함께 교토(京都)의 2대 마쓰리로 유명하다([図 1-III-8]).

### 8) 아오이 마쓰리(교토)

예부터 마쓰리라고 하면 아오이 마쓰리를 의미했다. 5월 15일에 교토의 가미가모(上賀茂), 시모가모(下賀茂) 두 신사에서 행하여지는 축제. 축제의 당일에 야시로마에(社前)나 깃샤(牛車: 가마 모양의 수레) 등을 가모아오이(賀茂あおい: 족도리 풀의 일종)로 꾸미고, 행렬의 참가자들도 의복에 가모아오이를 붙인 유래로부터 아오이 마쓰리라는 이름이 붙었다. 가모(賀茂) 축제라고도 한다([図 1-III-9]).

### 9) 덴진 마쓰리(오사카)

오사카시(大阪市) 기타구(北区)에 있는 스가와라 미치자네(菅原道真)를 모시는 오사카텐만구(大阪天満宮)의 여름 마쓰리로, 덴만 천신 축제, 덴만 마쓰리라고도 한다. 7월 25일에 개최되며, 천하의 3대 마쓰리라고 전해지고 있다. 교토의 기온 마쓰리와 함께 간사이의 여름 마쓰리로서는 최대이다. 24일 전야제 마쓰리에는 호코나가시(鉾流) 제사가 있다([図 1-III-10]).

### 10) 아와오도리(도쿠시마)

아와오도리는 도쿠시마시(德島市)와 그 주변의 본오도리(盆踊り). 도쿠시마 지방을 예전에는 아와(阿波)라고 했다. 많은 남녀가 패를 지어 피리, 샤미센, 북의 반주에 맞춰서 자유롭게 춤을 추면서 줄지어 행진한다. '춤추는 바보에, 보는 바보, 같은 바보라면 춤 안 추면 손해 손해'라는 문구가 유명하다. 많은 관광객을 모으고 있다([図 1-III-11]).

### 11) 하카타 돈타쿠(후쿠오카)

'돈타쿠'는 네덜란드어의 '존타쿠'가 변한 말로, 일요일, 휴일의 의미. 하카타(博多) 돈타쿠는 규슈(九州)의 후쿠오카시(福岡市)에서 개최되는 항구축제로 5월 3일~4일에 행해진다. 예부터 정월 15일에 지방영주에게 대한 연하의 행사로 축언의 춤을 추었다고 전해지고 있다. 현재와 같은 항구축제로 변한 것은 메이지 시대 이후이다. 구시다 신사의 경내에 모여, 말을 탄 후쿠가미(福神), 에비스(칠복신 중의 하나로 오른손에 낚싯대를 왼손에 도미를 안은 바다 어업, 상가의 수호신), 다이코쿠(칠복신 중의 하나로 오른 손에 요술망치, 왼손어깨에 큰 자루를 메고 쌀섬에 올라앉은 복덕신) 등과 포장마차가 도시를 줄지어 행진한다([図 1-III-12]).

## 단어

다음 단어에 맞는 한국어를 찾아 표를 완성해 봅시다.

| 日本語 | 韓国語 | 日本語 | 韓国語 |
|---|---|---|---|
| 宗教 | 종교 | 火祭 | 불 축제 |
| 行事 | 행사 | 開催 | 개최 |
| 豊作 | 풍작 | 日本各地 | 일본 각지 |
| 祈願 | 기원 | 北海道 | 홋카이도 |
| 夏祭 | 여름 축제 | 札幌 | 삿포로 |
| 花祭 | 꽃 축제 | 公園 | 공원 |
| 裸祭 | 알몸 축제 | 雪像 | 눈 조각작품 |
| 星祭 | 별 축제 | 海外 | 해외 |
| 雪祭 | 눈 축제 | 観光客 | 관광객 |
| 村祭 | 마을 축제 | 壮大 | 장대 |
| 夜祭 | 밤 축제 | 東北地方 | 도호쿠 지방 |

다음 단어에 맞는 한국어를 찾아 표를 완성해 봅시다.

| 日本語 | 韓国語 | 日本語 | 韓国語 |
|---|---|---|---|
| 盛大 | 성대 | 横木 | 가로대 |
| 針金 | 철사 | 連なる | 줄지어 있다 |
| 鳥獣 | 새와 짐승 | 豪華 | 호화 |
| 睡魔 | 수마 | 昭和 | 쇼와 |
| 弘前(ひろさき) | 히로사키 | 宮城県 | 미야기현 |
| 秋田 | 아키타 | 商店街 | 상점가 |
| 提灯 | 제등, 초롱 | 埋め尽くす | 가득 메우다 |
| 肩 | 어깨 | 浅草 | 아사쿠사 |
| 腰 | 허리 | 境内(けいだい) | 경내 |
| 額 | 이마 | 無形文化財 | 무형문화재 |
| 有名 | 유명 | 豪華絢爛 | 호화현란 |

## 회화

(미사키와 현주, 대학의 친구들이 일본의 축제에 대해서 이야기하고 있습니다.)

미사키 : 현주는 일본에 온 후 마쓰리에 가 본 적 있니?
현주 : 근처 상점가 여름 축제라든가 다나바타 마쓰리에 가 본 적 있어.
다이치 : 도호쿠 지방의 네부타 마쓰리나 간토 같은 것은 본 적 없니?
현주 : 아, 있어. 도호쿠 지방에 가 본 적은 없는데 서울에서 봤어.
미사키 : 서울에서 일본 마쓰리를 볼 수 있어?
현주 : 응, 아오모리의 네부타도 봤고 아키타의 간토도 봤는 걸.
그래, 그래 마쓰리에 참가해서 '요사코이아리랑'도 추었는걸.
다이치 : 그거 축제출장이야, 재밌겠다!
그럼, 포장마차도 섰니?
현주 : 응, 요요랑 솜사탕 가게도 나왔는걸.
아, 그래그래, 단자쿠에 기원을 써서 대나무 가지에 걸어 장식도 했어.
미사키 : 현주도 뭔가 기원했니?
현주 : 했지. 나는 일본대학에 유학할 수 있기를, 하고 썼지.
다이치 : 그럼 실현된 거잖아! 잘됐다!
현주 : 유학도 했고 친구도 사귀었고.
다이치 : 나 같은 꽃미남하고도 만났고.
현주 : 뭐? 꽃미남? 어디에 있는데?
다이치 : 여기, 여기, 여기 있잖아, 잘 좀 봐 봐.

〈단어〉
商店街(しょうてんがい) 상점가
竹(たけ)の枝(えだ) 대나무 가지
実現(じつげん) 실현
屋台(やたい) 포장마차
留学(りゅうがく) 유학

## 회화

(근처 마쓰리에 와서 현주, 미사키, 다이치가 포장마차 앞을 걸어가고 있습니다.)

미사키 : 조금 배고프다.
뭔가 먹고 싶은데.

다이치 : 좋아, 뭘로 먹을까?

현주 : 여러 포장마차가 생겼네. 이렇게 많으면 고민인데.

다이치 : 난 역시 야키소바로 할까.

미사키 : 나는 다코야키, 현주는 뭘 먹을래?

현주 : 글쎄, 저건 뭐지? 저거 예쁘다.

미사키 : 아, 그거 사과사탕이야, 축제 때만 먹을 수 있어.
먹어 볼래?

현주 : 아, 고민 된다, 솜사탕도 먹고 싶고.

미사키 : 그럼, 야키소바랑 다코야키랑 사과사탕이랑 솜사탕 사서
같이 먹는 건 어떨까?

다이치 : 아, 그래 그거 좋다.

현주 : 그럼 다 먹을 수 있겠다! 우훗!

〈단어〉

屋台(やたい) 포장마차　　願(ねが)い事(ごと) 소원

短冊(たんざく) 하이쿠, 와카, 기원 등을 쓰기 위한 직사각형의 종이

やきそば 야키소바(야채와 면을 소스와 함께 볶음면)

たこ焼(や)き 다코야키

りんご飴(あめ) 나무젓가락 등에 사과를 통째 꼽아서 엿이나 시럽을 묻혀 차갑게 한 것

## 연습문제

1. 다음 설명을 읽고, ①~④ 중에서 적절한 단어를 골라 (　　) 안에 번호를 써 봅시다.

| ① 神田祭 | ② 豊浜の鯛祭 | ③ 七夕祭 | ④ 秩父の夜祭 |
|---|---|---|---|

1) 사이타마현(埼玉県)의 지치부 신사의 제례. 본보리(육각초롱)이나 등롱을 붙인 포장마차가 줄지어 행진한다. ( ④ )
2) 센다이 마쓰리로 도시를 큰 칠석의 장식으로 꾸민다. ( ③ )
3) 빨강과 검은 큰 도미를 짊어진 젊은이가 줄지어 행진한 뒤, 바다로 들어가는 마쓰리 ( ② )
4) 도쿄의 3대 마쓰리 중 하나. 간다묘진에서 5월에 행해지는 마쓰리 ( ① )

2. 2~3명이 그룹을 만들어 한국과 일본의 마쓰리에 대하여 자세히 조사하여 발표해 봅시다.

# IV. 일본의 연중행사

연중행사란 1년을 통하여 일정한 시기에 일본 각지에서 관례로서 행해지는 행사로 원래는 궁중에서 행해진 것이었으나, 이후에는 민간의 행사 · 제례에서도 일컬어졌다.

| 일본의 주요 연중행사 | |
|---|---|
| 1月 1~7日 | 정월(お正月) |
| 2月 3日 | 세쓰분(節分) |
| 3月 3日 | 히나마쓰리(ひな祭り) |
| 5月 5日 | 어린이날 |
| 5月 第2日曜日 | 어머니의 날(母の日) |
| 6月 第3日曜日 | 아버지의 날(父の日) |
| 7月 7日 | 칠석(七夕) |
| 8月 13~15日<br>(旧暦では7月13~15日) | 오본(お盆) |
| 9月 中旬 | 달맞이(お月見) |
| 11月 中旬 | 시치고산(七五三) |
| 12月 31日 | 섣달그믐(大晦日) |

| 한국의 주요 연중행사 | |
|---|---|
| 1月 1日 | 元旦(설날) |
| 旧暦 1月1日 | 正月(설날) |
| 3月1日 | 3.1 独立運動記念日(삼일절) |
| 4月5日 | 国土緑化の日・植木日(식목일) |
| 旧暦4月18日 | 釈迦誕生日(석가탄신일) |
| 5月5日 | 子供の日(어린이날) |
| 6月6日 | 顕忠日(현충일) |
| 7月17日 | 制憲節(제헌절) |
| 8月15日 | 光復節(광복절) |
| 旧暦 8月15日 | 秋夕(추석) |
| 10月3日 | 開天節(개천절) |
| 12月25日 | 크리스마스 |

## 1. 정월〔설(正月, 1月 1~7日)〕

정월은 오본과 함께 일본의 2대 행사 중 하나이다. 평상시에는 멀리 떨어져 있어서 자주 만날 수 없는 가족이 모여 함께 조니(떡국)나 오세치(정월) 요리를 먹으면서 새해를 축하한다. 조니는 떡이나 야채 등이 들어간 설날 요리로 한국의 떡국과 비슷하다. 오세치 요리는 설의 3일 동안 먹을 수 있게 한 보존 요리로 구로마메(검은 콩), 에비(새우), 구리킨톤(밤 조림), 다즈쿠리(잔멸치), 곤부마키(다시마) 등을 찬합에 채운 것으로, 예를 들면 콩은 '건강'을 기원하는 마음, 새우는 '새우와 같이 허리가 굽을 때까지'라는 의미로 장수를 바라는 마음, 조린 밤은 노란 색이므로 '돈'이 많이 들어오기를, 다시마는 '기뻐할' 일이 많이 생기기를 바라는 것과 같은 기원이 담겨져 있다([図1-IV-3]).

또 가도마쓰(소나무 장식), 시메카자리(금줄 장식), 가가미모치(2개의 둥근 떡을 포개 신에게 공양함) 등의 정월 장식을 하여 설날의 신을 맞이한다. 가도마쓰는 도시가미를 맞이하기 위한 표식으로서 문간에 세우는 소나무 장식이며, 시메카자리는 정초에 금줄을 쳐서 장식하는 것이며, 가가미모치는 거울처럼 둥글고 평평한 크고 작은 2개의 떡을 포갠 것으로 신불에게 바치기 위한 것이다([図1-IV-1]).

설날(1월 1일)에는 첫 참배를 위해서 신사나 절에 나가며, 가족의 건강이나 가내안전 등의 기원을 하는 사람이 많다([図1-IV-4]). 연하장은 한국에도 있으나, 일본에서도 지난해의 답례와 신년 인사를 연하엽서에 써서, 지인이나 친구, 신세를 진 사람들 등에 보내는 습관이 있다. 그러나 최근에는 젊은이를 중심으로 메일이나 휴대전화, 스마트폰의 문자로 대신하는 사람도 많아지고 있다. 어린이들이 기대하고 있는 세뱃돈의 습관은 한국과 같다([図 1-IV-4]).

## 2. 세쓰분(節分, 2月 3日)

세쓰분은 '귀신은 밖으로, 복은 안으로' 등을 큰 목소리로 외치면서, 콩 뿌리기를 함으로써 액운을 쫓아버리고 복을 부르는 행사다. 콩 뿌리기가 끝나면, 자신의 나이의 수만큼 뿌려진 콩을 먹고, 일년 동안 병 없이 건강하기를 기원한다. 콩은 대두를 사용하는 곳이 많으나 홋카이도, 도호쿠, 호쿠리쿠, 미나미큐슈와 같은 곳에서는 땅콩을 뿌리기도 한다([図 1-IV-5]). 또 집 현관에 히이라기(호랑이 가시나무)의 작은 가지와 구운 정어리의 머리를 꽂는 곳도 있다. 또 에호마키를 먹는 곳도 있는데, 에호마키란 세쓰분 날에 그해의 에호(재수가 좋은 방향)를 향해서 먹는 두껍게 만 스시를 말한다([図 1-IV-6]).

## 3. 히나마쓰리(ひな祭り, 3月 3日)

히나마쓰리는 여자아이의 성장을 축하하며 행복을 기원하는 날. 3월 3일에 여자 아이가 있는 가정에서는 히나인형이나 생활용품을 장식하고, 아라레나 시로자케, 히시모치, 복숭아 꽃 등을 바쳐서 기원한다. '모모노셋쿠'라고도 한다. 현재의 히나마쓰리 형식이 정해진 것은 에도시대 이후라고 한다. 히나인형에는 5단 장식이나 7단 장식도 있으나 오다이리사마와 오히나사마만을 장식하는 집도 있다([図 1-IV-7]).

## 4. 어린이날(こどもの日, 5月 5日)

어린이의 인격을 존중하며 어린이의 행복을 기원하는 날. 사내아이가 있는 가정에서는 고이노보리(잉어깃발)를 세워 올리고, 무사인형 등을 장식하여 성장을 축하하고 행복을 기원하는 풍습이다. 예전의 '단오절'에 해당한다. 중국의 고사 '잉어가 폭포를 거슬러 오름'에서 유래한 잉어는 예부터 출세 물고기로 알려져 입신출세를 기원하는 날이기도 하다

([図 1-IV-8]). 어린이의 날에는 가시와모치(떡갈나무 떡)나 지마키를 먹고 창포물에 목욕하는 습관도 있다. 창포물은 창포 잎을 넣어서 끓인 목욕물로, 나쁜 기운을 물리쳐 전염병에 걸리지 않는다고 전하여진다([図 1-IV-9], [図 1-IV-10]).

## 5. 어머니의 날(母の日, 5月 第2日曜日)

어머니 날은 평소 어머니의 애정에 감사하며, 고생을 위로하는 날로, 카네이션 꽃을 선물하는 습관이 있다. 미국에서 시작된 행사이다.

## 6. 아버지의 날(父の日, 6月 第3日曜日)

아버지의 날은 아버지의 노고를 기리며, 애정에 대한 감사의 뜻을 표하는 날로, 어머니의 날과 같이 미국에서 시작된 행사이다.

## 7. 칠석(七夕, 7月 7日)

은하수의 양쪽 기슭에 있는 견우성과 직녀성이 1년에 단 1번 만난다고 하는 중국 전설에서 유래한 별을 모시는 연중행사. 7월 7일에 5색의 단자쿠에 소원을 써서 대나무 잎에 매달아 장식한다. 다나바타 전설은 중국, 일본, 한국 모두 있다([図 1-IV-11]).

## 8. 오본〔お盆, 8月(旧暦では7月) 13~15日〕

오본은 설날과 함께 일본의 2대 연중행사 중의 하나이다. 우라본(백중맞이)의 약어로 선조의 영혼을 맞이하여 공양하는 불교 행사. 8월 13일~15일을 오본으로 하는 곳이 많으나, 지역에 따라서는 7월에 하는 곳도 있다. 현재는 8월 13일에 무카에비를 지펴서 선조의 영혼을 자택에 맞이하고, 16일에 오쿠리비로 보내드린다. 선조의 영혼이 탈것으로 여겨지는 '나스(가지)'나 '규리(오이)'로 소나 말을 만들어 본다나에 바친 야채나 과일 등의 근처에 놓는다. 성묘를 한다. 또한, 본오도리나 쇼료나가시를 하는 곳도 있다([図 1-IV-12]~[図 1-IV-15]).

## 9. 달맞이(お月見, 9月 中旬)

음력 8월 15일에 둥근 달을 바라보며 즐기는 날. 보름달은 중추의 명월이라고도 하며 달을 감상하기에 적합한 계절로 여겨진다. 이 날 경단을 바치고, 참 억새, 토란, 밤 등을 장식한다. 한국의 추석에 해당한다([図 1-IV-16]).

## 10. 시치고산(七五三, 11月 中旬)

어린이의 성장을 축하하고 기원하는 행사로 남자는 3세와 5세, 여자는 3세와 7세에 맞이하는 11월 15일에 나들이 옷을 입고 우지가미 등에 참배한다. 이러한 시치고산 행사는 메이지시대 이후에 왕성해졌다고 한다. 시치고산 날에 많이 팔리는 지토세아메는 재수가 좋은 홍백의 가늘고 긴 엿으로, 장수를 바라는 마음이 담겨 있다. 지토세아메는 학이나 거북이, 송죽매가 그려진 종이봉투에 들어 있다([図 1-IV-17], [図 1-IV-18]).

## 11. 섣달그믐(大晦日, 12月 31日)

섣달 그믐날은 일년의 마지막 날. '오쓰고모리', '오토시' 라고도 말한다. 12월의 마지막 날로, 정월의 준비를 하는 날이기도 한다. 섣달 그믐날에 도시코시소바를 먹는 풍습은 에도시대부터 시작된 것으로 여겨지는데, 가늘고 긴 메밀국수를 먹는 것으로 모두의 장수를 기원한다([図 1-IV-19]). 또한, 백팔번뇌를 제거하고 새해를 맞기 위해 108회 타종하는 것을 '제야의 종'이라고 한다([図 1-IV-20]).

## 단어

다음 단어의 한국어를 찾아 표를 완성해 봅시다.

| 日本語 | 韓国語 | 日本語 | 韓国語 |
|---|---|---|---|
| 正月 | 정월(설) | 端午の節句 | 단오절(어린이날) |
| 雑煮 | 조니(떡국) | 出世魚 | 출세어 |
| おせち料理 | 오세치요리(설요리) | 立身出世 | 입신출세 |
| お正月飾り | 정월 장식 | 柏餅 | 가시와모치 |
| 初詣 | 하쓰모데(첫 참배) | 菖蒲湯 | 창포물 |
| 年賀状 | 연하장 | 邪気 | 액운 |
| 節分 | 세쓰분 | 疫病 | 전염병 |
| 無病息災 | 병이 없고 건강함 | 短冊 | 단자쿠 |
| 落花生 | 땅콩 | 牽牛 | 견우 |
| 雛人形 | 히나인형 | 織女 | 직녀 |

다음 단어의 한국어를 찾아 표를 완성해 봅시다.

| 日本語 | 韓国語 | 日本語 | 韓国語 |
|---|---|---|---|
| 桃の節句 | 모모노셋구 | お盆 | 오본 |
| 調度品 | 생활용품 | 先祖 | 선조 |
| 5段飾り | 5단 장식 | 霊 | 혼령, 영혼 |
| お内裏さま | 천왕 | 供養 | 공양 |
| お雛さま | 왕후 | 迎え火 | 무카에비 |
| 鯉のぼり | 고이노보리 | 送り火 | 오쿠리비 |
| 兜 | 투구 | 盆踊り | 본오도리 |
| 鑑賞 | 감상 | 千歳飴 | 지토세아메 |
| 松竹梅 | 송죽매 | 紅白 | 홍백 |
| 年越しそば | 도시코시소바 | 除夜の鐘 | 제야의 종 |

## 회화

(미사키와 남동생 히로시, 현주, 세 사람이 신사에서 첫 참배를 하고 있습니다.)

미사키 : 현주야, 참배는 새전을 넣고 방울을 울린 후, 두 번 절, 두 번 박수, 한 번 절이야.

현주 : 그러니까, 두 번 절하고, 두 번 박수치고, 두 번 절하면 되는 거지?

미사키 : 아니. 마지막 절은 한 번이면 돼.

현주 : 아, 그런가? 그랬지.

---

현주 : 미사키, 꽤 진지하게 참배하던데. 뭐 빌었니?

미사키 : 올해야말로 남자친구 생기게 해 주십사 하고.
그리고 시험에서 좋은 성적 얻게 해 주십사 하고. 현주는?

현수 : 나는 "춘천에 있는 가족이 한 해 동안 건강하고 즐겁게 지내게 해 주세요."라고 기도했어. 그리고 "여동생 대학시험 잘 치르도록 해 주세요."라고.

미사키 : 그러고 보니 여동생 고3이었지? 힘들겠다.

현주 : 응.

〈단어〉

| | |
|---|---|
| お参(まいり) 성묘 | お賽銭(さいせん) 새전 |
| おじぎ 절 | 真剣(しんけん)に 진지하게 |

## 회화

(세 사람은 오미쿠지를 뽑기로 했다.)

히로키 : 현주누나, 오미쿠지 뽑아 볼래?
현주 : 오미쿠지? 재밌겠다.

(오미쿠지를 뽑고)

미사키 : 아, 소길. 현주야 오미쿠지에는 대길, 중길, 소길, 길, 말길, 흉, 대흉 7종류가 있는 거 알았어?
현주 : 어, 그렇게 많이 있니? 왠지 두근두근 하는데, 자아, 나는… 아! 대길이다!
미사키 : 현주야, 굉장하다! 잘됐다! 히로키는?
히로키 : 나는 중길. '찾는 것 발견한다'라고 써 있어. 내 휴대폰 찾나?
현주 : 휴대폰 잃어버렸었니? 찾았으면 좋겠다.
히로키 : 응. 맞다, 돌아가는 길에 부적 사도 돼?
미사키 : 좋아. 나도 '결연' 부적 사갈까?
현주 : 그럼, 나도 여동생을 위해 '합격' 부적 사가야지.

〈단어〉

おみくじ 신사에서 길흉을 점쳐보는 제비
縁(えん)結(むす)び 결연, 인연맺음
探(さが)しもの 찾는 물건
お守(まも)り 부적

## 연습문제

1. 1~4의 설명에 해당하는 것을 ①~④중에서 골라 (　　) 안에 번호를 써봅시다.

| ① 屠蘇(とそ) | ② 鏡開き | ③ すごろく | ④ はねつき |
|---|---|---|---|

1) 새해 첫날에 마시며 한 해의 액운을 물리치는 도소산을 넣은 술 ( ① )
2) 하네이타로 하네를 치며 노는 설날 놀이 ( ④ )
3) 가가미모치를 내려 조니나 오시루코로 하여 먹는 것 ( ② )
4) 주사위를 굴려 나온 수만큼 앞으로 나가는 놀이 ( ③ )

2. 2~3명이 그룹을 만들어, 예와 같이 한국과 일본의 연중행사의 유사점과 차이점을 자세히 조사하여 발표해 봅시다.

(예)
한국에는 스승의 날(5月 15日)이 있으나, 일본에는 없다.
한국에는 발렌타인데이나 블랙데이가 있으나 일본에는 없다.

# V. 일본의 식문화

## 1. 일본인의 식생활

한국인들에게 '좋아하는 일본요리는 무엇입니까?'라고 물으면 '스시'라고 대답하는 사람이 많다. 이것은 일본요리 하면 '스시'를 떠올리는 사람이 많다고 하는 것이기도 할 것이다. 그러나 최근 일본인의 식생활은 변화가 많아, 도쿄의 레스토랑에서도 일식은 물론이거니와 양식, 중식, 한국요리, 에스닉(민족) 요리 등 세계각지의 요리를 즐길 수 있다. 특히 한국요리에 관해서는 도쿄의 신오쿠보에 가면 본고장 한국요리를 그대로 내어주는 곳이 많다. 최근에는 한류 붐의 영향도 한몫 해서 신오쿠보의 거리는 연일 많은 사람으로 붐비고 있다.

이렇게 일본인의 식생활은 풍부해져 아침식사는 토스트와 커피, 점심은 우동이나 소바라고 하는 사람도 적지 않으나, 원래 일본인은 벼농사 민족으로, 쌀을 주식으로 하는 사람이 대부분을 차지하고 있다. 쌀은 밥으로서 먹을 뿐만 아니라, 떡과 술 등도 만들어, 일본인의 식생활에서는 빠질 수 없다. 최근에는 쌀로 만든 빵도 인기가 있다고 한다. 또한, 일본은 사방이 바다로 둘러싸여 있어, 풍부한 해산물의 혜택을 받고 있기 때문에 물고기나 조개 등의 해산물도 역시 식생활에 없어서는 안 되는 것으로 되어 있다.

## 2. 일본의 전통요리

일본의 전통요리에는 스키야키(전골), 덴푸라(튀김), 스시(초밥), 사시미(생선회), 가이세키 료리(회석요리) 등이 있다.

### 1) 스키야키(すき焼き)

스키야키는 메이지 시대부터 빈번하게 먹게 된 요리이다. 얕은 쇠 냄비에 쇠고기, 파, 배추, 쑥갓, 표고버섯, 두부, 시라타키(실처럼 가는 곤약) 등을 넣어서 조리한 것. 간토 지방에서는 와리시타(장국)를 사용하며, 간사이 지방에서는 간장, 설탕, 미림 등을 따로따로 가해서 조리한다. 밖에서 스키(가래) 위에 올려서 구운, 또는 스키미(얇게 썰었다)로부터 '스키야키'라는 명칭이 붙었다고 전해진다. 날달걀에 찍어 먹는다는 것에 특색이 있다([図 1-V-1]).

### 2) 튀김(てんぷら, 덴푸라)

튀김은 에도 시대부터 시작된 요리로 고구마, 연근, 가지, 호박, 표고버섯, 오오바 등의 계절야채나 새우, 전갱이 등의 어개류, 지쿠와 같은 어묵제품 등을 밀가루를 물에 풀어 옷을 입힌 후 기름에 튀긴 것이다. 야채류를 튀긴 것을 쇼진아게라고 한다. 먹을 때에는 '덴쓰유'에 찍는 경우가 많지만, 소금을 찍어 먹는 경우도 있다. 또 설탕, 간장, 미림 등으로 맛을 내어, 밥 위에 올린 덴돈(튀김덮밥)으로 먹기도 한다([図 1-V-2]).

### 3) 초밥(寿司, 스시)

스시는 쥐어 만든 초밥에 와사비를 바르고, 위에 참치, 문어, 오징어, 연어 알, 고등어, 조개관자 등의 신선한 어개류, 알 등의 '네타(재료)'를 올려서 먹는 요리. 요즘에는 기다리지 않고 바로 먹을 수 있고 가격도 저렴한 회전 스시가 인기가 있으며, 이곳에서는 밥 위에 샐러드를 올린 서양식의 스시 등도 등장한다. 스시의 종류에는 니기리즈시, 오시즈시, 마키즈시, 지라시즈시, 하코즈시, 이이즈시, 이나리즈시 등이 있다. 스시는 원래 어개류를 염장하여 자연 발효시킨 것이었다. 분카, 분세 연간(1804~1830)경, 에도에서 손으로 쥐어 만든 초밥이 등장하여 많은 사람이 먹게 되었다고 한다([図 1-V-3]).

### 4) 회(刺身, 사시미)

사시미란 신선한 날 생선이나 오징어 등을 적당한 크기로 얇게 잘라 와사비 간장에 먹는 일본의 대표적인 요리. 아이들이나 와사비를 싫어하는 사람은 간장만으로 먹는 경우도 많다. 사시미를 채 썬 무에 올리는 경우가 많다([図 1-V-4]).

### 5) 가이세키료리(懐石料理, 회석요리)

가이세키란 원래 선원에서 공복을 달래기 위하여 품 안에 넣었던 따뜻한 돌이었다고 한다. 회석요리는 주로 다도에서 사용되는 요리로, 기본적으로는 채식 중심으로 육류는 사용하지 않는다. 오늘날의 회석요리는 센노리큐가 완성한 것으로 전해진다. 요즘에는 음식점, 여관, 호텔 등에서 내는 회석요리는 종류가 많고 풍부하며 호화로운 것으로 되어 있어 불교정신에 구애 받지 않는 것이 많다([図 1-V-5]).

## 3. 덮밥(どんぶりもの)

덮밥이란 돈부리에 밥을 담고 다양한 재료를 위에 올린 일품요리로, 가쓰돈, 규돈, 오야코돈, 덴돈, 우나돈, 뎃카돈 등 많은 종류가 있다.

### 1) 가쓰돈(돈가쓰덮밥)

가쓰는 커틀릿(cutlet)의 약어. 돈부리에 밥을 담고 밥 위에 돈가쓰와 양파 등을 설탕, 간장, 미림 등으로 달고 짭짤하게 조리하여 계란을 풀어 마무리한 것을 국물째 올린 요리. '가쓰(이기다)'라고 하는 말로부터 재수가 붙도록 시험 전에 먹는 사람도 많다([図 1-V-6]).

### 2) 규돈(쇠고기덮밥)

쇠고기를 양파 등의 야채나 곤약 등과 함께 조리하여, 국물과 함께 돈부리에 넣은 밥 위에 올린 것([図 1-V-7]).

### 3) 오야코돈(おやこどん, 닭고기와 계란덮밥)

닭고기, 양파 등을 국물로 조리하여, 계란을 풀어 마무리 한 것을 돈부리에 담은 밥 위에 올린 것. 오야코돈부리의 명칭은 닭고기와 계란을 사용하는 데에서 왔다([図 1-V-8]).

## 4. 면류(麺類)

### 1) 우동(うどん)

우동은 한국에도 있으며, 밀가루에 소량의 소금과 물을 더하여 반죽하고 얇게 펴 늘려서 가늘게 자른 것이다. 물에 삶아 우동국물에 담아내거나, 소스에 찍거나, 국물과 함께 조리하여 먹는 등 여러 가지 방법이 있다. 우동의 종류에는 가케우동([図 1-V-9]), 기쓰네우동, 덴푸라우동, 카레우동, 고로케우동, 나베야키우동 등 다양한 종류가 있다. 더운 여름에는 히야시우동, 추운 겨울에는 나베야키(뚝배기)우동과 같은 따끈한 우동이 인기가 있다.

### 2) 메밀국수(そば)

소바는 메밀가루를 물로 반죽하여 얇게 늘려 가늘고 길게 자른 식품이다. 소바를 만들 때에 계란, 참마, 밀가루 등을 첨가할 경우도 있다. 먹을 때에는, 물에 삶아 소스에 찍거나, 장국을 올리거나, 푹 끓이거나 한다. 소바 종류에는 자루소바([図 1-V-10]), 모리소바, 가케소바, 다누키소바, 덴푸라소바 등이 있다. 우동처럼 차가운 소바, 따뜻한 소바도 있다. 소바를 삶은 물인 소바유를 소바 장국에 더하여 마시는 경우도 있다. 또 일본에서는 섣달그믐에 '도시코시소바(해를 넘기는 소바)'를 먹는 습관이 있다.

## 5. 가정요리

가정요리에는 니쿠자가(소고기 감자조림)와 같은 조림이나, 생선구이와 같은 구이, 고로케 등의 튀김, 계란찜과 같은 찜 등이 있다. 또 대표적 국인 된장국이나 쓰케모노(야채절임)도 일본의 식탁에는 없어서는 안 되는 한 가지로 되어 있다. 또 한국과 일본의 요리에는 카레나 우동과 같이 공통된 것도 있고, 일본의 설날 요리인 조니와 한국의 떡국, 일본의 오쓰키미 날에 먹는 쓰키미당고와 한국의 송편과 같이 닮은 것도 있다([図 1-V-11]~[図 1-V-13]).

### 1) 한국과 일본의 설 요리: 한국의 떡/일본의 조니

([図 1-V-14], [図 1-V-15])

### 2) 한국의 송편과 일본의 쓰키미당고

([図 1-V-16], [図 1-V-17])

### 3) 아침식사(朝食)

아침 식사는 밥을 주식으로 하는 와쇼쿠(일식)와 빵을 주로 하는 양식 등이 있다([図 1-V-18], [図 1-V-19]).

## 6. 식사매너(食事のマナー)

일본의 식사매너로 젓가락 사용법을 예를 들어 보자. 해서는 안 되는 젓가락 사용법에는 요세바시, 사시바시, 마요이바시, 나메바시, 사구리바시, 하시우쓰시 등이 있다. 요즘에는 유치원에서 도시락을 먹을 때 등에 젓가락이 아닌, 스푼이나 포크를 사용하는 어린이들도 많아 젓가락을 바르게 쥘 수 없는 어린이들도 적지 않다는 이야기도 들린다([図 1-V-20]).

## 1) 해서는 안 되는 젓가락 사용방법

([図 1-V-21]~[図 1-V-26])

## 2) 한국과 일본의 식사예절

1. 한국은 보통 젓가락과 숟가락을 사용하고 밥이나 국물 있는 요리는 식탁 위에 놓은 채 숟가락으로 먹으며, 그릇에 직접 입에 가져가지 않지만, 일본은 밥을 먹거나 국물 있는 요리를 먹거나 할 때는 젓가락을 사용하며, 그릇은 직접 입으로 가져간다.

2. 한국은 여성이 한쪽 무릎을 세우는 것은 정식 앉는 자세로, 남녀 모두에 책상다리를 해도 좋으나, 일본은 여성이 한쪽 무릎을 세우거나, 책상다리를 하거나 하는 것은 예절에 어긋나는 것으로 여겨진다.

3. 한국에서는 술은 컵을 비우고 나서 따르나, 일본에서는 컵에 술이 남아 있어도 첨잔해도 좋다.

4. 한국에서는 윗사람이 앞에서는 옆으로 돌린 자세로 술을 마시나, 일본에서는 그렇게 하지 않는다.

## 단어

다음 단어의 한국어를 찾아 표를 완성해 봅시다.

| 日本語 | 韓国語 | 日本語 | 韓国語 |
|---|---|---|---|
| 和食 | 일식 | 酒 | 술 |
| 洋食 | 양식 | 海産物 | 해산물 |
| 中華 | 중식 | 食生活 | 식생활 |
| 韓国料理 | 한국 요리 | 明治時代 | 메이지 시대 |
| エスニック料理 | 에스닉(민족) 요리 | 鉄鍋 | 쇠냄비 |
| トースト | 토스트 | 牛肉 | 쇠고기 |
| 稲作民族 | 벼농사 민족 | 白菜 | 배추 |
| 主食 | 주식 | しいたけ | 표고버섯 |
| 餅 | 찰떡, 떡 | 豆腐 | 두부 |
| 団子 | 경단 | 関東地方 | 간토 지방 |
| せんべい | 센베이 | 割下 | 장국 |

다음 단어의 한국어를 찾아 표를 완성해 봅시다.

| 日本語 | 韓国語 | 日本語 | 韓国語 |
|---|---|---|---|
| 砂糖 | 설탕 | 禅僧 | 선승 |
| しょうゆ | 간장 | 茶道 | 다도 |
| みりん | 미림 | 菜食 | 채식 |
| 鋤 | 가래 | 高級料理 | 고급 요리 |
| 生卵 | 날계란 | 仏教精神 | 불교 정신 |
| 小麦粉 | 밀가루 | 丼 | 돈부리 |
| 天丼 | 튀김덮밥 | だし汁 | 다시마, 멸치로 우려낸 국물 |
| 酢飯 | 초밥 | 線状 | 선상 |
| 自然発酵 | 자연발효 | そば粉 | 메밀가루 |
| 握鮨 | 생선초밥 | 少量 | 소량 |
| わさび | 고추냉이 | 食品 | 식품 |

## 회화

(현주가 미사키와 함께 영화를 본 후 귀가 길에 미사키의 집에 초대받았습니다.)

미사키 : 다녀왔습니다.
미사키 엄마 : 어서와. 현주 씨, 어서 오세요.
미사키가 늘 신세지고 있어요.
현주 : 저야말로 미사키에게 도움 받고 있어요.
미사키 엄마 : 어서 올라오세요, 이쪽으로.
미사키 아빠 : 어서 오세요, 현주 씨.
현주 : 실례하겠습니다.

---

(현주, 미사키, 미사키 아빠, 엄마, 남동생이 저녁을 먹기 위해 앉았습니다.)

미사키 : 아! 지라시스시. 내가 좋아하는 스바스도 있네.
미사키 엄마 : 현주 씨, 김치도 있어요.
우리 모두 김치를 좋아해서 매일 먹고 있어요. 많이 먹어요.
현주 : 고맙습니다. 맛있어 보이는 김치네요.
게다가 지라시스시 정말 예쁘네요.
미사키 : 집에서는 자주 이걸 만들어.
지라시스시 위에 간장 찍은 사시미를 올려 먹는 것을 좋아해.
현주 : 맛있겠다.
미사키 아빠 : 현주 씨, 사양 말고 많이 먹어요.
현주 : 예, 고맙습니다. 잘 먹겠습니다.
히로키 : 잘 먹겠습니다.

〈단어〉

ちらし寿司(ずし) 지라시스시
酢(す)ばす 스바스(설탕을 넣은 연근 초절임)
醤油(しょうゆ) 간장
遠慮(えんりょ) 사양

## 회화

(일본의 가정요리에 대하여 현주가 묻고 있습니다.)

현주 : 이것, 뭐라고 하죠? 맛있네요.
미사키 엄마 : 니쿠자가예요. 이쪽은 일본의 오쓰케모노, 누카즈케예요.
현주 : 누카즈케?
미사키 엄마 : 그래요, 쌀겨에 소금과 물을 섞은 것에 가지, 오이, 무 등을 담근 거예요. 입에 맞을지 모르겠네.
현주 : 예. 맛있어요. 한국에도 맵지 않은 김치가 있어요.
미사키 엄마 : 그래요?
현주 : 이것은 계란이에요?
미사키 아빠 : 그것은 자완무시예요. 계란을 풀어 다시 국물을 더해 송이버섯, 어묵, 닭고기, 미쓰바 등을 넣어 찌는 거예요.
히로키 : 나, 자완무시 무척 좋아해.
현주 : 그래? 나도 그래. 이것과 비슷한 것이 한국에도 있어요. 김밥이나 우동, 주먹밥 같은 것도 있어요.
히로키 : 그렇구나. 비슷한 음식이 많이 있구나.
미사키 : 현주야, 말만 하지 말고 먹어, 먹어.
현주 : 응.

〈단어〉

ただいま 다녀왔습니다
おかえりなさい 어서 오세요
いつもお世話(せわ)になっております 늘 신세지고 있습니다
おじゃまします 실례하겠습니다
肉(にく)じゃが 니쿠자가(쇠고기 감자조림)
松茸(まつたけ) 송이버섯

### 연습문제

1. 1~4의 음식 이름은 무엇일까요? ①~④ 중에서 골라 (　　　) 안에 번호를 써봅시다.

| ① うな重 | ② 目玉焼き | ③ しゃぶしゃぶ | ④ おにぎり |
|---|---|---|---|

1) 밥에 우메보시(매실장아찌), 자반연어 등을 넣고, 원형이나 삼각으로 쥐어 만든 것 ( ④ )

2) 계란을 깨어 넣어 노른자의 형태를 무너뜨리지 않고 구운 것 ( ② )

3) 얇게 썬 고기나 야채를 뜨거운 국물에 담갔다가 소스에 찍어 먹는 요리 ( ③ )

4) 찬합에 넣은 밥 위에 장어구이를 올린 것 ( ① )

2. 2~3명이 그룹을 만들어, 한국과 일본의 식생활에 대하여 자세히 조사하여 유사점과 차이점을 발표해 봅시다.

# VI. 일본의 주거문화

일본의 주거에는 단독주택과 집합주택(맨션, 아파트, 단지, 공단주택)이 있다. 역의 부근이나 환경이 좋은 곳, 슈퍼마켓에 가까우며 쇼핑이 편리한 곳 등에 주택이 밀집해 있는 경우가 많다. 단독주택에는 순수 일본적인 타입과 서구풍의 타입, 양쪽의 장점을 받아들인 절충 타입 등이 있다. 여기에서는 일본가옥 중, 일본풍 단독주택을 중심으로 소개하고자 한다.

## 1. 단독주택(一戸建て)

단독주택은 한국의 단독주택에 해당한다. 2층집이 많으나 단층집도 있다. 방은 일본식 방과 서양식 방이 있으며, 일본식 방은 다타미가 깔린 방, 서양식 방은 마루를 깐 방을 말한다. 일본식 방에는 도코노마, 벽장, 장지문, 맹장지문 등이 있으나, 최근에는 일본식 방을 만들지 않는 집도 많다([図 1-VI-1]~[図 1-VI-3]).

### 1) 일본식 방(和室)

'와시쓰'란 일본풍의 방으로 다타미가 깔려 있는 방을 말한다. '니혼마'라고도 한다. 방의 넓이는 다타미의 개수로 나타낸다. 예를 들면, 다타미를 8장 깔 수 있는 방은 8조 방, 다타미가 6장의 크기라면 6조 방이라고 한다. 때로는 다타미가 4장 반 크기의 4조 반 방도 있다([図 1-VI-4]).

### 2) 서양식 방(洋室)

서양식 방은 일본식 방에 대응하는 말로 서양풍의 방을 가리킨다. 양실(요마)이 라고도 한다([図 1-VI-5]).

## 2. 맨션

중·고층건축의 집합주택. 임대나 분양 형식이다. 대체로 한국의 아파트에 해당한다.

## 3. 아파트

아파트먼트하우스(apartment house)의 약어. 집합주택. 공동주택.

## 4. 도코노마(床の間), 장지문(障子), 벽장(押入れ), 맹장지문(ふすま)

### 1) 도코노마(床の間)

도코노마란 일본 건축의 일본식 방에는 상좌(かみざ)가 있어, 바닥을 한 단 높여 마련한 곳. 정면의 벽에 족자 등을 걸거나, (도코노마의) 바닥 위에 꽃꽂이나 인형 등의 장식물을 두거나 한다. 무로마치 시대의 '오시이타'가 기원이라고 전해지고 있다. 폭이 넓고 깊이가 좁다. 최근 집합 주택에는 도코노마가 없는 곳이 많다([図 1-VI-6]).

### 2) 벽장(押入れ)

일본식 방에 있는 이부자리 등의 침구나 도구 등을 수납하는 곳. 일반적으로는 폭 180cm 깊이 90cm인 것이나 폭과 깊이가 90cm인 것이 많아, 맹장지문이나 문이 달려 있다. 물건을 넣기 쉽도록 2단으로 되어 있는 것이 많다. 스토브나 선풍기 등을 필요에 따라 넣어 두기에도 편리하다.

### 3) 장지문(障子)

장지문이란 방을 나누거나, 창문 안쪽 등에 세우는 창호. 테두리를 종횡으로 살(창살)을 대어, 흰 일본 종이(와시) 등으로 된 창호지(쇼지가미)를 붙인 것. 보온성을 고려해서 유리 문과 함께 이중으로 하여 사용하거나, 일본식 주택의 실내와 툇마루의 경계로 사용하거나 한다. 현재의 장지문은 가마쿠라 시대부터 많이 이용하게 되었으며, 보통 채광에 도움이 되는 '아카리쇼지(흰 종이 장지)'를 말한다. 연말 대청소와 함께 장지문을 새로 바르는 집도 많다. 자신의 집에서 하는 사람이 많지만 업자에게 부탁하는 사람도 있다. 최근에는 찢어지지 않는 튼튼한 재질로 된 창호지나 아름다운 모양이 배합된 창호지 등도 많다([図 1-VI-8]).

### 4) 맹장지문(ふすま)

일본식 방의 창호의 하나로 방의 칸막이, 방한 등을 위한 미닫이 문. 나무틀의 양면에 천이나 종이 등을 바른 것. '가라카미(중국에서 건너 온 화려하고 두꺼운 맹장지란 의미)'라고도 한다. 맹장지에는 아름다운 자연이나 새 등의 맹장지 그림이 그려져 있는 것도 많아, 이 맹장지 그림이 일본식 방의 안정된 분위기를 자아내는 데 한몫 하고 있다([図 1-VI-7]).

## 5. 이부자리(布団)

이부자리에는 가케부동(이불)과 시키부동(요)이 있다. 이불 안에는 면이나 우모가 들어 있어서, 우모가 들어 있는 이불을 우모부동이라고 한다. 일본은 습기가 많아서 날씨가 좋은 날에는 밖에서 이불을 말리는 사람도 많아, 맑은 휴일 등에는 '탁탁' 하고 이불을 두드리는 소리가 들리기도 한다. 그러나 최근에는 실내에서 이불 건조기를 사용하는 사람도 많다. 이불을 사용하지 않을 때는 벽장에 넣어서, 방을 넓게 사용한다([図 1-VI-9]).

## 6. 고타쓰(こたつ)

고타쓰는 편리한 난방기구이다. 고타쓰에는 호리고타쓰, 야구라고타쓰 등의 종류가 있지만, 일반가정에서 자주 사용하고 있는 것은 야구라고타쓰타입의 전기 고타쓰이다. 테이블을 이불로 덮고, 테이블의 뒷면에 설치한 전기 히터로 고타쓰 안을 따뜻하게 한다. 주로 허리나 다리를 부분적으로 따뜻하게 하므로 스토브나 에어컨과 병용하는 경우도 많다 ([図1-VI-10], ([図1-VI-11]).

## 7. 일본의 욕실과 화장실, 부엌

일본의 가정에서는 욕실과 화장실이 다른 장소에 있는 것이 일반적이다. 또한, 한국과는 다른 습관이겠으나, 욕조의 밖에 있는 씻는 곳에서 몸을 깨끗이 씻은 후, 욕조에 몸을 담궈, 욕조의 뜨거운 물은 가족 전원이 목욕을 끝마칠 때까지 버리지 않는 경우가 많다.

## 8. 일본과 한국의 주거생활

| 한국 | 일본 |
|---|---|
| · 일반가정에서는 욕실과 화장실은 같은 장소에 있는 경우가 많다. | · 일반가정에서는 욕실과 화장실은 다른 장소에 있는 경우가 많지만, 호텔과 같은 숙박시설에서는 세면소, 욕실과 화장실이 같은 장소에 있는 것이 보통이다. |
| · 일반가정의 냉방 기구는 에어컨, 선풍기 등을 이용하는 경우가 많고, 난방은 온돌이 중심이다. | · 일반가정의 냉방 기구는 에어컨, 선풍기가 중심이나, 난방은 고타쓰, 에어컨, 히터, 스토브 등을 사용하는 경우가 많고, 바닥 난방은 그다지 많지 않다. |
| · 욕조의 물은 목욕을 하는 사람마다 새 물로 한다. | · 욕조의 밖에서 몸을 깨끗이 씻은 후, 욕조에 담그므로, 욕조의 물은 가족 모두가 목욕을 할 때까지 버리지 않는 경우가 많다. |
| · 한국에서 방을 빌릴 때에는 전세, 월세, 전세와 월세의 중간 방법 등이 있다. | · 일본에서 방을 빌릴 때에는 매달 방값을 지불하는 것이 일반적으로, 한국의 전세와 같은 임차방식은 별로 하지 않는다. |

## 단어

다음 단어에 맞는 한국어를 찾아 표를 완성해 봅시다.

| 日本語 | 韓国語 | 日本語 | 韓国語 |
|---|---|---|---|
| 一戸建て | 단독주택 | 畳 | 다타미 |
| 集合住宅 | 집합주택 | 洋間 | 양실(서양식 방) |
| 団地 | 단지 | 掛け軸 | 족자 |
| 住宅 | 주택 | 生け花 | 꽃꽂이 |
| 密集 | 밀집 | 室町時代 | 무로마치 시대 |
| 和室 | 일본식 방 | 布団 | 이부자리 |
| 洋室 | 서양식 방 | 間口 | 정면의 폭 |
| 床の間 | 도코노마 | 奥行き | 안 길이, 깊이 |
| 障子 | 장지문 | 桟 | 살, 창살 |
| 押入れ | 벽장 | 和風 | 일본풍 |
| ふすま | 맹장지문 | 採光 | 채광 |

다음 단어에 맞는 한국어를 찾아 표를 완성해 봅시다.

| 日本語 | 韓国語 | 日本語 | 韓国語 |
|---|---|---|---|
| 住居 | 주거 | 綿 | 선 |
| 建具 | 창호 | 羽毛 | 우모, 깃털 |
| 防寒 | 방한 | 布団乾燥機 | 이불건조기 |
| 引き戸 | 미닫이, 가로닫이 | 風呂 | 욕실 |
| 襖絵 | 맹장지의 그림 | 暖房器具 | 난방 기구 |
| 掛け布団 | 이불 | トイレ | 화장실 |
| 敷布団 | 요 | キッチン | 부엌 |

## 회화

(현주가 미시키의 집을 방문하였습니다. 오늘은 미사키의 집에서 숙박합니다.)

딩동~ (인터폰 소리)

미사키 : 예.

현주 : 현주예요.

미사키 : 어서 와, 열려 있어.

현주 : 실례합니다(신발을 벗고 올라온다).

---

미사키 : 현주야, 오늘은 이 방을 써. 일본식 방이지만.

현주 : 멋진 방이네. 나, 나타미방에서 자는 것 처음이야.
이 족자도 예쁘다. 여기만 한 단 높게 되어 있네.

미사키 : 여기를 '도코노마'라고 해. 그리고 여기가 벽장.
이불은 여기에 들어 있어.

현주 : 그렇구나. 아, 이 문에 그려진 그림도 예쁘다.

미사키 : 그건 맹장지문. 그리고 창문을 열면 정원이 보여.
조그만 정원이지만 나무랑 꽃을 즐기길.

현주 : 와아, 예쁘다.

히로키 : 현주야, 어서 와. 이따가 함께 게임하자.

현주 : 좋아!

〈단어〉

おじゃまします 실례합니다
庭(にわ) 정원
楽(たの)しんでね 즐기길 바라
畳(たたみ)の部屋(へや) 다타미방
泊(と)まる 숙박하다, 자다

회화

(저녁식사 후, 현주가 목욕을 합니다.)

미사키 엄마 : 현주씨, 목욕 하세요.
현주 : 고맙습니다.
미사키 : 현주야, 옷은 탈의소의 바구니에 넣어.
그리고 몸은 욕조 안에서가 아니고 욕조 밖 씻는 곳에서 씻어.
대중목욕탕처럼 욕조 물은 모두 목욕을 마칠 때까지 버리지 않거든.
현주 : 응, 알겠어.
미사키, 무슨 굉장히 좋은 향이 난다.
미사키 : 그렇지? 아까 내가 입욕제를 넣어두었거든.
천천히 푹 담그고 피곤 풀어.
현주 : 왠지 온천에 온 것 같다.
미사키 : 현주가 목욕하는 동안 이부자리 깔아 놓을게.
현주 : 고마워.

〈단어〉

洋服(ようふく) 옷
湯船(ゆぶね) 욕조
入浴剤(にゅうよくざい) 입욕제
脱衣所(だついじょ) 탈의소
銭湯(せんとう) 대중목욕탕
温泉(おんせん) 온천

## 연습문제

1. 다음 설명을 읽고 ①~④번 중에서 적절한 단어를 골라 (　　) 안에 번호를 쓰시오.

| ① 仏壇(ぶつだん) | ② 瓦(かわら) | ③ 風鈴(ふうりん) | ④ 銭湯(せんとう) |
|---|---|---|---|

1) 입욕료를 지불하고 목욕을 하는 곳. 공중목욕탕 ( ④ )
2) 점토를 굳혀 구운 것으로 건물의 지붕을 잇는 데도 사용한다. ( ② )
3) 가정에 설치된 불상, 위패 등을 모셔서 예배하기 위한 단 ( ① )
4) 금속, 도자기, 유리 등으로 만든 범종형태를 한 방울 ( ③ )

2. 2~3명이 그룹을 만들어, 한국과 일본의 주거에 대하여 자세히 조사하여, 유사점, 차이점을 발표해 봅시다.

# VII. 일본의 의복문화

## 1. 일본인의 의복

일본은 한국과 같이 사계절이 있어서 의복은 계절에 따라 다르다. 봄에는 얇은 의복을 착용하지만, 최근에는 기온의 변화가 심하므로 얇은 카디건 등을 가지고 있으면 편리한 경우도 많다. 여름은 시원하게 지낼 수 있는 의복이 필요하여, 에너지 절약을 위한 여름은 쿨비즈를 의식한 가벼운 복장이 증가하고 있다. 가을에는 봄과 같이 얇은 의복을 착용하는 경우가 많다. 그리고 추운 겨울에는 스웨터, 코트, 다운재킷 등을 입는 사람이 많고, 발열성의 속옷 등도 인기가 있다.

## 2. 일본의 전통적인 의복

일본 전통의상에는 기모노, 하오리하카마, 유카타 등이 있다.

### 1) 기모노(着物)

기모노는 일본의 예부터 있었던 의복으로, 양복에 대응하는 일본 옷을 말한다. 기모노와 같은 형태의 의복은 나라 시대부터 있었다고 여겨지지만, 기모노가 서민의 의복으로서 일반화한 것은 에도 시대부터였다. 여성의 기모노는 20cm 정도 길게 만들어, 오비 밑에서 걷어 올려서 입는다. 기모노는 소매, 앞길, 섶, 옷깃, 도모에리(옷의 겉감과 같은 천으로 단 깃)로 이루어진다. 계절이나 장소, 기혼자, 미혼자에 따라 다른 기모노를 입는다.

기모노의 종류는 몇 가지 정도 있으며, 여성 기모노에는 미혼 여성이 입는 후리소데, 기혼의 여성이 입는 도메소데, 미혼, 기혼의 구별 없이 입는 기모노 등이 있다. 남성 기모노에는 미혼, 기혼의 구별이 없으며, 예복차림 때에는 하카마를 입는다([図 1-VII-1]).

### 2) 후리소데(振袖)

소맷자락이 긴 소매로 옆을 꿰매 잇지 않은 형태의 기모노. 소매의 길이나 형태는 시대에 따라 변화되고 있으나, 현재는 소매기장이 긴 오오후리소데와 주후리소데, 쇼후리소데 등이 있다. 미혼여성의 예복차림용의 기모노다. 근세에는 성인식 전의 남녀가 착용했다고 한다([図 1-VII-2]).

### 3) 도메소데(留袖)

기혼 여성용의 기모노로 후리소데에 비하여 보통 소매길이를 한 소매, 또는 그 기모노를 말한다. 보통 여성은 미혼 때에는 후리소데를, 결혼한 후에는 도메소데를 착용한다. 검은 색의 구로도메소데, 그 이외의 색으로 된 이로도메소데 등이 있다. 옛날에는 결혼한 여성이 결혼 후에 후리소데 소매를 좁혀 착용했다고 한다. 오비는 마루오비 또는 후쿠로오비를 맨다([図 1-VII-3]).

### 4) 하오리하카마(羽織はかま)

일본식 복장으로 기모노 위에 입는 무릎기장 정도의 기장이 짧은 겉옷을 '하오리'라고 하며, 기모노 위에 입으며 허리에서 아래를 덮는 의복을 '하카마'라고 한다([図 1-VII-4]).

### 5) 유카타(浴衣)

여름에 입는 면으로 만든 한 겹의 기모노. 여름의 외출용으로서 착용하거나, 호텔이나 여관에서 목욕 후 휴식용 옷으로 사용된다. 또 본오도리나 불꽃놀이 대회 때에 입는 사람도 많다. 후리소데나 도메소데가 예복용인 것에 비해, 유카타는 가볍게 입을 수 있는 평상복이다. 유카타를 입었을 때에는 맨발에 나막신(게타)을 신는 것이 일반적이다([図 1-VII-5]).

## 3. 일본의상 소품

일본의상 소품에는 다음과 같은 것이 있다([図 1-VII-6]).
후리소데 착용시 오비아게, 다비, 조리
도메소데 착용시 핸드백, 조리, 오다이코
하오리하카마 착용시 조리

## 4. 한국과 일본의 전통의복

### 1) 한국: 한복 / 개량한복

([図 1-VII-7], [図 1-VII-8])

### 2) 일본: 기모노 / 평상복 기모노

([図 1-VII-9], [図 1-VII-10])

단어

다음 단어에 맞는 한국어를 찾아 표를 완성하세요.

| 日本語 | 韓国語 | 日本語 | 韓国語 |
|---|---|---|---|
| 日常的 | 일상적 | 浴衣 | 유카타 |
| 洋服 | 양복, 서양식 의복 | 和服 | 일본식 옷 |
| 四季 | 사계 | 奈良時代 | 나라 시대 |
| 衣服 | 의복 | 庶民 | 서민 |
| 薄手 | 얇음 | 袖 | 소매 |
| 素材 | 소재 | 既婚者 | 기혼자 |
| 半袖 | 반소매 | 未婚者 | 미혼자 |
| 重ね着 | 껴입기 | 女性物 | 여성용 |
| フォーマル | 정식적 | 礼装 | 예복 |
| インフォーマル | 비공식, 평상, 일상 | 袂(たもと) | 소맷자락 |
| 着物 | 기모노, 옷 | 元服 | 관례복, 성인식 |

다음 단어에 맞는 한국어를 찾아 표를 완성하세요.

| 日本語 | 韓国語 | 日本語 | 韓国語 |
|---|---|---|---|
| 丸帯 | 마루오비 | 着用 | 착용 |
| 袋帯 | 후쿠로오비 | 湯上がり | 목욕을 마침 |
| 羽織 | 하오리 | 盆踊り | 본오도리 |
| はかま | 하카마 | 花火大会 | 불꽃놀이 대회 |
| 木綿 | 면, 목면 | 素足 | 맨발 |
| 下駄 | 나막신 | ダウンジャケット | 오리털 점퍼 |

회화

(현주와 미사키가 본오도리를 추러 절의 경내에 와 있습니다.)

현주 : 미사키, 나 잘 출 수 있을까?
미사키 : 괜찮아, 같이 연습했잖아.
현주 : 응. 그렇지만, 좀 걱정된다.
더군다나 처음 유카타를 입어서 그런지, 왠지 긴장돼.
미사키 : 나도 유카타 입어 본 지 2년 만이라 좀 답답한 걸.
그렇지만 현주랑 함께하는 거라 무척 즐거워.
현주 : 나도.
그런데 미사키, 일본에서는 왜 오본에 본오도리를 추는 거지?
미사키 : 그건 말야, 원래는 오본에 돌아온 선조들의 영혼을 위로하고 혼령을 되돌려 보내기 위한 불교의식이었대.
현주 : 그렇구나, 그래서?
미사키 : 그런데 무로마치 말기부터 민중의 오락으로 발달한 것 같아.
현주 : 와! 미사키는 진짜 박식하다.
미사키 : 우훗, 사실은 아빠가 말씀하신 것을 조금 베꼈어.
현주 : 뭐야. 그랬구나, 아! 이 곡 내가 좋아하는 아라시의 곡이야.
빨리 춤추러 가자. 이것만 자신 있거든.
미사키 : 나도 이 곡 아주 좋아해, 가자, 가자.
그리고 이 곡 끝나면 사진 찍자.
현주 : 응, 그러자.

〈단어〉
緊張(きんちょう) 긴장
窮屈(きゅうくつ) 꼭 끼어 답답하고 갑갑함
物知(ものし)り 박식, 박식한 사람
受(う)け売(う)り 남의 주장, 의견을 제 의견인 양 말함

## 회화

(현주와 미사키가 한국과 일본의 전통 의복에 대하여 이야기하고 있습니다.)

미사키 : 현주야, 한국의 한복 정말 예뻐.
나, 초등학교 때 세계의 민족의상 중에서 자기가 좋아하는 것을 그리는 숙제가 있었는데, 그때 한국의 한복을 그렸거든.

현주 : 어렸을 때부터 좋아했구나.

미사키 : 응. 지금도 한국 드라마에 한복이 나오면, 두근두근해.
한 번 입어 보고 싶어.

현주 : 괜찮으면 내 것 입어 보지 않을래?
일본에 올 때 가져왔거든.

마사키 : 어? 그래도 될까? 기쁘다.
그럼, 내가 현주의 한복을 입고 현주가 내 기모노를 입는 것을 어떨까?

현주 : 좋아. 그럼 입는 것은 역시 설날이 좋을까?

미사키 : 응, 기모노는 설, 성인식, 결혼식, 졸업식, 파티와 같은 특별한 날밖에 안 입으니. 한국도 역시 마찬가지니?

현주 : 응. 한국도 대개 같아.
게다가 젊은 사람은 가지고 있지 않는 경우도 많아.

미사키 : 기모노도 그래. 그런 점도 비슷하네.

〈단어〉
民族衣装(みんぞくいしょう) 민족의상(전통의상)
着(き)てみない 입어 보지 않을래?

## 연습문제

1. 다음 설명을 읽고, ①~④ 중에서 적절한 단어를 골라 (　　　) 안에 번호를 쓰시오.

| ① 帯揚げ | ② 訪問着 | ③ 下駄 | ④ 振袖 |
|---|---|---|---|

1) 미혼 여성이 입는 소매가 긴 기모노 ( ④ )
2) 오비의 매듭이 내려가지지 않도록 하기 위한 천 ( ① )
3) 유카타를 입었을 때 등에 신는 목제 신발 ( ③ )
4) 남의 집을 방문할 때에 입는 옷 ( ② )

2. 2~3명이 그룹을 만들어, 한국과 일본의 전통적인 의복에 대하여 자세히 조사하여 발표해 봅시다.

■ 참고문헌

杉浦洋一・John K. Gillespie(1993),『日本文化を英語で紹介する事典』, ナツメ社.

インターナショナル・インターンシップ・プログラムス(1997),『日本まるごと事典』, 講談社インターナショナル株式会社.

桑原功次(2005),『英語で紹介する日本』, ナツメ社.

「平成22年全国都道府県市区町村別面積調」国土地理院　Webサイト

「日本の山岳標高一覧（1003山）2001」国土地理院　Webサイト

「日本の統計 2011」総務省統計局発行、総務省統計研究所編集 Webサイト

電子辞書　XD-B10000 CASIO

精選版日本国語辞典　小学館

広辞苑第六版　岩波書店

明鏡国語辞典　大修館書店

ブリタニカ国際大百科事典　小項目電子辞書版　Britannica

執筆協力　第1部　韓国語訳　육혜영

挿絵　노자키다하

# 제2부
# 일본의 관광, 의료문화

# Ⅰ. 가계를 통해 본 일본인의 일상생활

## 1. 최근의 가계 수지

### 1) 가계 수입과 지출

2010년 근로자 세대(소위 직장인 세대)의 한 달 평균수입(실수입)은 1세대 당 52만 1천 엔이며 이 중 세대주 수입은 41만 7천 엔으로 실수입의 80%를 차지한다. 또한 실수입에서 세금이나 사회보험료 등 자유롭게 사용할 수 없는 지출(비소비지출)을 제한 가처분소득은 43만 엔이다. 가처분소득 중 31만 8천 엔이 식료비나 주거비 등과 같은 생활비로 사용되고 나머지 11만 2천 엔은 저금이나 생명보험비용, 주택대출금 상환 등에 사용된다([그림 2-Ⅰ-1]).

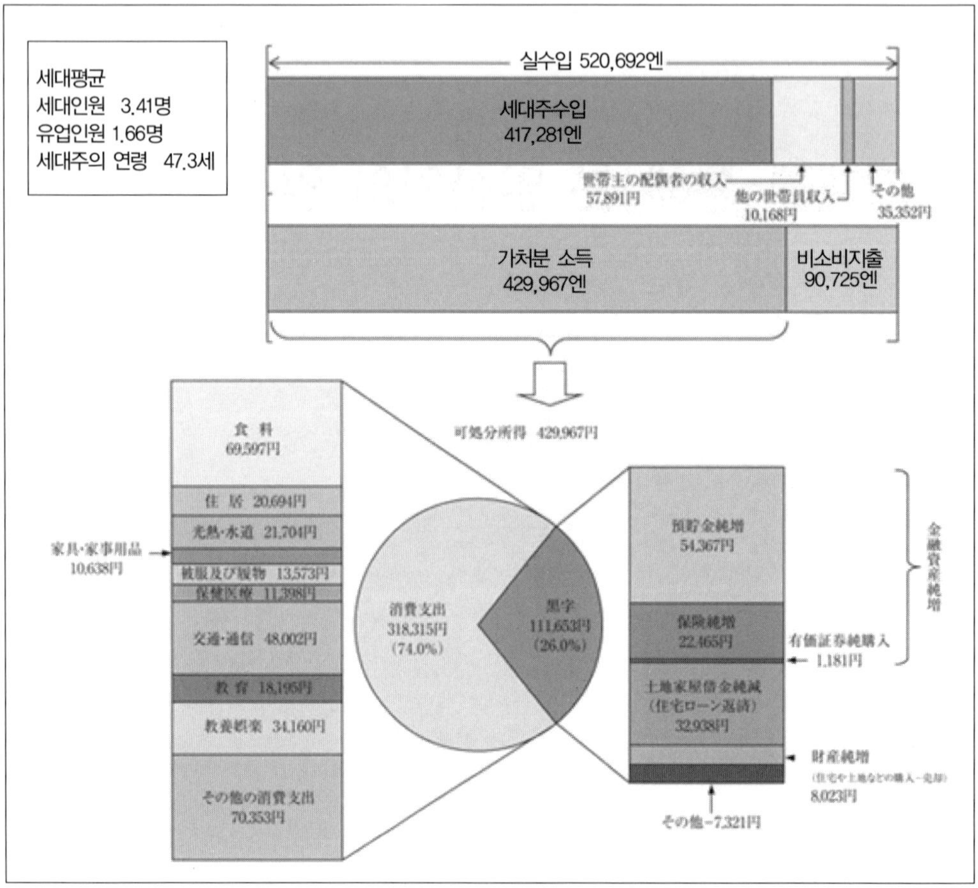


[그림 2-I-1] 가계수지의 상황(2인 이상 세대 중 근로자 세대)

## 2) 최근의 특징

세대 인원수, 세대주 연령, 물가 변동으로 인한 영향을 제한 '소비수준지수'를 바탕으로 최근의 생활수준을 보면 2010년은 1970년의 1.3배 수준이다. 그간의 추이를 보면 석유파동 직후를 제외하고는 1991년까지는 상승경향이었으나 버블경제의 붕괴 후 변동이 없다가 1997년 금융위기 발생 후 감소세로 돌아섰다. 그 후 2002년부터 2007년까지 평행선을 그리던 것이 리먼사태가 발생한 2008년 감소되면서 2009년 완만한 상승곡선을 그리고 있다([그림 2-I-2]).

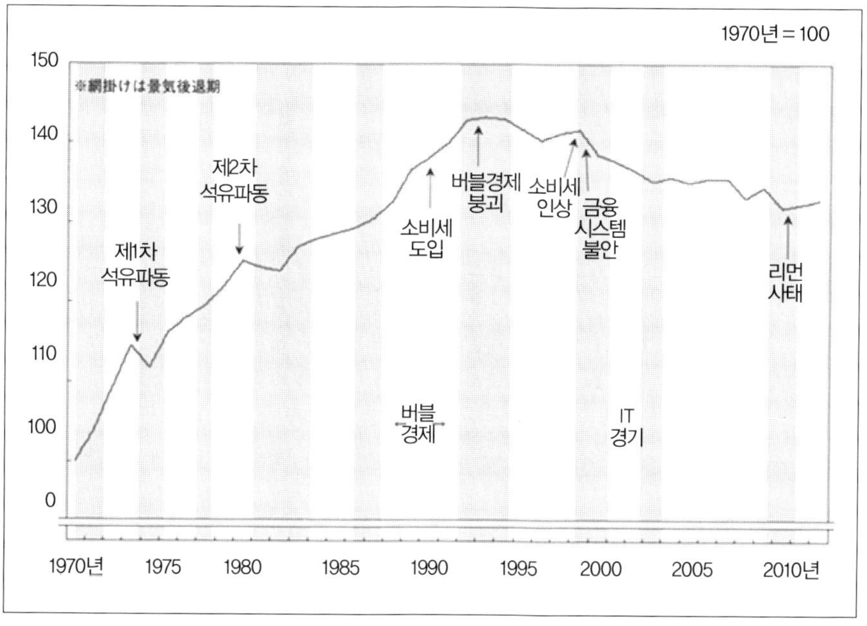


[그림 2-I-2] 소비수준지수(2인 이상 세대)

### 3) 담뱃값 인상

2010년 10월 1일부터 담뱃세 증세 등으로 인해 담배의 소매정가가 개정되었다. 사상 최대의 대폭 증세로 인해 정가 개정 폭도 크게 늘었다. 담배 지출금액을 월별로 보면 2010년 9월은 개정을 앞두고 수요가 급증하면서 전년 동월 대비 실질 145% 증가하였으며, 과거의 2번에 걸친 소매정가개정 전월에 비해 큰 증가폭을 기록하였다. 또한 2010년 10월은 전년 동월 대비 실질 69.7%감소로, 과거 2회에 걸친 소매정가개정월에 비해 크게 감소하였다. 11월 및 12월도 계속하여 큰 폭으로 감소하였다([그림 2-I-3]).

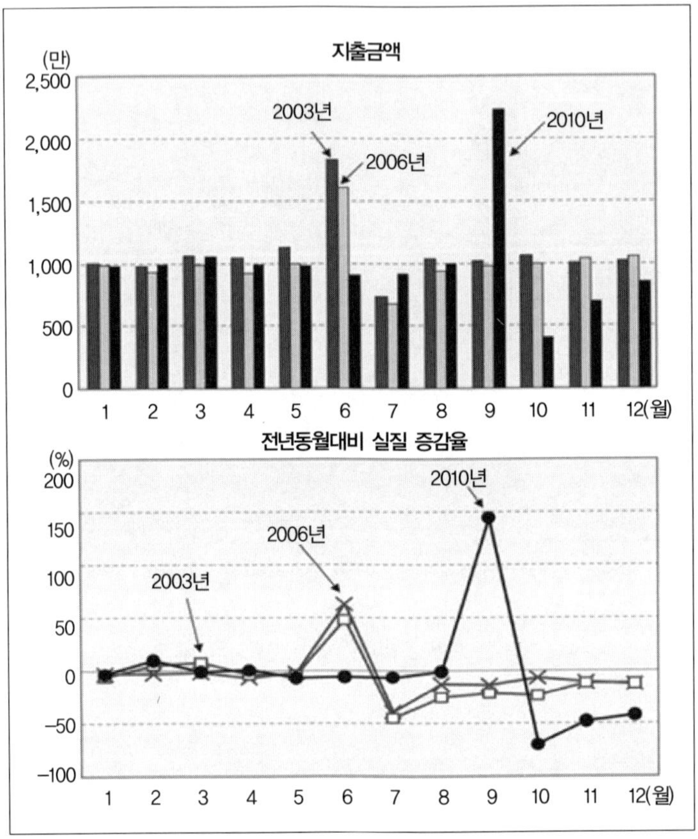


[그림 2-I-3] 담배 월별 지출금액 및 전년대비 동월 실질증감액 추이(2인 이상 세대)

## 4) 기록적 악천후

2010년은 기록적 악천후가 계속된 한 해였다. 2010년 2월부터 4월에 걸쳐 일조시간이 짧은 날이 계속되었으며 4월에는 관동 지방을 중심으로 눈이 내리는 등 현저한 저온 현상을 보였다. 한편 2010년 여름은 6~8월의 평균기온이 관측이례 최고를 기록하는 등 무더위에 시달렸다. 야채 등의 지출금액 및 구입수량을 반기별로 보면 이러한 악천후 영향으로 인한 생육불량으로 가격이 급등한 이유도 있어서 전기 동기 대비 지출금액의 실질 증감률 및 구입수량 증감률 모두 야채 등은 2010년 1~3월기 이후 4기 연속 감소하였으며 과일도 2010년 4~6월기 이후 3기 연속 감소를 기록하였다([그림 2-I-4]).

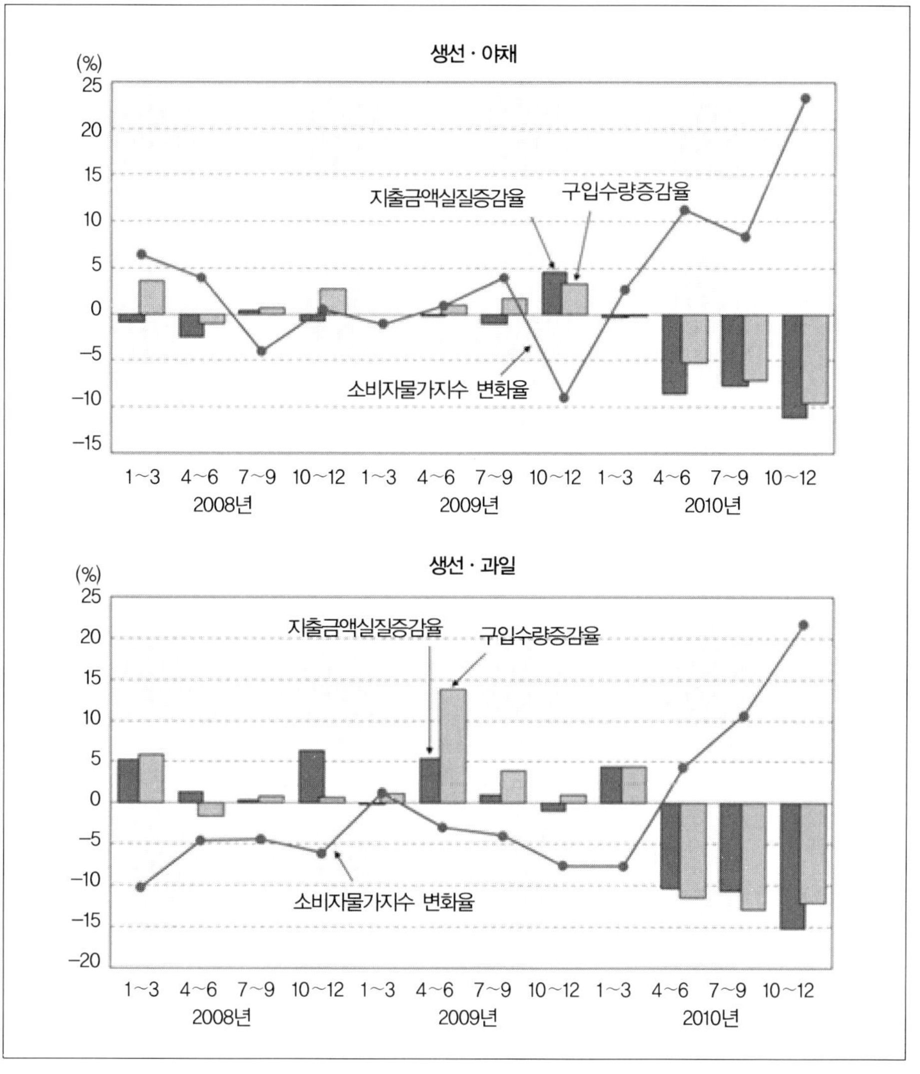


[그림 2-I-4] 야채 및 과일의 1/4분기별 지출금액 및 구입수량 전년 동기 대비 증감액 추이(2인 이상 세대)

## 2. 가계를 통해 본 일상생활의 특징

### 1) 가계지출의 변화

한 세대당 연간지출금액에 대해서 소비자 물가 변동분을 제외하여 1965년을 100으로 한 실질연간지출금액지수 추이를 보면 식비에는 그다지 변화가 보이지 않는 것에 비해 조리식품 및 외식은 상승하여 2010년에는 각각 1965년의 2.2배, 1.7배를 기록하였다. 또한 외식은 1992년 이후 감소경향인 것에 비해 조리식품은 2001년 이후로 평행선을 그리고 있다([그림 2-I-5]).

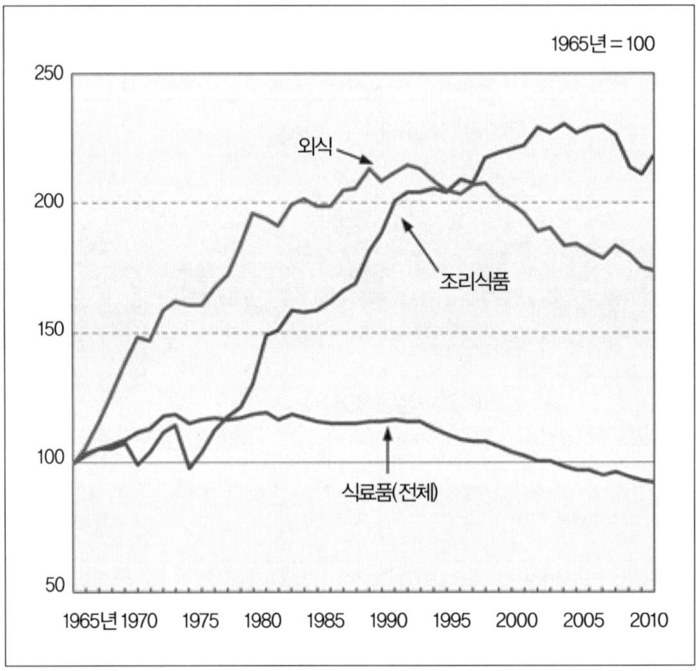


[그림 2-I-5] 식료품(전체), 조리식품 및 외식 실질연간 지출금액 지수(2인 이상 세대)

### 2) 전기세는 1965년의 6.9배

광열비 실질연간지출금액지수를 보면 전기값은 상승경향에 있으며 2010년은 1965년의 6.9배였다. 이에 비해 석유, 프로판가스 및 도시가스는 1988년경까지는 상승경향이었으나 그 후 평행선을 그렸으며 등유 및 프로판가스는 최근 들어 감소경향을 보였다([그림 2-I-6]).

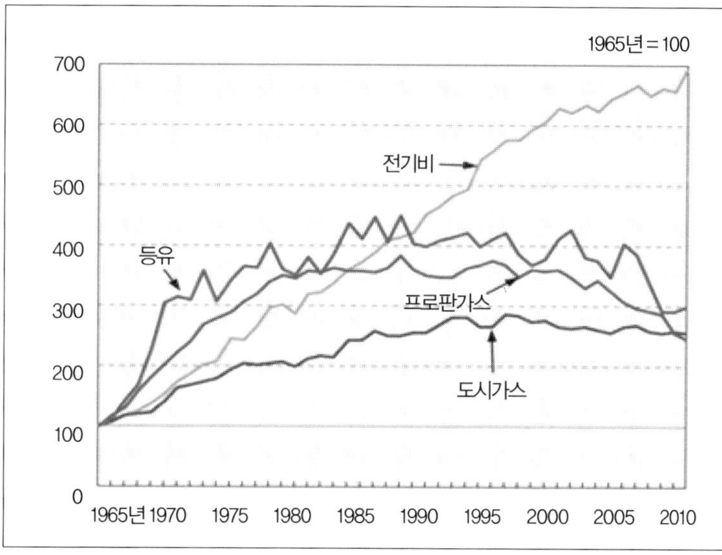


[그림 2-I-6] 광열비 실질연간지출금액 지수(2인 이상 세대)

### 3) 계속 증가하는 이동전화통신비 요금

1세대당 1달간의 이동통신비 지출금액 추이를 보면 1994년 휴대전화 단말기 대여제에서 판매제로 바뀌면서 이용금액이 감소하고, 전화기가 경량화되고 전지 수명이 길어지면서 휴대전화 계약수가 폭발적으로 증가하는 등 1995년 이후로 증가경향을 보이고 있다.

2010년 개별집계 개시 이래 이동전화통신비는 계속 증가하고 있으며 반면 고정전화통신비는 계속적으로 감소하고 있다([그림 2-I-7]).

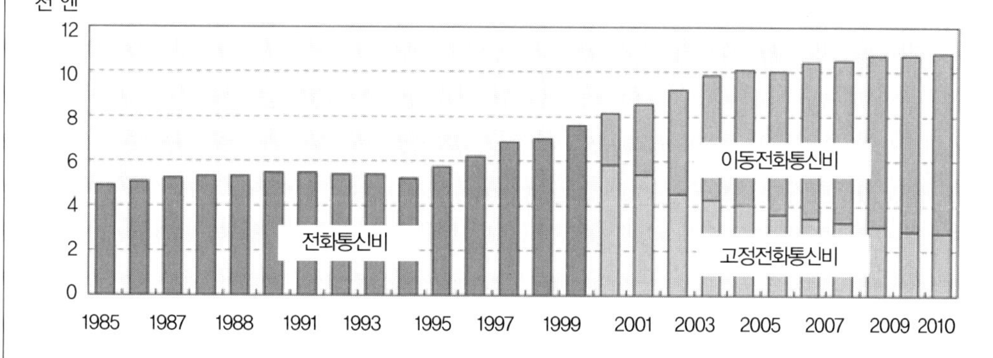


[그림 2-I-7] 1세대당 한 달 전화통신비 지출금액 추이(2인 이상 세대)

## 4) 감소경향에 있는 '피복 및 신발' 지출비율

1세대당 연간 소비지출에 차지하는 '피복 및 신발' 비율 추이를 보면 1965년경까지는 10% 내외의 높은 점유율을 보였으나 서서히 감소경향을 보이면서 2010년에는 4.2%를 기록했다. 또한 '피복 및 신발' 내역을 보면 서양식 의복이나 셔츠, 스웨터류는 상승경향을 보이는 한편 천, 실, 전통의복, 수선비 등을 포함한 피복 관련 서비스는 감소되고 있다([그림 2-I-8]).

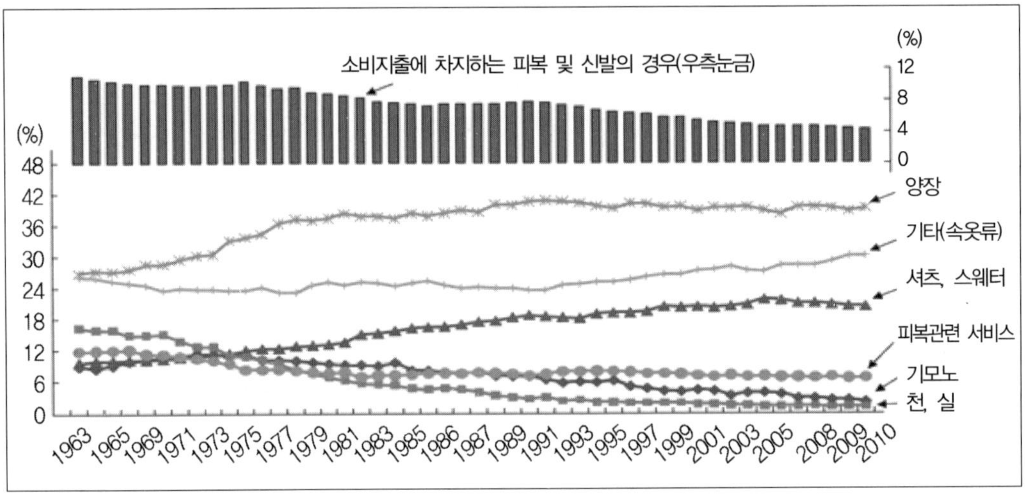


[그림 2-I-8] 소비지출에 차지하는 '피복 및 신발' 비율 및 '피복 및 신발' 내역 비율(2인 이상 세대)

## 5) 특정일에 구입이 집중되는 '장어구이' 등

소비자의 특징적 구매행동으로는 1년 중에서도 특정한 날에 구입이 특히 증가하는 상품이 있다. 일별집계결과를 통해 그러한 특징을 살펴보면 다음과 같다([그림 2-I-9]).

세쓰분(節分)의 날(2010년 2월 3일)의 스시도시락 구입금액은 후토마키김밥 구입 등 연간 하루 평균지출금액의 12.6배를 기록했다.

장어구이 구입금액은 여름의 복날(2010년 7월 26일)에 연간 하루 평균지출금액의 39.6배를 기록하였다.

와인 구입금액은 11월 제3목요일의 보졸레누보 수입개방일(2010년 11월 18일)에 연간 하루 평균지출금액의 6.5배를 기록하였다.

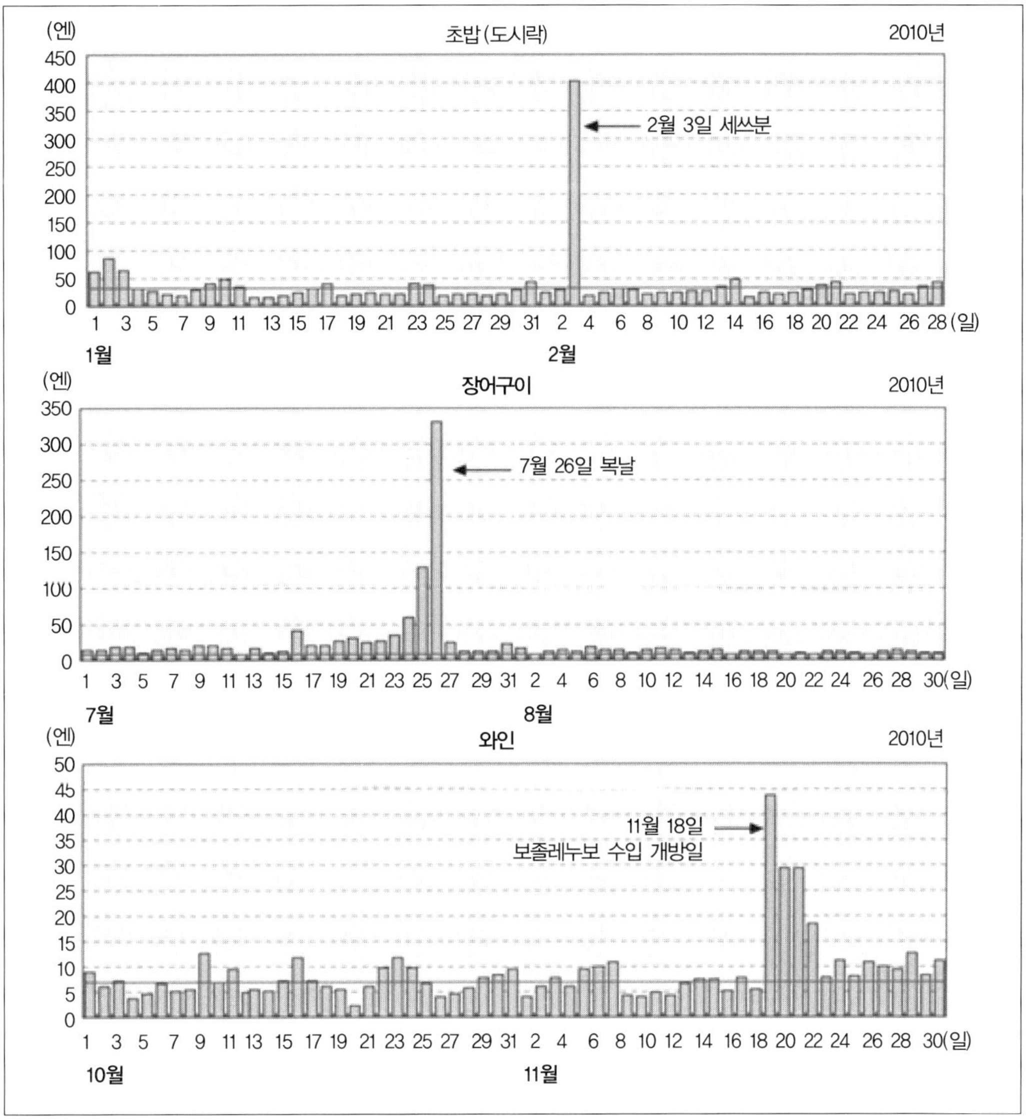


[그림 2-I-9] 1세대당 1일 구입금액(2인 이상 세대)

## 6) 지역 특성이 엿보이는 식생활

소비자의 기호, 특히 식생활을 통해 그 지역의 특성을 엿볼 수 있다. '도도부현청 소재시별' 결과를 통해 지역 특징을 엿볼 수 있는 대표적 품목을 살펴본다.

### (1) '만두' 지출금액 전국 1위인 우쓰노미야시(宇都宮市)

우쓰노미야 지역 만두는 미식가들 사이에서도 유명하다. 우쓰노미야시 2008년~2010년 평균 '만두' 연간 지출금액은 5,009엔으로 전국평균(2,004엔)보다 2.5배 많다([그림 2-I-10]).

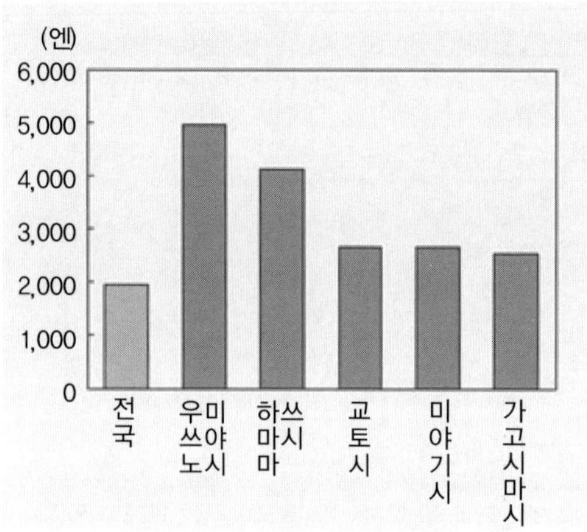


[그림 2-I-10] 2008~2010년 평균 연간지출금액(만두)

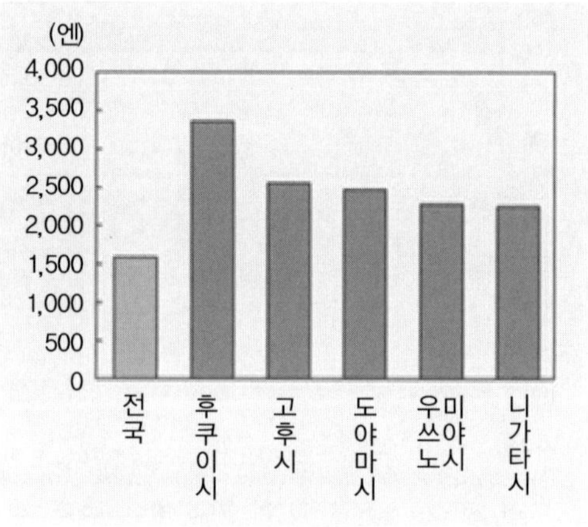


[그림 2-I-11] 2008~2010년 평균 연간지출금액(가쓰레쓰)

### (2) '가쓰레쓰' 지출금액 전국 1위인 후쿠이시(福井市)

후쿠이시에는 하얀 쌀밥 위에 소스를 듬뿍 뿌린 돈가쓰를 얹은 심플한 '소스가쓰 덮밥'이 유명하다. 후쿠이시의 2008년~2010년 평균 '가쓰레쓰' 연간지출금액은 3,381엔으로 전국평균(1,575엔)보다 2.1배 많다([그림 2-I-11]).

### (3) '식빵' 지출금액 전국 1위 고베시(神戸市)

옛 외국인거주지역이나 외국인 거리 등 이국적 정취가 넘치는 고베시는 많은 베이커리가 있다. 고베시 평균 2008년~2010년 평균 '식빵' 연간지출금액은 12,614엔으로 전국평균(8,800엔)보다 1.4배 많다([그림 2-I-12]).

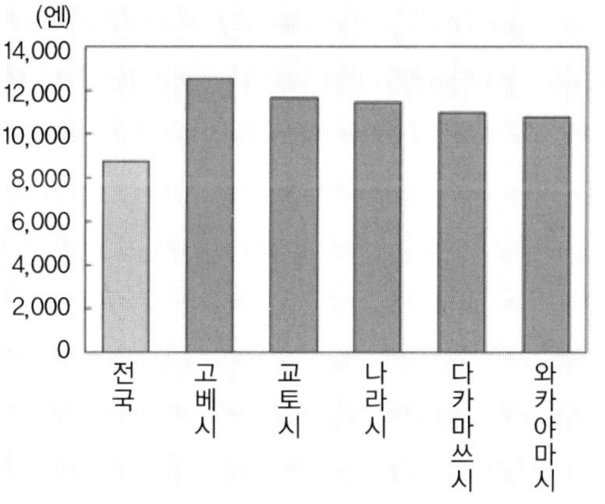


[그림 2-I-12] 2008년~2010년 연간지출금액(식빵)

아래 표는 2008년~2010년 평균 품목별 '연간구입량' 또는 '연간지출금액'이 전국에서 상위를 기록한 주요품목을 도도부현청 소재시별로 정리한 것이다. 지역 특성을 알 수 있을 것이다.

〈표 2-I-1〉

| 도도부현청 소재시 | 품목 |
|---|---|
| 삿포로시(札幌市) | 버터, 양파, 위스키 |
| 아오모리시(青森市) | 가리비, 컵라면, 오징어, 연어 |
| 모리오카시(盛岡市) | 중국면, 미역, 우엉, 국물/소스 |
| 센다이시(仙台市) | 어묵, 꽁치, 딸기, 푸딩 |
| 아키타시(秋田市) | 시금치, 표고버섯, 위스키 |
| 야마가타시(山形市) | 곤약, 간장, 중국면 |
| 후쿠시마시(福島市) | 복숭아, 나토, 가다랑어, 미역 |
| 미토시(水戸市) | 멜론, 딸기, 재첩, 나토 |
| 우쓰노미야시(宇都宮市) | 만두, 무, 딸기 |
| 마에바시시(前橋市) | 유산균음료, 오이, 요구르트 |
| 사이타마시(埼玉市) | 돼지고기, 치즈, 건조 스프 |
| 지바시(千葉市) | 파, 양상추, 건어물/해조류 |
| 도쿄도(東京都) | 와인, 주먹밥, 외식 |

| | |
|---|---|
| 요코하마시(横浜市) | 슈마이(찐만두), 잼, 키위 |
| 니가타시(新潟市) | 청주, 꼬투리콩, 수박 |
| 도야마시(富山市) | 다시마, 떡, 어패류, 방어 |
| 가나자와시(金沢市) | 커피, 초콜릿, 초밥(외식) |
| 후쿠이시(福井市) | 가쓰레쓰, 유부/튀김, 후리카케(밥 양념) |
| 고후시(甲府市) | 포도, 바지락, 과일가공품 |
| 나가노시(長野市) | 밀가루, 사과, 된장, 식용유 |
| 기후시(岐阜市) | 감, 커피숍, 일식 |
| 시즈오카시(静岡市) | 녹차, 참치, 말린 치어, 말린 전갱이 |
| 나고야시(名古屋市) | 햄, 바지락, 커피숍 |
| 쓰시(津市) | 어패류 쓰쿠다조림, 새우 |
| 오쓰시(大津市) | 다시마 조림, 게 |
| 교토시(京都市) | 빵, 닭고기, 가지, 맥주 |
| 오사카시(大阪市) | 배추, 식초, 파, 문어 |
| 고베시(神戸市) | 식빵, 마가린, 문어, 중국음식 |
| 나라시(奈良市) | 우유, 커피, 감, 사탕 |
| 와카야마시(和歌山市) | 우메보시, 소고기, 고등어, 말린 치어 |
| 돗토리시(鳥取市) | 게, 정어리, 가자미, 바나나 |
| 마쓰에시(松江市) | 재첩, 전갱이, 간장 |
| 오카야마시(岡山市) | 포도, 복숭아, 소스 |
| 히로시마시(広島市) | 굴, 소스, 초밥(도시락) |
| 야마구치시(山口市) | 비스킷, 스낵류 과자, 후리카케(밥 양념) |
| 도쿠시마시(徳島市) | 고구마, 지쿠와(어묵), 분유 |
| 다카마쓰시(高松市) | 생우동/메밀국수, 건조우동/메밀국수, 일본국수/우동(외식) |
| 마쓰야마시(松山市) | 과일/야채 쥬스, 튀긴 어묵 |
| 고치시(高知市) | 다랑어, 배추 절임, 음주비 |
| 후쿠오카시(福岡市) | 명란, 닭고기, 분유 |
| 사가시(佐賀市) | 양갱, 도미, 우엉, 고형 카레 |
| 나가사키시(長崎市) | 카스텔라, 간 돼지고기와 소고기, 모듬회 |

| | |
|---|---|
| 구마모토시(熊本市) | 도미, 도시락, 케이크 |
| 오이타시(大分市) | 말린 표고버섯, 닭고기 |
| 미야자키시(宮崎市) | 치어, 사탕, 소주 |
| 가고시마시(鹿児島市) | 튀긴 어묵, 소주, 설탕 |
| 나하시(那覇市) | 가쓰오부시(말린 다랑어), 분유, 당근 |
| 가와사키시(川崎市) | 스파게티, 양상추, 호박 |
| 기타큐슈시(北九州市) | 명란, 고등어, 양배추 |

## 3. 세대별로 본 삶의 특징

### 1) 2인 이상의 세대

#### (1) 30대 미만, 주거비 비율 많음

세대주 연령이 젊은 세대일수록 집값 및 설비수선/유지 등 주거비 지출이 많아지는 경향이 있다. 특히 30세 미만 세대의 경우 집값 지출이 주거비의 95.3%를 차지하여 가장 많다. 또한 자가 비율은 30세 미만 세대는 23.6%로 가장 낮고 세대주 연령이 높아질수록 자가 비율도 높아진다([그림 2-I-13]).

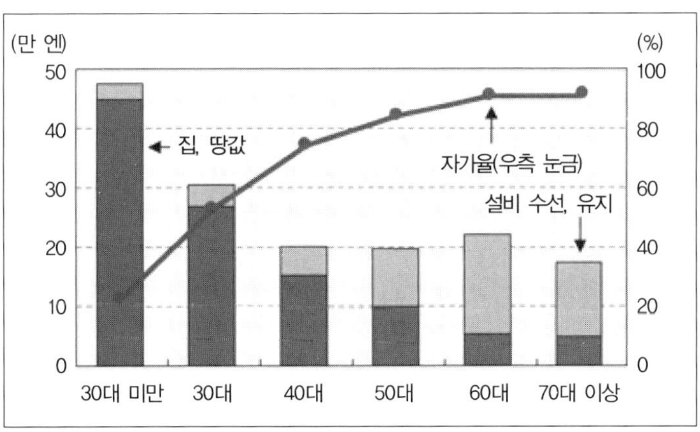


[그림 2-I-13] 세대주 연령계급별 1세대당 연간 주거비 및 자가율(2인 이상 세대, 2010년)

### (2) 세대주가 30대인 세대의 가계, 유아관련 비용 많음

자녀 출산과 함께 유치원, 어린이집 비용 등 유아관련 비용이 많아진다. 유아가 있는 세대주가 30세 미만, 30대 세대에서 유아 관련비용이 많고 특히 유치원, 어린이집 비용 지출이 많은 30대 세대의 경우 가장 많다. 또한 30세 미만 세대의 경우 분유, 종이 기저귀 지출이 다른 나이 대에 비해 많다([그림 2-I-14]).

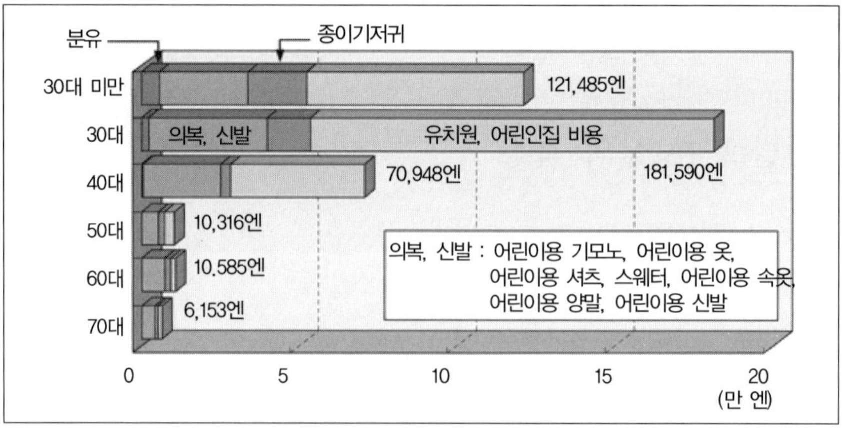


[그림 2-I-14] 세대주 연령계급별 1세대당 연간 유아관련비(2인 이상 세대, 2010년)

### (3) 세대주가 40대인 세대의 가계

자녀 성장과 함께 수업료, 학습참고서, 학원비 등 교육 관련비용이 많아진다. 자녀가 고등학교 또는 대학교에 재학하는 경우 세대주가 40대 또는 50대인 경우가 많고, 특히 수업료나 교재 지출은 40대에서 많다([그림 2-I-15]).

### (4) 세대주가 50대인 세대의 가계

애완동물 사료비, 동물병원비, 용품 비용 등을 포함해 애완동물 관련 비용은 세대주가 50대인 세대에서 가장 지출금액이 높다. 애완동물 관련비용 지출이 가장 적은 30대 세대에 비해 7.3배 높다. 또한 소비지출에 차지하는 애완동물 관련비용의 비율도 50대 세대가 가장 높다([그림 2-I-16]).

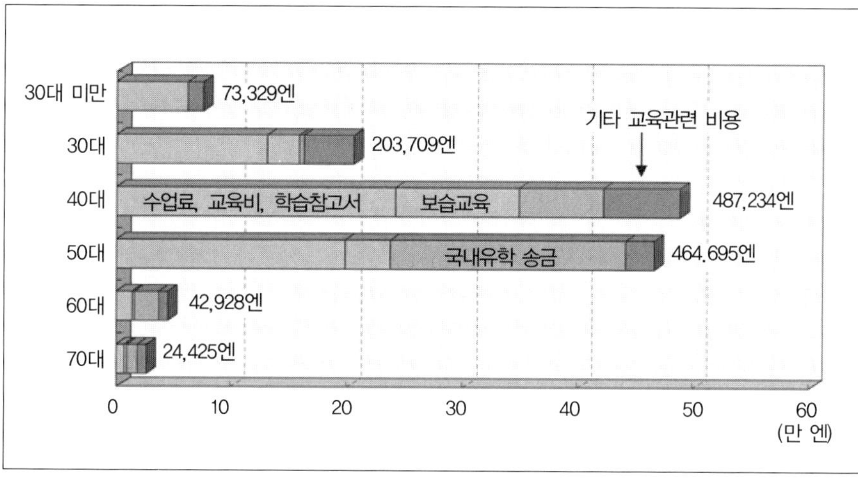


[그림 2-I-15] 세대주 연령계급별 1세대당 연간 교육관련비용(2인 이상 세대, 2010년)

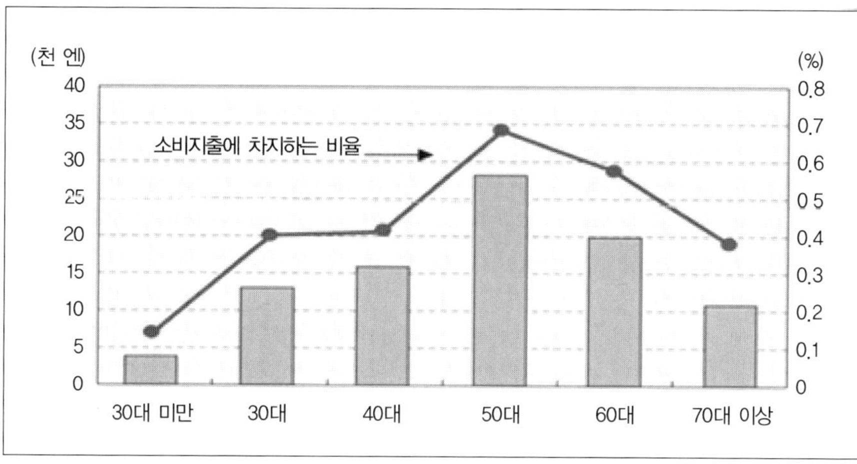


[그림 2-I-16] 세대주 연령계급별 1세대당 연간 애완동물 관련비용(2인 이상 세대)(2010년)

### (5) 세대주가 60대인 세대의 가계

골프비용을 보면 세대주가 60대인 세대에서 가장 지출액이 많고 골프비용 지출이 가장 적은 30대 미만 세대에 비해 13.8배를 기록하였다. 또한 소비지출에 차지하는 골프비용 비율도 60대가 가장 높다([그림 2-I-17]).

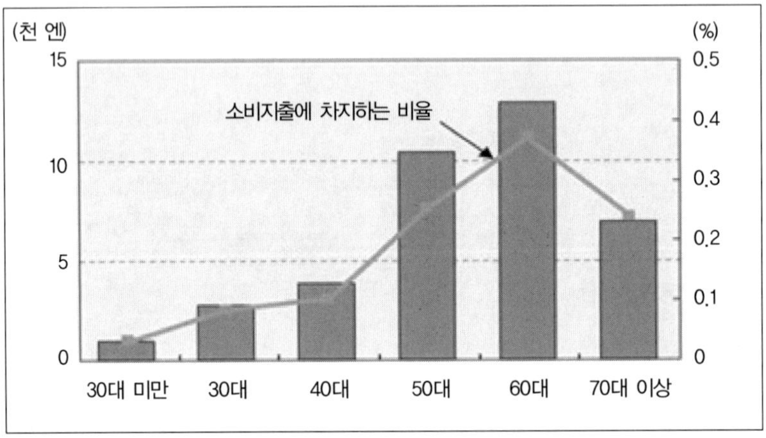


[그림 2-I-17] 세대주 연령계급별 1세대당 연간 골프비용(2인 이상 세대)(2010년)

### (6) 세대주가 70대인 세대의 가계

건강보조식품 지출액을 보면 세대주 나이가 높을수록 많으며, 가장 많은 70세 이상 세대 지출액은 가장 적은 30세 미만 세대에 비해 10.4배 높다. 또한 소비지출에 차지하는 건강보조식품 비율도 70세 이상 세대가 가장 높다([그림 2-I-18]).

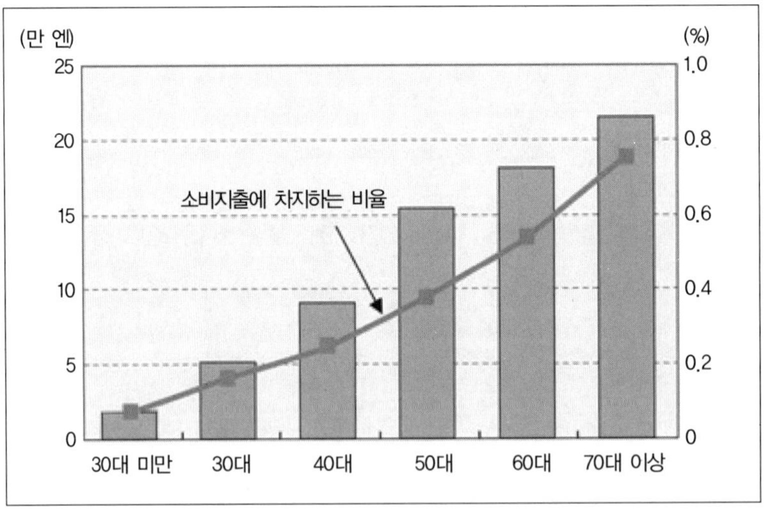


[그림 2-I-18] 세대주 연령계급별 1세대당 연간 건강보조식품 지출비용(2인 이상 세대)(2010년)

## 2) 단신 세대

### (1) 젊은 남성은 '외식'이 식비의 50.2%

단신 세대의 경우 남녀연령계급별로 식료품 지출(식비) 내역을 보면 35세 미만 남성은 '외식' 지출이 가장 많아서 식비의 50.2%를 차지한다. 한편, 60세 이상 여성은 '소재가 되는 식료품'이 차지하는 비율이 높아 식비의 53.1%를 차지한다. 지출에 차지하는 건강보조식품 비율도 70세 이상 세대가 가장 높다([그림 2-I-19]).

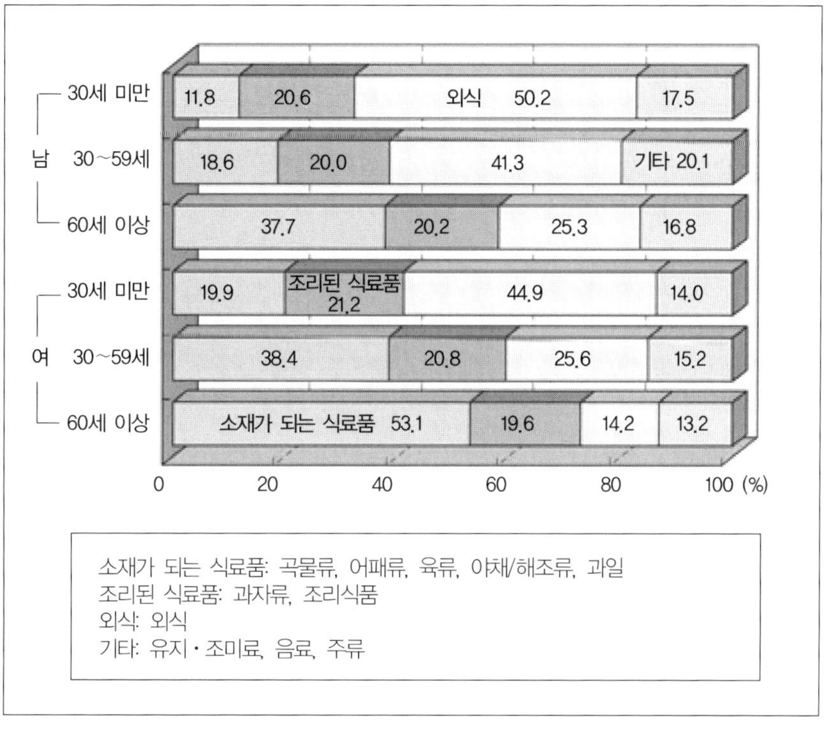


[그림 2-I-19] 식비 구성비(단신 세대)(2010년)

### (2) 애완동물을 사랑하는 중년 여성

애완동물이나 원예 관련 비용 지출금액을 연령계급별로 보면 35~39세 세대와 60대 이상 세대가 비슷한 지출금액을 보이며 35세 미만 세대의 3.5배를 기록하였다. 그중 '절화', '원예품 및 용품' 등의 원예 관련 지출금액을 보면 60대 이상 세대가 가장 높으며 애완동물 사료비, 동물병원비, 애완동물 관련 비용 등 애완동물 지출금액은 35~59세 세대가 가장 높았다([그림 2-I-20]).

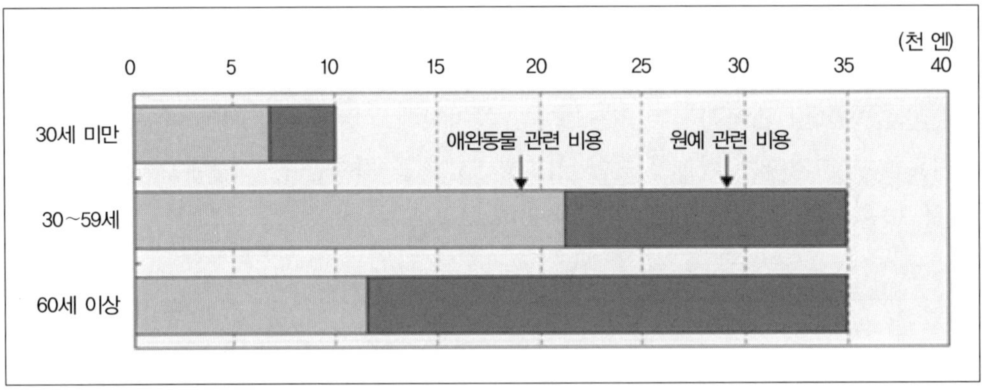


[그림 2-I-20] 단신 세대(여성) 연령계급별 애완동물 및 원예 관련비 지출 금액(2010년)

## 4. 라이프스타일과 가계

### 1) 세대 인원수별로 본 가계

총세대 소비지출을 세대 인원수별로 보면 1인 세대(단신 세대)는 162,009엔, 2인 세대는 253,367엔, 3인 세대는 298,349엔, 4인 세대는 319,743엔, 5인 세대는 338,950엔이다. 단신 세대 소비지출은 4인 세대의 반이지만 세대인원 1인당 소비지출은 4인 세대의 2배이다([그림 2-I-21]).

### 2) 맞벌이 세대의 가계

근로자 세대의 핵가족 세대를 맞벌이 세대와 세대주만 근로하는 세대로 비교해 보면, 세대주만 근로하는 세대의 소비지출은 1세대당 한 달 평균 30만 4천 엔이며, 부부가 맞벌이를 하는 세대의 소비지출은 1세대당 1달 평균 33만 1천 엔으로 세대주만 근로하는 세대보다 2만 7천 엔 많다.

흑자 부분을 비교하면 세대주만 근로하는 세대가 9만 8천 엔인 것에 비해 부부가 맞벌이하는 세대는 16만 6천 엔으로 세대주만 근로하는 세대보다 6만 8천 엔 많다.

주택대출 반환세대의 비율을 보면 부부가 맞벌이하는 세대는 45.2%로, 세대주만 근로하는 세대 33.6%에 비해 11.6% 높다([그림 2-I-22], ([그림 2-I-23]).

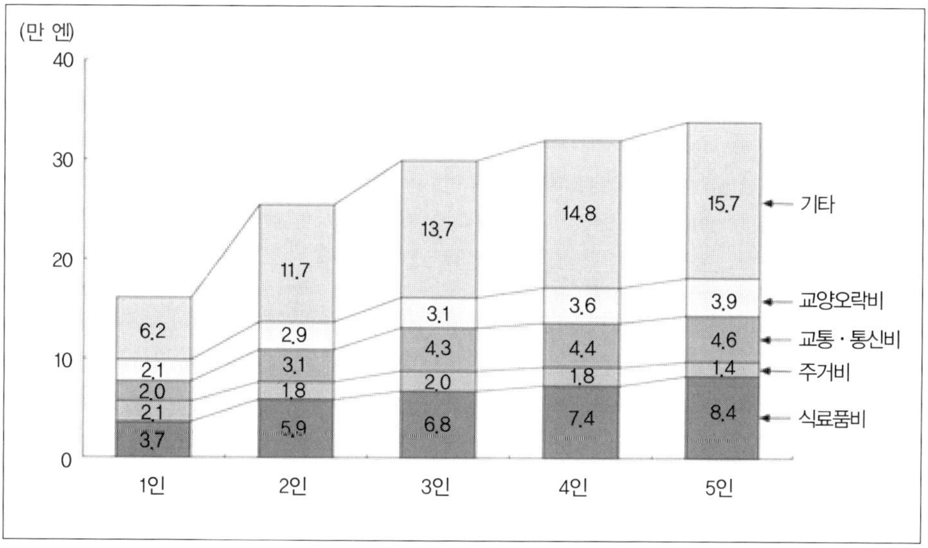


[그림 2-I-21] 세대 인원수별 지출(2010년)

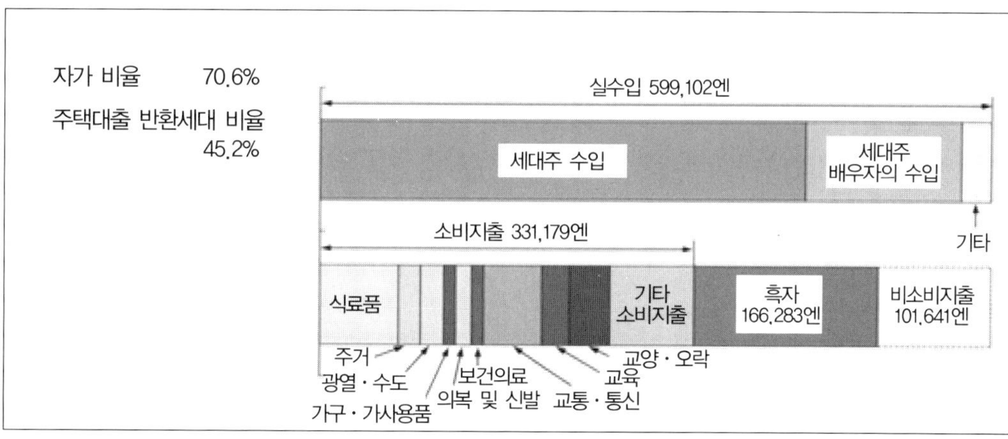


[그림 2-I-22] 부부 맞벌이 세대 중 핵가족 세대의 수입과 지출(2인 이상 세대 중 근로자 세대)(2010년)

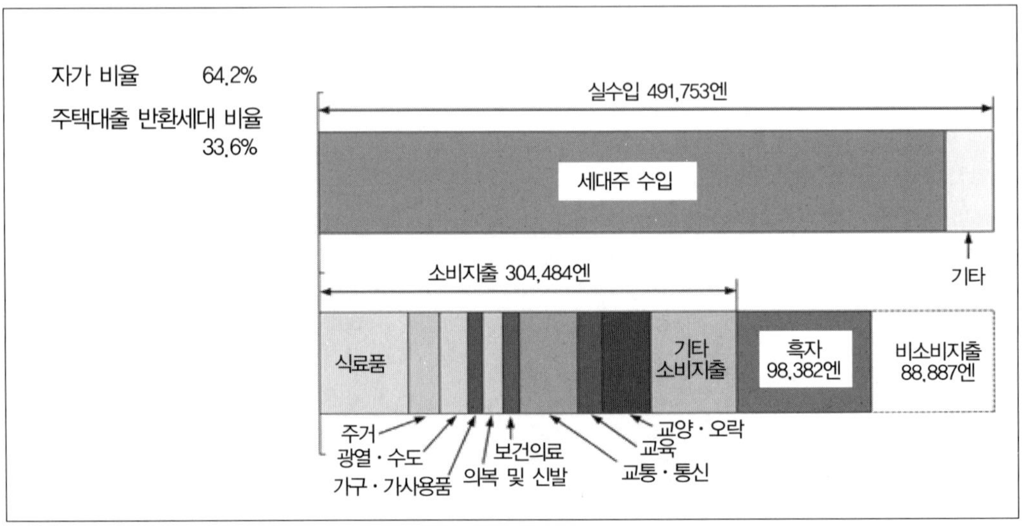


[그림 2-I-23] 세대주만 근로하는 핵가족 세대의 수입과 지출(2인 이상 세대 중 근로자 세대)(2010년)

### 3) 60세 이상 2인 이상 무직 세대의 가계

세대주가 60세 이상으로 2인 이상의 무직 세대(고령무직 세대)의 실수입은 1세대당 한 달 평균 21만 8천 엔으로 이 중 80% 이상이 공적연금 등 사회보장급부이다. 또한 실수입에서 세금이나 사회보험료 등을 공제한 가처분소득은 18만 7천 엔이다. 한편 소비지출은 24만 6천 엔으로 가처분소득을 5만 8천 엔 상회하여 적자를 기록하고 있다. 부족분은 저금 등에서 충당하는 것으로 보인다([그림 2-I-24]).

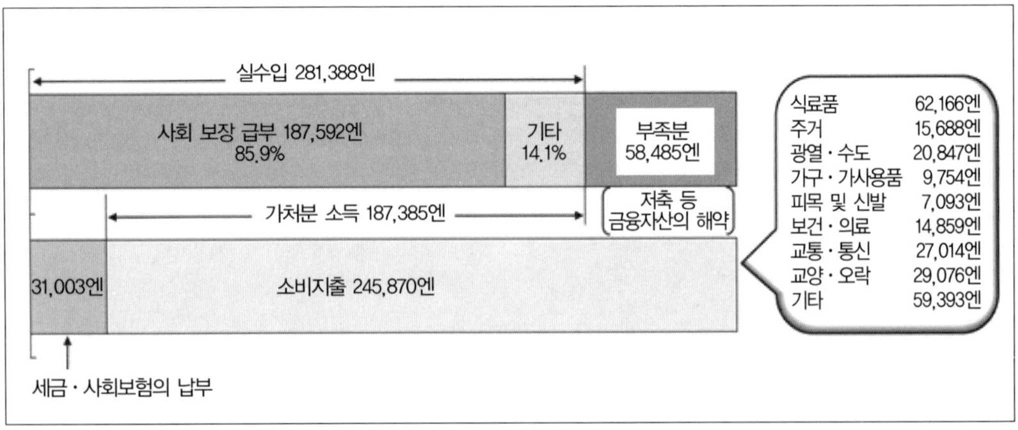


[그림 2-I-24] 고령무직 세대의 수입과 지출(2인 이상 세대 중 근로자 세대)(2010년)

## 4) 60세 이상 단신 무직 세대의 가계

60세 이상 단신 무직 세대의 실수입은 1세대당 한 달 평균 12만 8천 엔으로 이 중 90%이상이 공적연금 등의 사회보장급부이다. 또한 실수입에서 세금이나 사회보험료를 공제한 가처분소득은 11만 7천 엔이다. 한편 소비지출은 14만 6천 엔으로 2만 9천 엔 적자이다([그림 2-I-25]).

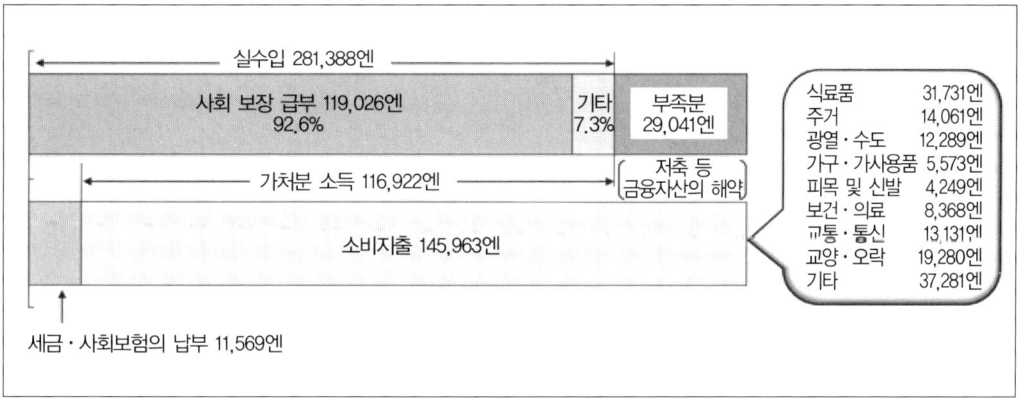


[그림 2-I-25] 고령단신무직 세대의 수입과 지출(2010년)

# 5. 자산

## 1) 저축의 세대 분포

2인 이상 세대의 저축금액은 평균이 1,657만 엔이지만 저축금액 순서대로 세대를 정리해서 중간에 위치하는 세대의 저축금액을 보면 995만 엔으로 평균에 못 미치는 것을 알 수 있다. 이는 세대수의 비율이 낮은 세대의 저축금액이 높아 평균금액을 높였기 때문이다. 약 3분의 2에 해당하는 세대의 저축금액이 평균치에 못 미치고 있다([그림 2-I-26]).

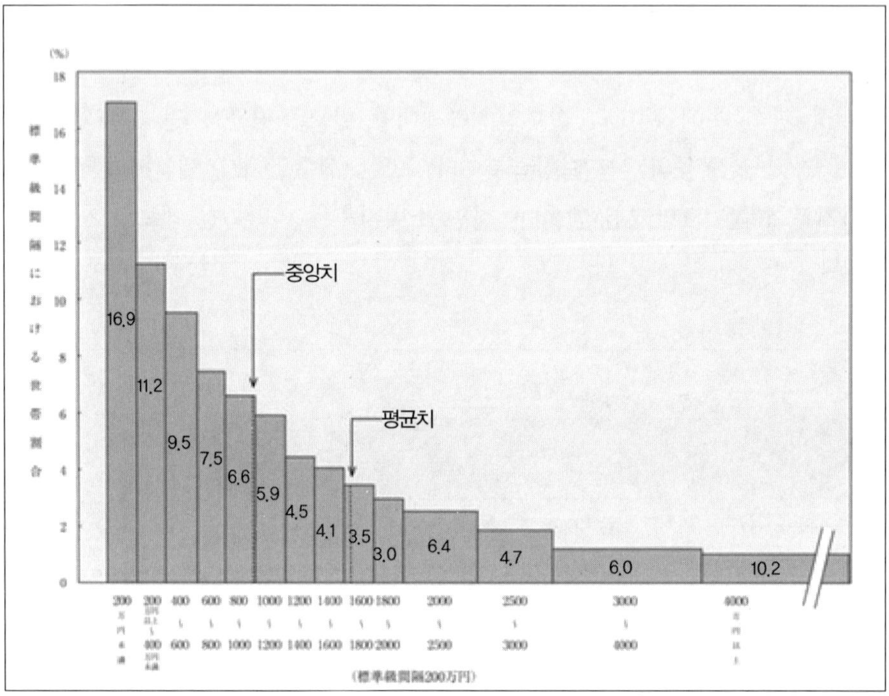


[그림 2-I-26] 저축 현재금액 계급별 세대분포(2인 이상 세대)(2010년)

## 2) 저축 종류별 상황

2인 이상 세대의 1세대당 저축 현재금액을 저축 종류별로 보면, 정기예적금이 707만엔으로 가장 많아 40% 이상을 차지하고 있다. 이어서 '생명보험' 등, 통화성 예적금, 유가증권, 금융기관 외의 순이다. 2인 이상 세대 중 근로자 세대를 보면 2인 이상 세대와 같은 순서이며 2인 이상 세대에 비해 정기성 예적금이나 유가증권 비율이 낮아 '생명보험' 등이나 금융기관 외의 비율이 높다([그림 2-I-27]).

2인 이상 세대 중 근로자 세대의 1세대당 예적금 현재 금액을 연간수입 5분위계급별로 보면 연간수입이 낮은 계급일수록 저축에 차지하는 통화성 예적금 비율이 높고 연간수입이 높은 계급일수록 저축에 차지하는 유가증권 및 금융기관 외 비율이 높다([그림 2-I-28]).

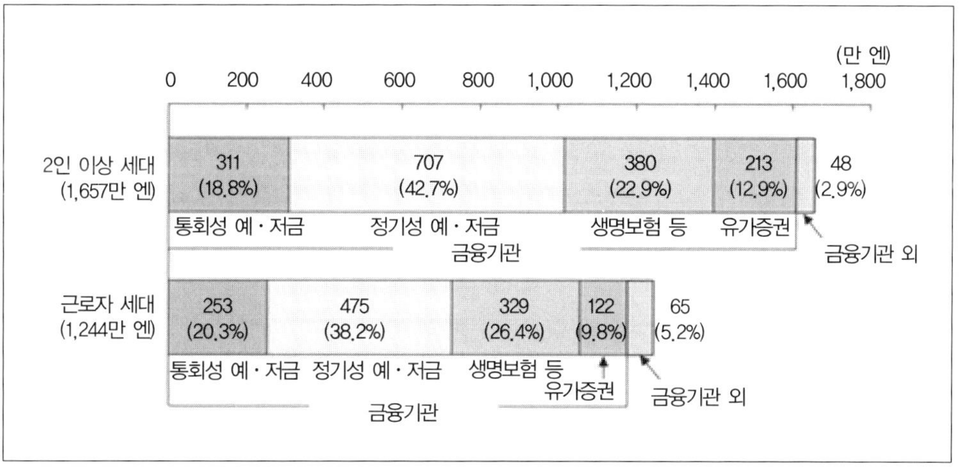


[그림 2-I-27] 저축 종류별 저축현재금액 및 구성비(2인 이상 세대)(2010년)

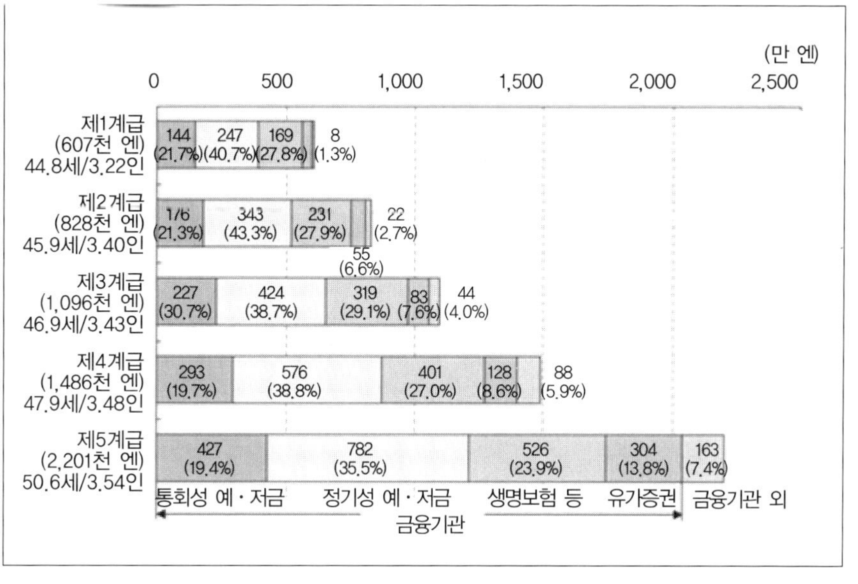


(*) 연간수입 5분위 계급이란, 연간수입이 낮은 세대부터 순서대로 5개 그룹으로 나눈 경우의 각 그룹을 말한다. 연간수입이 적은 쪽이 순서대로 제1, 제2, 제3, 제4, 제5계급으로 나뉜다.

[그림 2-I-28] 연간수입 5분위 계급, 저축 종류별 저축 현재금액(2인 이상 세대)(2010년)

### 3) 부채 종류별 현황

2인 이상 세대의 1세대 당 부채현재금액은 489만 엔으로 이 중 주택, 토지를 위한 부채가 431만 엔으로 90%를 차지한다.

또한 2인 이상 세대 중 근로자 세대의 1세대당 부채 현재금액은 679만 엔으로 2인 이상 세대보다 190만 엔 상회한다. 이는 2인 이상 세대 중, 근로자 이외 세대에 주택담보대출 상환을 마친 고령무직 세대가 많이 포함되어 있기 때문이다([그림 2-I-29]).

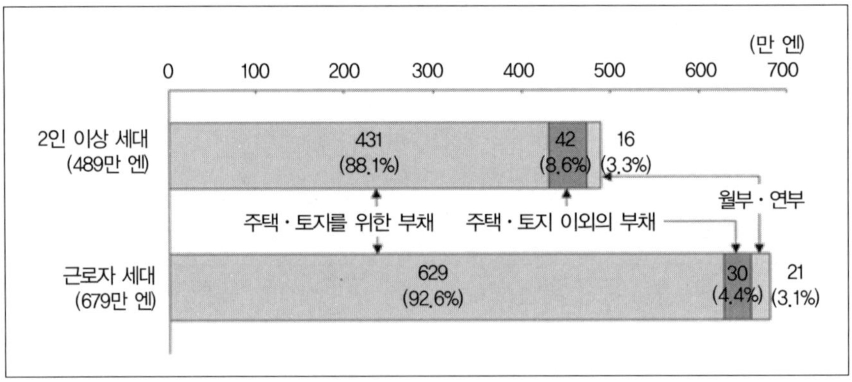


[그림 2-I-29] 부채 종류별 부채 현재금액 및 구성비(2인 이상 세대)(2010년)

2인 이상 세대 중 근로자 세대 1세대당 부채현재금액을 세대주 연령계급별로 보면 50대, 60대 이상이 될수록 주택담보대출 상환이 진척되고 있음을 알 수 있다. 주택, 토지로 인한 부채는 40대가 888만 엔으로 가장 많다([그림 2-I-30]).

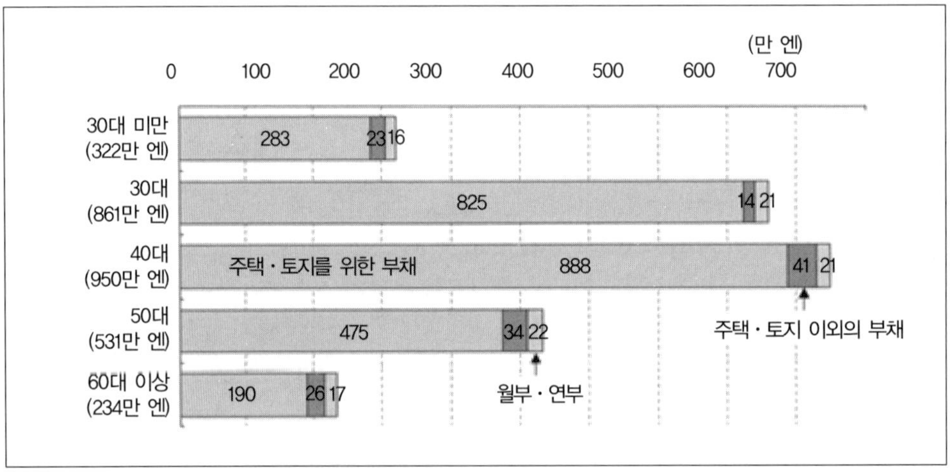


[그림 2-I-30] 세대주 연령계급, 부채 종류별 부채 현재금액(2인 이상 세대)(2010년)

# II. 일본의 관광문화

## 1. 일본 관광의 역사

메이지(明治) 시대에는 일본은 일반서민의 이동이 제한되었다. 각지에 세키쇼(関所, せきしょ)가 설치되어 허가 없이 통행할 수 없었다. 세키쇼는 오다 노부나가(織田信長) 등에 의해 폐지된 시기도 있었으나 에도(江戸) 시대에 다시 부활되었으며 세키쇼를 우회하는 세키쇼야부리(関所破り, せきしょやぶり)는 사형에 해당하는 중죄였다. 이후 전쟁이 줄어들면서 세키쇼 단속은 점차 약해졌으며 서류나 통행료만 있으면 통행이 허가되기도 했다. 또한 에도 시대에는 이세신궁(伊勢神宮, いせじんぐう)을 참배하는 것이 붐이 되기도 했는데 현대 국내관광의 시효라 할 수 있을 것이다.

에도 막부 말기에 일본은 개국을 단행했으나 극동에 위치했기 때문에 외국으로부터의 방문자는 많지 않았다. 일본인이 해외로 나가는 것은 오로지 이민 또는 유학이 목적이었으며, 해외여행은 일부 부유층에 한정되었다. 또한 일본을 방문하는 외국인도 정부가 고용하는 고용외국인이나 중국대륙, 대만, 한반도 등 아시아로부터의 이민이나 유학생이 대부분이었다. 국내여행은 철도의 발달로 국내 이동이 용이해지면서 점차 활발해졌다.

패전 후 일본은 고도경제성장으로 인해 국민소득이 증가했으며 1964년 해외여행이 자유화되면서 일본인의 해외출국에 박차가 가해졌다. 현재 일본은 세계적으로 몇 안되는 관광적자국이다. 일본인의 방문목적지는 해외여행자유 직후, TV프로그램 등의 영향으로 하와이가 가장 인기가 많았으나, 그 후 세계 각지로 확장되어 최근에는 일본인 관광객이 없는 관광지를 찾는 것이 더 어렵다고 한다.

최근의 경향은 중국, 한국, 동남아시아가 인기를 끌고 있으며 북미, 유럽이 뒤를 잇는다. 또한 관광행태도 에코투어리즘이나 비경탐방, 크루즈여행 등 다양화되고 있다. 방일외국인은 증가되고 있으나 출국하는 일본인에 비해 적은 편이며 국토교통성은 비지트 저팬(Visit Japan) 캠페인을 실시하고 관광청을 설치하는 등 방일관광객 증가를 위해 노력하고 있다.

국내여행은 신칸센(新幹線)이나 고속도로망 정비로 국민의 이동이 용이해졌으며 방학이나 휴가시즌마다 여러 교통기관이나 관광지는 여가를 즐기려는 국민들로 혼잡을 이룬다.

전후의 혼란기에서 탈피하여 고도성장기에 들어서면서 사람들의 생활이 안정되면서 온천지 등의 관광지에는 사람들이 넘치는 상황이다. 아타미온천(熱海温泉), 벳푸온천(別府温泉) 등의 유락형 온천지에서는 료칸(旅館)이나 호텔의 거대화가 계속되고 있다.

한편 오사카 만국박람회를 계기로 각지에서 박람회가 개최되었고 이후로 도쿄 디즈니랜드의 성공을 계기로 각지에 외국의 동화 등을 주제로 한 테마파크 건설이 계속되었다(TDL과 USJ를 제외하고는 어려운 상황이다).

버블경제시기에는 종합보양지역정비법(통칭 '리조트법')이 제정되기도 하였으며 각지에 골프장이나 리조트호텔, 말리나 등이 계획되었으나 버블경제붕괴로 인해 일부 시설을 제외하고는 어려운 상황이 계속되고 있다.

하지만 일본의 관광 경쟁력은 점차 높아지고 있어서 세계경제포럼의 2009년도판 '여행, 관광경쟁리포트'에는 일본은 28위인 이탈리아보다 높은 25위를 기록했다.

## 2. 일본 관광의 현황—일본 관광청 출범

2006년 12월의 '관광입국 추진기본법' 제정과 2007년 6월의 '관광입국 추진기본계획'의 각의 결정 등으로 인해 '관광입국의 실현'이 21세기 일본경제사회 발전을 위해 불가피한 국가적 과제로 인식되기 시작하였으며, '관광입국추진기본계획'이라는 목표를 달성하여 관광입국을 실현하기 위해서 관계 부처와의 연계, 조정을 강화하여 종합적이면서도 계획적으로 관광입국 실현을 위한 정책을 추진할 필요가 있다.

그래서 기능적이며 효과적인 업무 수행을 가능케 하는 체제를 정비함과 동시에 관광행정의 책임을 지는 조직을 명확화하기 위해 2008년 10월 1일에 국토교통성 산하 '관광청'을 출범시켰다.

관광청은 방일외국인여행자, 일본인해외여행자 모두의 국제관광교류 촉진과 국제회의 유치 및 촉진, 숙박을 동반하는 체재형관광을 위한 관광권 정비 촉진 등에 힘쓰며, 관광입국의 실현을 지향한다. 또한 관광입국 실현을 위한 노력이 효과적으로 이루어지도록 당면하는 목표나 구체적 정책 및 스케줄을 제시하는 '관광청 액션플랜'을 제정하였다. 또한 '관광입국추진 기본계획'을 세워 구체적 목표를 내걸고 이를 달성하기 위해 필요한 정책을 펼치고 있다.

아래는 관광청이 발표한 관광입국 추진 기본계획 내용이다.

〈관광입국추진 기본계획〉

1. 기본적 방침
   - 국민의 국내여행 및 외국인 방일여행을 확대함과 동시에 국민의 해외여행을 발전
   - 미래에 걸쳐 풍요로운 국민생활 실현을 위해 관광의 지속적 발전을 추진
   - 지역주민이 긍지와 애착을 가질 수 있는 활력 넘치는 지역사회를 실현
   - 국민사회의 명예로운 지위 확립을 위해 평화국가일본의 소프트파워 강화에 공헌

2. 계획기간: 5년간

3. 계획기간의 기본적 목표
   - 방일 외국인여행자수를 2010년까지 1,000만 명을 목표로 미래적으로는 일본인의 해외여행자수와 같은 수준이 되도록 하는 것을 목표로 한다(2006년 733만 명).
   - 일본의 국제회의 개최건수를 2011년까지 50% 이상 증가하는 것을 목표로 하여 아시아의 최대 개최국을 지향한다(2005년 168건).
   - 일본인의 국내관광여행으로 인한 1인당 숙박수를 2010년도까지 1박을 늘려 연간 4박이 되도록 하는 것을 목표로 한다(2006년도 2.77박).
     일본인의 해외여행자수를 2010년까지 2,000만 명이 되도록 하는 것을 목표로 하고 국제상호교류를 확대시킨다(2006년 1,753만 명).
   - 여행을 촉구하는 환경정비와 관광산업 생산성향상으로 인한 다양한 서비스 제공을 통한 새로운 수요창출 등을 통해 국내관광여행소비액을 2010년도까지 30조 엔을 목표로 한다(2005년도 24.4조 엔).

## 3. 국내여행

### 1) 현황

국민의 국내숙박관광여행 추이를 보면 국민1인당 여행횟수, 숙박 수 모두 1991년을 정점으로 감소추세를 보이고 있다. 2008년도에는 국민1인당 국내숙박관광여행횟수는 1.55회, 국내관광여행숙박수는 2.44박으로 추정되며 관광입국추진기본계획에 기재된 국민의 국내관광여행시 1인당 숙박수를 2010년까지 연간 4박으로 한다는 목표에 비해 약 60% 정도 저조한 상황이다([그림 2-II-1]).

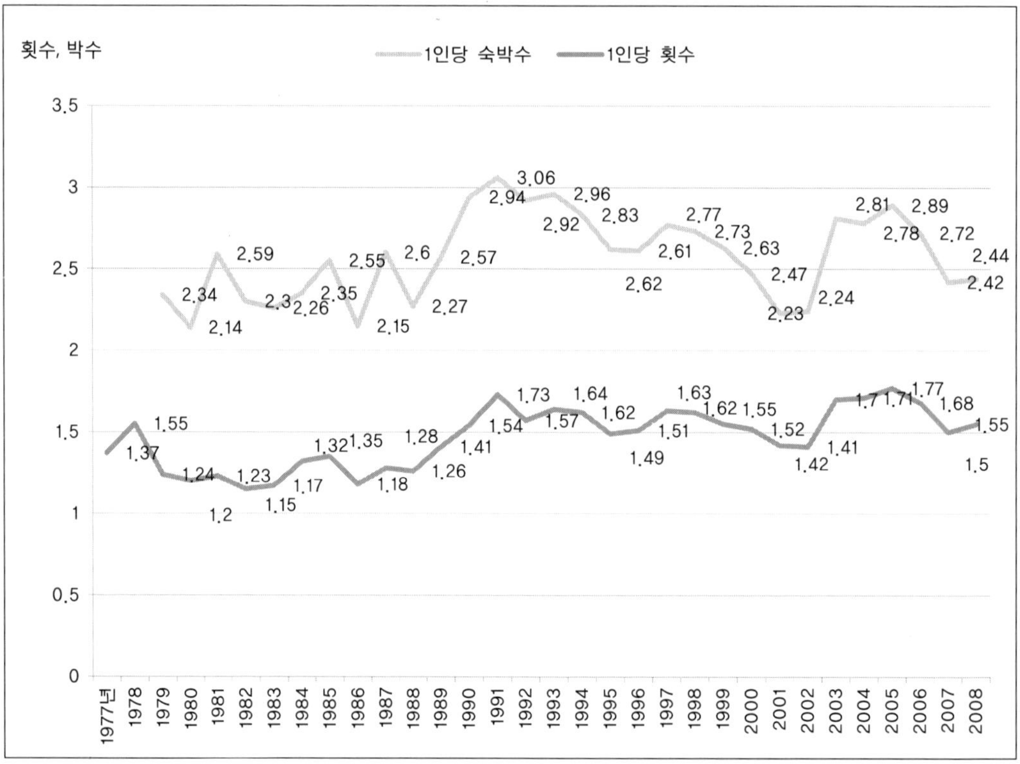


[그림 2-II-1] 일본 국내숙박관광여행횟수 및 숙박수 추이

2003년도부터 2007년도의 국내관광여행횟수 추이를 보면, 국민 1인당의 경우 2005년에는 1.77회가 되었으나 2007년도에는 1.5회까지 낮아졌다.

연령별 국내숙박관광여행 횟수의 특징을 보면 20대부터 50대까지는 대부분 평균보다 낮은 수준이다. 60대는 평균을 항상 상회하고 있으며 평균횟수를 견인하고 있었으나 2007년에 크게 하락하여 평균치를 낮추는 결과를 가져왔다([그림 2-II-2]).

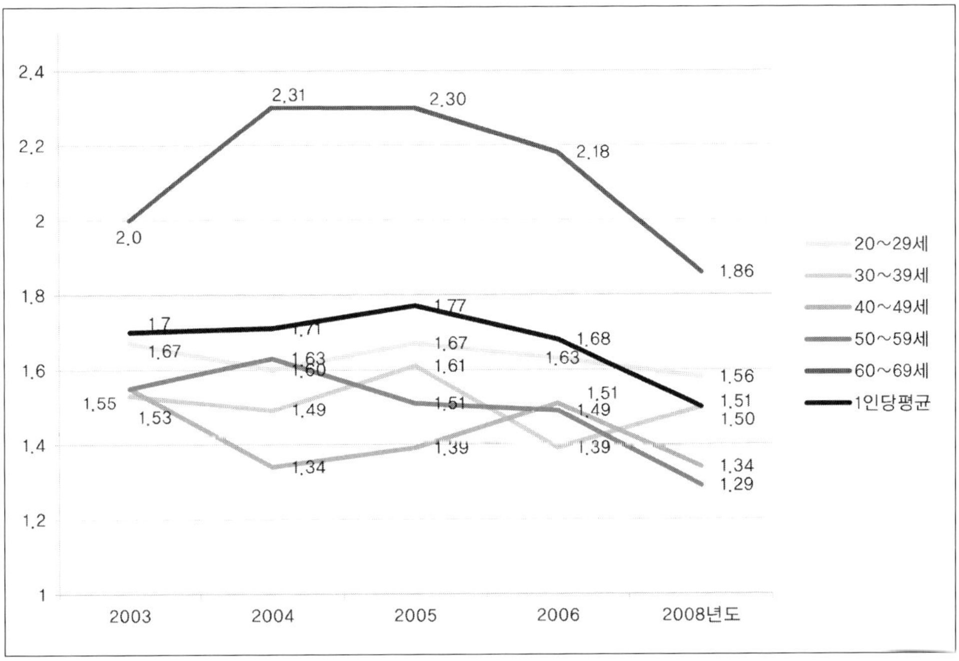


[그림 2-II-2] 연간 국내숙박관광여행횟수의 추이(세대별)

## 2) 국내여행에 대한 동향과 과제

세대별 국내여행 동향과 과제를 젊은이 층, 가족 층, 베이비붐 세대 및 60대로 나누어 다음에서 살펴본다.

### (1) 젊은이 층

국내여행, 해외여행 모두 남성, 여성 각각의 경향이 다른 층이다. 또한 향후 가족여행 실시 주체가 되는 등, 그 자녀에 대한 영향까지 포함하여 중장기적으로 국내여행 동향에 큰 영향을 준다고 생각할 수 있다.

① 국내여행의 현황

2003년부터 2007년의 젊은이 층의 국내숙박관광여행횟수는 남성의 여행횟수가 적고 여성의 여행횟수는 많은 경향이 계속되고 있다. 연령별, 남녀별 비교를 보면 남성의 여행횟수가 가장 적고 여성의 여행횟수가 가장 많은 결과를 보인다(〈표 2-II-1〉).

〈표 2-II-1〉 젊은이 층의 국내숙박관광여행횟수 추이(여행, 관광여행소비동향 조사)

| | | | 국내숙박관광여행횟수 | | | | | 2003~07년 증감횟수 | 2003~07년 증감률 |
|---|---|---|---|---|---|---|---|---|---|
| | | | 2003 | 2004 | 2005 | 2006 | 2007 | | |
| 젊은이층 | 20~29세 | 남성 | 1.18 | 1.14 | 1.12 | 1.18 | 1.16 | -0.02 | -1.6% |
| | | 여성 | 2.16 | 1.85 | 2.22 | 2.09 | 1.95 | -0.21 | -9.7% |
| | | 평균 | 1.67 | 1.49 | 1.67 | 1.63 | 1.56 | -0.11 | -6.5% |
| 국민전체 | | 평균 | 1.70 | 1.71 | 1.77 | 1.68 | 1.50 | -0.20 | -11.8% |

자료: 국토교통성 관광청 '여행, 관광소비동향조사'

젊은이 층의 국내숙박여행횟수를 20대 전반, 후반으로 나누어 보면 '0회'(1년간 한 번도 국내숙박여행을 하지 않았다)의 비율은 20대 전반이 41.3%, 20대 후반은 34.1%이다. 또한 5년 전과 현재의 국내숙박관광여행 횟수를 비교하면 '0회' 비율은 최근 5년간 20대 전반에서 7.8%, 20대 후반에서는 14.1% 증가하였으며 횟수별로 보면 증가폭이 가장 크다.

국내숙박관광여행의 동행자를 남녀 성비로 보면 남성의 동행자로는 '친구(학교·직장)'(50.5%)가 많고 다음으로 많은 것은 '혼자'(37.3%)인데 여성(18.4%)의 2배 이상이었다. 또한 여성의 동행자로는 '가족(부모)'(48.0%)을 드는 경우가 가장 많았고 이는 남성에 비해 약 20%나 높은 수치였다([그림 2-II-3]).

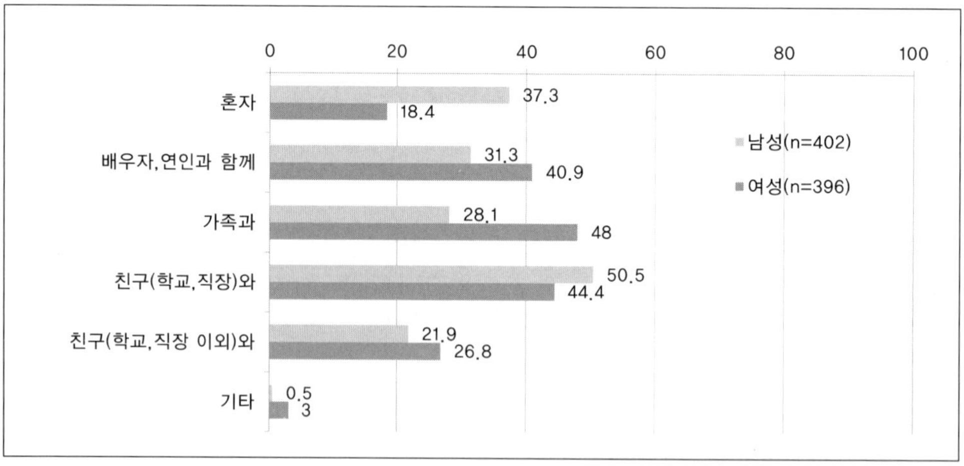


[그림 2-II-3] 젊은이 층의 국내숙박관광여행 동행자(남녀별)

② 여행행동에 영향을 미치는 요인

국내숙박여행횟수 감소 이유에 대해 젊은이 층을 '대학생'과 '사회인' 그룹으로 나누어 보면 '금전적 여유가 없어서'라며 경제적 이유를 드는 답이 대학생(47.4%), 사회인(52.1%) 모두 가장 높다.

상세 내역을 보면 '소득이나 용돈이 줄었다'에 이어 '저축을 하게 되었다'는 이유가 많다. 젊은이 층의 경우 소비에 충당하는 자금 비율이 줄어들고 있는 듯하다.

또한 국내숙박관광여행횟수의 감소 이유로는 '휴가가 줄어서'라는 시간적 측면을 드는 답변이 특히 사회인(44.7%)에게서 많이 나타난다. 사회인의 경우 '함께 여행을 했던 친구와 휴가가 맞지 않아서'라는 답변도 많아, 휴가 감소와 함께 동행자와의 여행 일정 등을 맞추기가 어려워진 것이 감소 이유인 것으로 보인다.

③ 국내여행 실시 동기

국내숙박관광여행을 하게 되는 동기에 대해서는 상위 3개 답변은, 대학생의 경우 '같이 가자고 하면'(52.5%)이 가장 많고 '가고 싶은 곳이 생기면'(50.7%), '돈이 생기면'(43.0%)의 순이다. 사회인은 '가고 싶은 곳이 생기면'(55.3%)이 가장 많고, '돈이 생기면'(41.6%), '시간적 여유가 생기면'(39.5%)의 순이다.

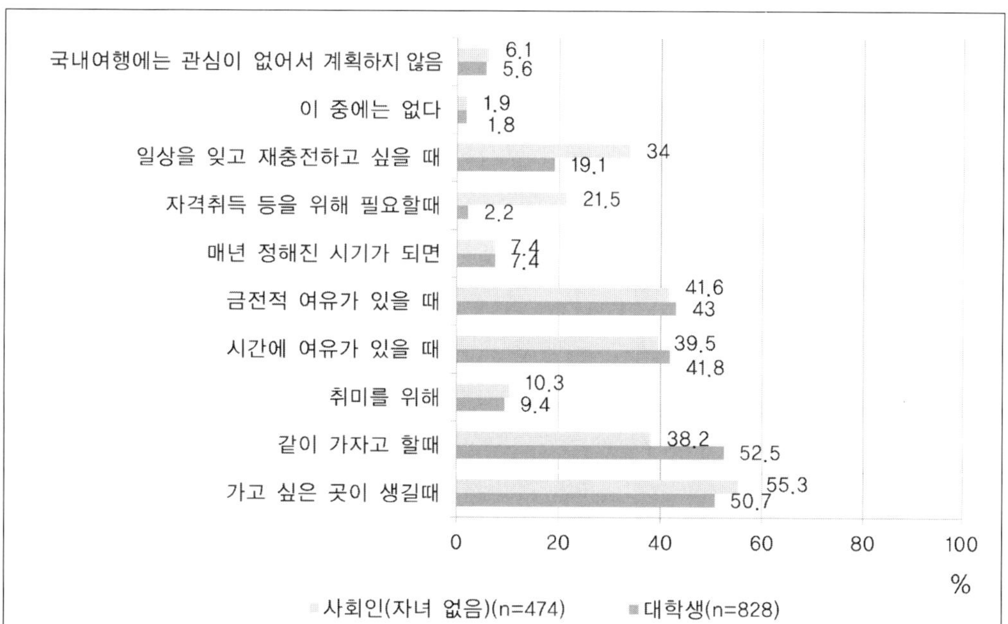


[그림 2-II-4] 국내숙박여행을 하는 계기(젊은이층)

대학생과 사회인의 '계기'를 비교해 보면 대학생의 경우 '가자고 하면'이 사회인보다 약 14% 많고 사회인의 경우에는 '일상에서 벗어나 기분전환하고 싶어지면'이란 답이 대학생보다 약 15% 많다([그림 2-II-4]).

④ 향후 여행실시에 대한 의향

향후 국내여행에 대한 의향을 살펴보면 여행횟수를 늘리고 싶다는 응답이 대학생의 경우 55.6%, 사회인의 경우 62%로 젊은이 층에서는 반 이상이 더 여행을 하고 싶다고 생각하고 있는 것을 알 수 있다.

또한 국내숙박관광여행 횟수를 보면 최근 1년간 국내숙박관광여행이 1회 이상인 경우에는 대학생, 사회인 모두 여행횟수를 늘리고 싶다고 응답하는 경우가 60~70%를 차지하고 있다. 한편 0회의 경우에는 여행횟수를 늘리고 싶다는 응답이 대학생(40.1%), 사회인(48.9%)로 50%에 못 미친다.

특히 대학생의 30% 이상이 여행횟수를 늘리고 싶지 않다고 응답하고 있어서 여행을 하는 층과 하지 않는 층이 양극화를 보이는 등 향후 국내여행 동향에 영향을 미칠 가능성이 있다([그림 2-II-5]).

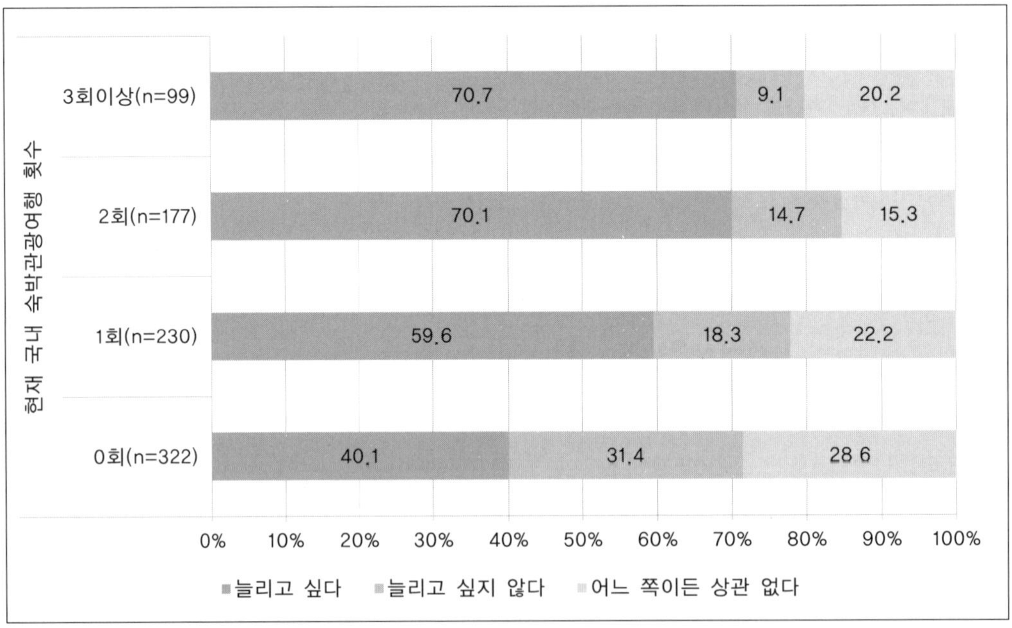


[그림 2-II-5] 여행횟수 증가 의향(대학생)

### (2) 가족 층

일본교통공사의 '여행자 동향 2008'에 보면 국내여행에 차지하는 가족여행 비율이 2007년에 46.2%로 가장 높았다. 가족여행 내역을 보면 초등학생과 함께하는 가족여행 비율이 43.7%로 가장 높아 국내관광여행 전체의 약 20%를 차지했다.

가족여행을 통한 자녀의 여행경험은 앞으로 국내여행 동향에 큰 영향을 미칠 것으로 생각된다.

① 국내여행의 현황

가족층의 국내숙박관광여행 횟수는 2007년에 1.56회였으며 국민전체 1.5회와 거의 같은 수준이었다.

5년 전과 2007년 현재의 국내숙박관광여행횟수를 비교하면 '0회'(1년간 한 번도 숙박여행을 하지 않은) 비율은 28.1%로 최근 5년 동안 15% 증가하고 있어서 여행실시율이 떨어지고 있는 것을 알 수 있다(〈표 2-II-2〉).

〈표 2-II-2〉 초등학생이 있는 가족 층 여행횟수

| | | | 2007년도 |
|---|---|---|---|
| 가족층 | 30~39세 | 평균 | 1.56 |
| 국민전체 | | 평균 | 1.50 |

자료: 국토교통성 관광청 '2008년도 일본인 여행행동에 관한 실태조사'

② 여행행동에 영향을 주는 요인

국내숙박관광여행 횟수의 감소 이유를 살펴보면 젊은이 층과 마찬가지로 '금전적 여유가 없어서'(76.6%)라는 경제적 측면을 드는 답변이 가장 많았으며 그 내역을 보면 '교육비가 증가했다'(61.2%)로 인한 영향이 큰 것으로 보인다.

또한 경제적 측면 이외의 국내숙박관광여행 횟수 감소 이유로는 '자녀와 휴일이 맞지 않는다'(35.4%)라는 시간적 측면을 드는 답변도 많아, 부모와 자녀간의 휴가가 맞지 않아 국내숙박관광여행이 어려워지고 있는 것으로 보인다.

③ 향후 여행실시에 대한 의향

향후 국내숙박관광여행실시에 대한 의향을 살펴보면 자녀와의 여행횟수를 늘리고 싶다는 답변이 86.8%로 가족층 여행횟수 증가 의향이 상당히 높은 것을 알 수 있다([그림 2-II-6]).

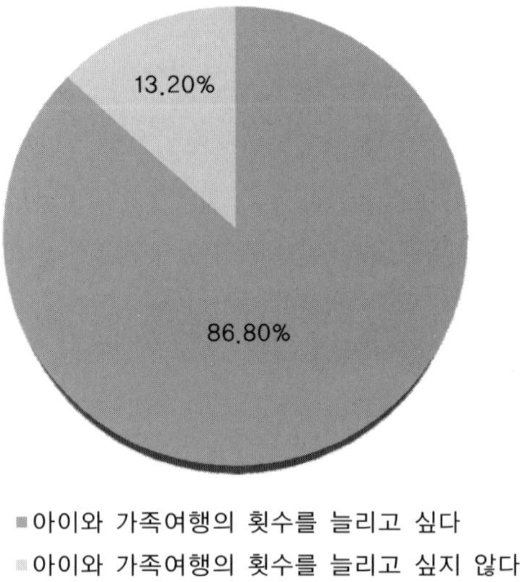


[그림 2-II-6] 가족층 여행횟수 증가 의향(아이와의 가족여행)

④ 향후 대책방안

국내관광여행시장에서 최대 점유율을 차지하는 가족 층은 향후 여행횟수를 늘리고 싶다는 의향을 강하게 지니고 있으나 교육비 등의 증가와 소득 감소로 인해 경제적 여유를 갖기 어려운 상황에 있거나 초등학생 자녀와 부모의 휴가가 맞지 않는 등이 국내숙박관광여행 실시에 영향을 미치고 있는 것으로 보인다.

하지만 부모의 어린 시절 여행경험이나 인상이 긍정적일수록 부모가 되었을 때 가족여행을 많이 실시하는 경향이 있는 것으로 나타난 것으로 보아 자녀에게 뜻 깊은 가족여행을 실시하는 것은 향후 가족여행 진흥을 위해 중요하다고 하겠다([그림 2-II-7]).

이와 같은 니즈에 부응하기 위해 이용하기 쉬운 가격대의 여행상품 개발 등으로 가족여행에 소요되는 비용을 경감함과 동시에 연차유급휴가 취득의 촉진, 학교 휴업 다양화, 유연화 등의 시책을 통해 가족여행을 하기 쉬운 환경정비를 추진할 필요가 있다. 또한 가족 구성원들의 각각의 니즈에 맞출 수 있도록 관광지를 조성하거나 여행상품을 개발할 필요가 있다([그림 2-II-8]).

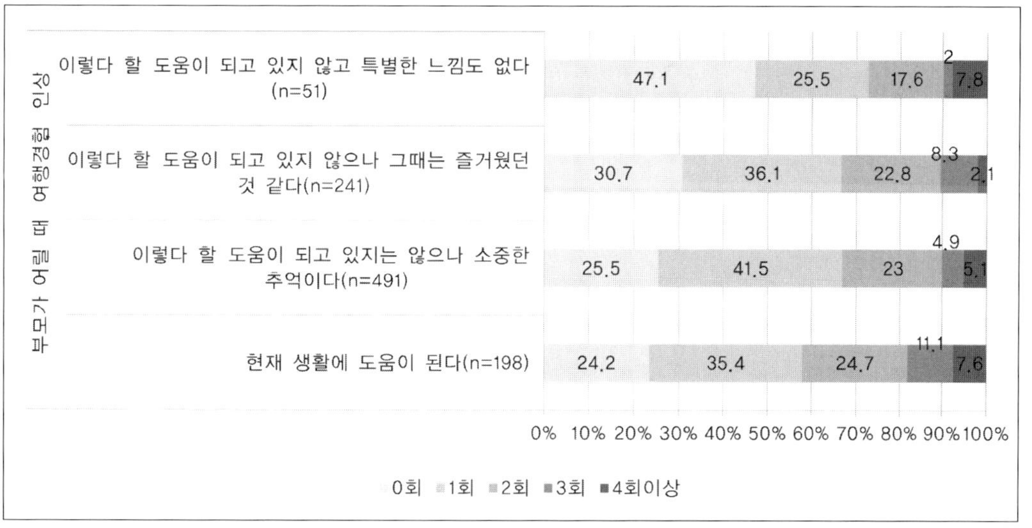


[그림 2-II-7] 부모의 아이시절 여행 경험/인상과 그 자녀의 여행횟수

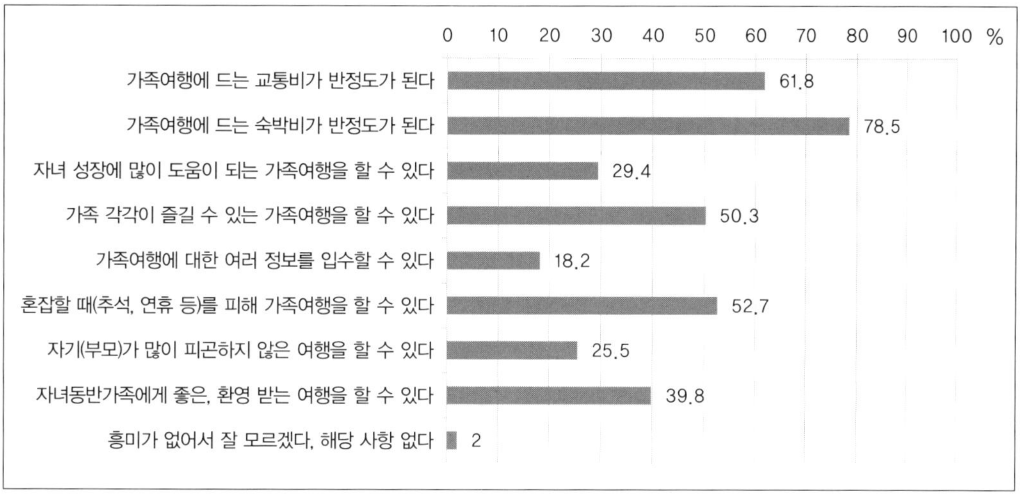


[그림 2-II-8] 여행횟수를 연간 1회 증가시키는 조건

### (3) 베이비붐 세대 및 60대

60대의 2007년도 국내숙박관광여행횟수는 연령별 비교에서 가장 많은 1.86회(국민 1인당 1.5)이며, 내국인 전체의 여행횟수를 견인하는 층이다.

또한 2007년부터 베이비붐 세대(1947년~49년생)가 순차적으로 60대에 도달하게 되며 정년으로 인한 여가시간 증대가 향후 여행횟수를 더욱 증가시킬 것으로 기대된다.

① 국내여행 현황

60대의 2007년도 국내숙박관광여행횟수는 1.86회(남성 1.91회, 여성 1.81회)이며 국민 1인당(1.5회)보다 0.36회 많으며 다른 연령대와 비교할 때 가장 높은 수준이다(〈표 2-II-3〉).

한편 여행횟수의 변화를 보면 60대의 2007년 여행횟수는 전년대비로 0.33회(15%) 감소했으며 다른 연령대에 비해 가장 높은 감소폭을 보이고 있다.

〈표 2-II-3〉 베이비붐 세대를 포한한 60대 여행횟수 추이(여행/관광여행소비 동향 조사)

| | | | 국내숙박관광여행횟수 | | | | | 2003~7년 증감횟수 | 2003~7년 증감률 |
|---|---|---|---|---|---|---|---|---|---|
| | | | 2003 | 2004 | 2005 | 2006 | 2007 | | |
| 베이비붐 세대 포함 60대 | 60~69세 | 남성 | 2.00 | 2.36 | 2.15 | 2.20 | 1.91 | -0.09 | -4.55% |
| | | 여성 | 2.00 | 2.25 | 2.46 | 2.17 | 1.81 | -0.20 | -9.55% |
| | | 평균 | 2.00 | 2.31 | 2.30 | 2.18 | 1.86 | -0.15 | -7% |
| [참고] 70~79세 | | 평균 | 1.64 | 1.86 | 1.99 | 1.78 | 1.48 | -0.16 | -9.8% |
| 국민전체 | | 평균 | 1.70 | 1.71 | 1.77 | 1.68 | 1.50 | -0.20 | -11.8% |

자료: 국토교통성 관광청 '여행,관광소비동향조사'

② 여행행동에 영향을 미치는 요인

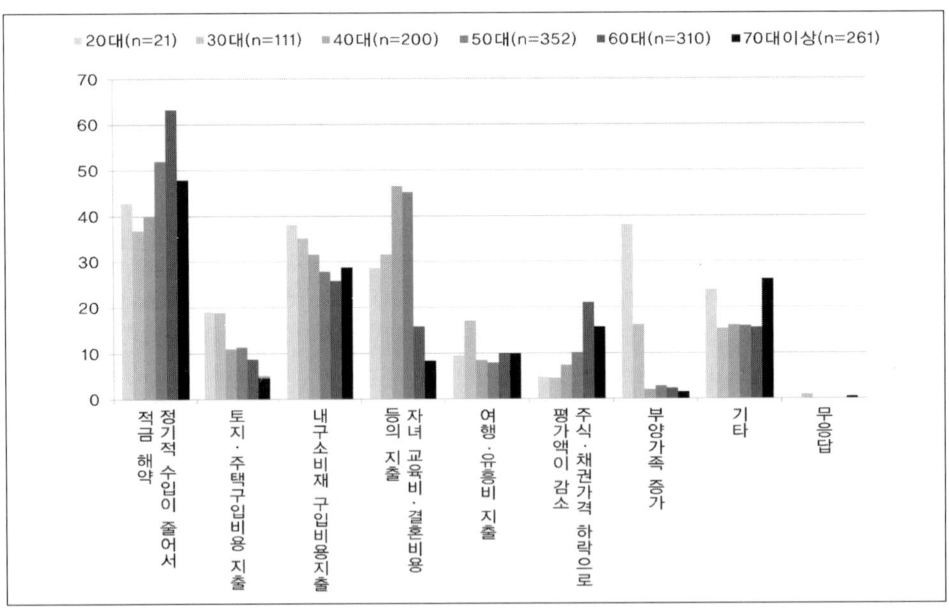


[그림 2-II-9] 저축잔액의 감소이유(2008년)

베이비붐 세대의 여행 행동에 미치는 요인으로는 저축 잔액의 변화를 들 수 있다. 베이비붐 세대의 국내여행은 정년 후 더욱 활발해질 것으로 보이는데 정년후 여행은 새로운 수입보다는 기존의 저축해 둔 여윳돈이나 퇴직금 등을 이용하여 즐길 것으로 보인다. 그러므로 저축이 베이비붐 세대의 여행횟수나 숙박수에 적잖은 영향을 줄 것으로 보인다([그림 2-II-9]).

③ 향후 방안에 대한 방향성

일반적으로 정년을 맞이하는 사람이 증가하는 60대는 퇴직 후에 여가활동을 확대하는 것으로 기대되고 있으나 2007년의 경우 60대의 국내숙박관광여행횟수가 크게 감소하고 있다. 하지만 베이비붐 세대 등은 정년연장을 하고는 있으나 저축액이 높고 언젠가는 퇴직자가 될 것이므로 여전히 국내여행 주요 실시 주체이며 여행수요를 견인할 것이 기대된다.

이와 같은 베이비붐 세대 등의 국내여행을 촉진하기 위해서는 퇴직 후 여가시간 증대를 감안하여 체재형 여행, 평일여행 등을 고려한 관광지 조성에 노력함과 동시에 베이비붐 세대 등의 국내여행에 대한 만족도를 높여 반복적 수요를 환기시키는 것이 중요할 것으로 생각된다. 또한 정년 후에 증가할 것으로 생각되는 부부여행에 대응하기 위한 여행상품 개발 등이 기대된다.

국내여행의 주요 교통수단은 자가용 승용차이나 베이비붐 세대 등의 경우에는 나이로 인해 자가용 승용차를 이용한 여행이 어려워질 것이므로 교통기관 정비나 여행상품 개발 등 여행하기 쉬운 환경정비에 더욱 힘써야 할 것이다.

## 4. 해외여행

최근 해외여행자수 추이를 보면 2000년에 과거 최고인 약 1,782만 명을 기록하였으며 이후 동시다발적 테러 발생, SARS 발생 등으로 크게 하락하고 있다.

2008년 일본인 해외여행자수는 약 1,599만 명으로 관광입국 추진기본계획에 규정된 일본국민의 해외여행자수를 2010년까지 2,000만 명으로 한다는 목표의 약 80% 수준에 머물고 있다([그림 2-II-10]).

출국률 추이를 연령계층별로 보면 각 연령마다 2000년까지는 점차 증가하는 경향이었으나 동시다발적 테러, SARS의 발생 등으로 크게 하락하고 있다. 2004년부터는 증가추세를 보이고 있으며 거의 모든 연령대가 2000년 수준까지 회복하였으나 20대는 2000년의 약 85%에 머물고 있다([그림 2-II-11]).

또한 2000년에서 2007년 사이의 출국률을 연령별로 살펴보면 20대부터 30대 전반이 크게 감소하고 있는 것을 알 수 있다([그림 2-II-12]). 20대의 출국률을 남녀별로 보면 특히 여성의 출국률이 낮다는 것을 알 수 있다([그림 2-II-13]).

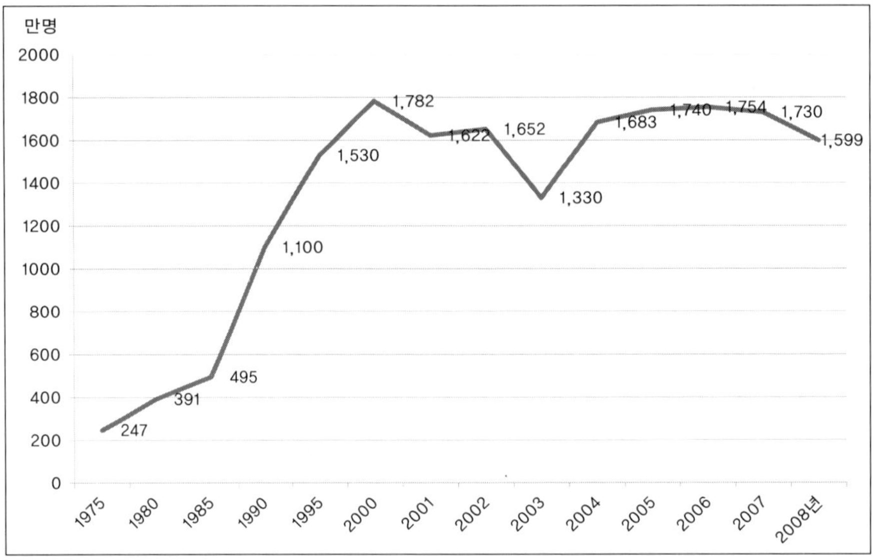


[그림 2-II-10] 일본인 해외여행자수 추이(전체)

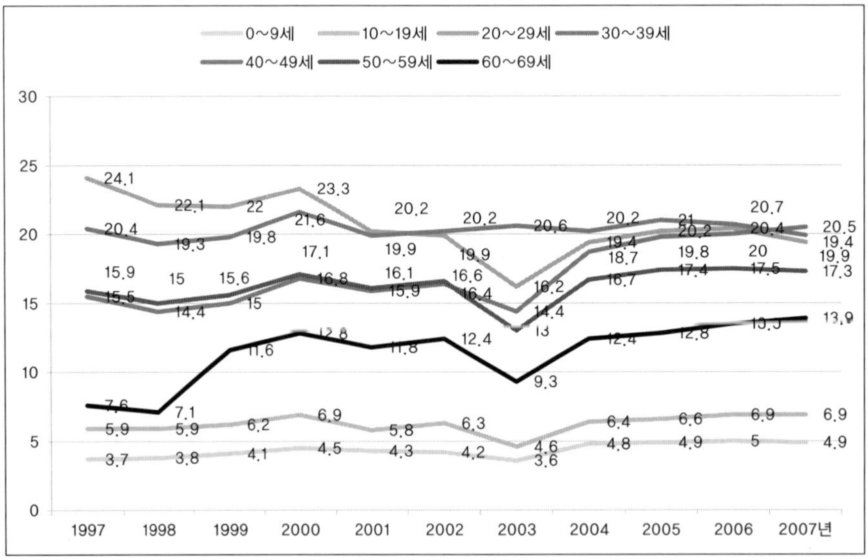


[그림 2-II-11] 일본인 해외여행자수 추이(연령별)

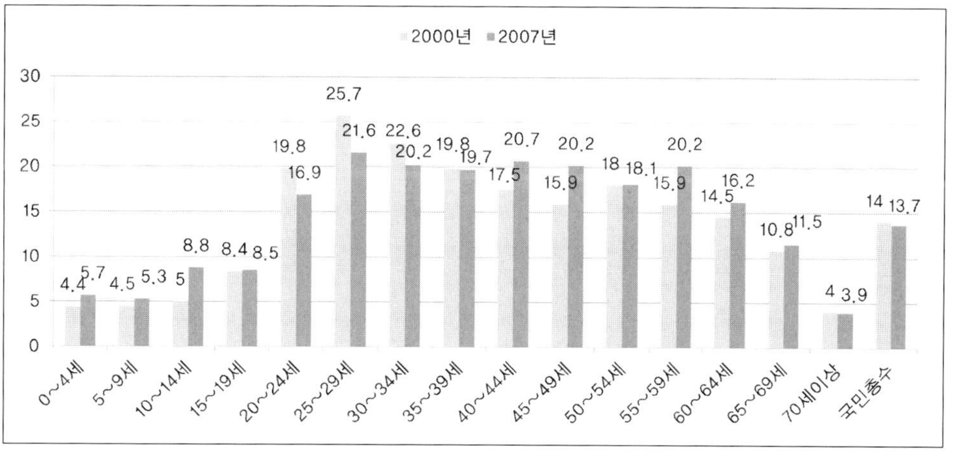


[그림 2-II-12] 연령계층별 출국률

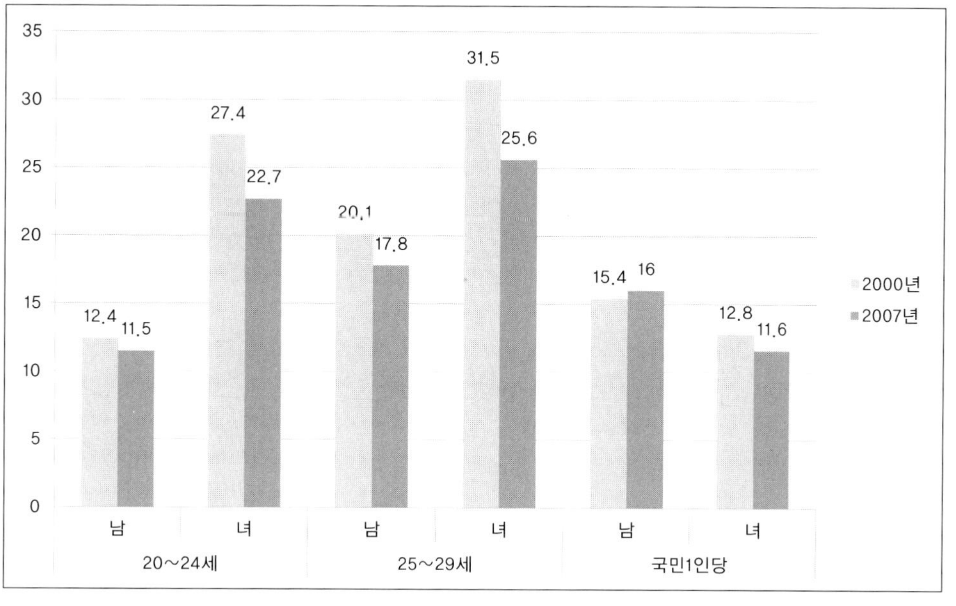


[그림 2-II-13] 20대 남녀별 출국률

〈표 2-II-4〉 일본인 출국통계(2011년)

(단위: 명)

| 1월 | 2월 | 3월 | 4월 | 5월 | 6월 | 1~6월 누계 |
|---|---|---|---|---|---|---|
| 1,282,348 | 1,391,193 | 1,420,584 | 1,114,906 | 1,152,339 | 1,267,227 | 7,628,597 |
| 7월 | 8월 | 9월 | 10월 | 11월 | 12월 | 1~12월 누계 |
| 1,465,379 | 1,786,412 | | | | | 12,525,000 |

자료: 법무성 및 일본 정부관광국(JNTO)의 출국일본인수를 바탕으로 함. 2011년 1~8월은 법무성 속보치, 9월은 JNTO 추계치

2011년 1월~누계는 2011년 1월부터 데이터가 공표된 달까지의 인원수 누계이다.

〈표 2-II-5〉 일본인 방문자수(수용지역 통계)(2011년)

(단위: 명)

| | 5월 | 6월 | 7월 | 8월 | 9월 | 2011년 누계 |
|---|---|---|---|---|---|---|
| 아시아 | | | | | | |
| 한국 | 234,626 | 254,872 | 275,317 | 325,927 | 321,231 | 2,318,089 |
| 중국 | 286,100 | 299,500 | 323,700 | 363,800 | 324,800 | 2,683,700 |
| 대만 | 87,984 | 91,089 | 94,009 | 117,750 | 122,908 | 910,061 |
| 홍콩 | 94,151 | 92,834 | 99,405 | 118,521 | 113,229 | 930,103 |
| 마카오 | 28,628 | 27,051 | 29,255 | 38,853 | 35,623 | 283,224 |
| 태국 | 79,398 | 81,950 | 95,665 | 135,461 | - | 805,924 |
| 싱가포르 | 41,592 | 38,061 | 55,476 | 72,016 | 62,365 | 474,806 |
| 필리핀 | 27,073 | 25,083 | 31,305 | 40,845 | 33,059 | 286,588 |
| 발리<br>(인도네시아) | 10,543 | 13,605 | 16,181 | 18,048 | 18,935 | 142,305 |
| 베트남 | 35,056 | 31,204 | 35,939 | 45,324 | 27,118 | 343,742 |
| 북미 | | | | | | |
| 캐나다 | 16,684 | 18,544 | 25,606 | 28,268 | - | 132,488 |
| 미국전체 | 207,431 | 233,735 | 286,938 | - | - | 1,762,547 |
| 하와이 | 81,127 | 84,950 | 101,889 | 122,357 | 116,725 | 867,980 |
| 미크로네시아 | | | | | | |
| 괌 | 45,259 | 47,811 | 63,544 | 86,623 | 76,481 | 616,454 |
| 북마리아나 | 7,567 | 8,645 | 10,151 | 15,388 | 11,872 | 111,629 |
| 오세아니아 | | | | | | |
| 호주 | 18,400 | 16,100 | 29,400 | 39,700 | - | 215,489 |
| 뉴질랜드 | 2,440 | 4,100 | 4,368 | 6,544 | 4,784 | 51,555 |

자료: 법무성 및 일본 정부관광국(JNTO)

## 5. 탕치

### 1) 탕치의 의미

탕치란 온천지역에 장기(적어도 1주일 이상)로 체재하여 특정 질병의 온천요양을 하는 행위를 말한다. 다시 말해 당일치기나 짧은 기간 숙박하여 피로회복이나 관광을 목적으로 행하는 온천여행과는 구별된다.

탕치는 담당의사와 잘 상담하여 목적이나 효능을 정확하게 파악한 후 행해야 한다. 가능하다면 탕치 목적지인 온천지에도 의사나 간호사 등으로부터 입욕방법이나 몸상태 유지 등의 조언을 받을 수 있는 시스템이 마련되어 있으면 더욱 좋을 것이다.

일반인의 판단에서 행해지는 탕치는, 효과를 반감시킬 뿐 아니라 경우에 따라서는 악화시키는 경우도 있으므로 주의해야 한다.

### 2) 탕치의 역사

일본에서 오래전부터 행해진 탕치는 현재의 의료관광과 비슷하다고 할 수 있다. 의료행위를 위해 집을 떠나 여행을 가기 때문이다. 과거에 위생과 관련된 지식이나 의료 기술이 충분히 발달되지 않았던 시대에는 소문을 듣고 온천을 하거나 온천수를 마시는 등 많은 사람들이 온천요법을 시도하였다고 한다.

옛날에는 탕치가 권력자 등 일부 사람들에 제한적으로 행해졌다. 가마쿠라(鎌倉) 중기 벳푸온천에는 전쟁으로 인해 부상자들이 온천에서 치유를 받았다는 기록이 남아 있다. 또한 서민들 사이에서 탕치가 행해지게 된 것은 에도 시대 이후라고 한다. 이는 길이 정비되면서 먼 곳으로의 왕래가 용이해졌기 때문이다.

구사쓰(草津)온천의 경우에는 매독으로 고생하던 에도 서민들이 탕치를 위해 방문했다고 하는데 전쟁이 줄어 농한기에 시간이 많아진 농민이 축적된 피로를 치유하기 위해 탕치를 즐기기도 했다. 또한 에도 시대에 도카이도(東海道)를 여행할 때, 숙소로 지정되어있던 오다와라주쿠(小田原宿)가 아닌 하코네(箱根)온천에 숙박하고 싶어 하는 사람들이 많았다. 그러나 당시에는 장기체재를 전제로 한 탕치객만이 하코네온천에 숙박할 수 있었으며 1박만 하는 여행자는 숙박할 수 없었다. 메이지 시대 이후, 의학의 근대화에 영향을 받아 탕치의 근대화로 체재형 온천요양시설의 건설이 독일인으로부터 제안되었다고 하나 건설되지는 않았다.

한편 온천의 양, 종류 모두 풍부했던 벳푸온천에서는 1912년에 육군병원, 1925년에는 해군병원이 개설되어 온천요법이 실시되었다. 1931년에는 일본 대학에서 처음으로 온천요법에 대한 연구시설로서 규슈(九州)대학 온천치료학연구소가 출범하였다.

메이지 이후 의학이 발달되었지만, 에도 시대에 정착되었던 탕치문화는 쉽게 없어지지는 않았다. 메이지 초기의 항만정비 시에도 오사카, 히로시마 등에 정기항로가 개설되어 급속도로 관광지화된 벳푸온천의 경우 전쟁 전까지는 많은 탕치객들이 찾았다. 그러나 전후 생활양식의 큰 변화로 인해 문화적 측면이 강한 탕치는 급속도로 줄어들기 시작한다.

현재는 피부병치료 등을 위해 탕치가 행해지는 경우가 많다.

### 3) 탕치장

탕치장이란 탕치를 목적으로 장기 체재하는 온천지를 말한다.

단기 관광객이나 요양객을 상대로 하지 않으므로 산간벽지의 검소한 온천지가 많다. 오락시설이나 TV가 없는(대부분의 경우 전파가 닿지 않는 경우, 부식이 심해서 설치할 수 없는 경우 등) 경우도 적지 않아 관광을 하는 기분으로 가는 것은 바람직하지 않다.

대부분의 경우 자취가 기본이다. 이는 장기 체재 고객의 금전적 부담을 경감한다는 이유도 있으나 탕치객의 증상에 따라 식사내용에 제한이 있을 수 있으므로 각자가 자신의 상황에 맞게 식사를 준비하는 것과, 같은 숙소에 오래 머물면서 발생할 수 있는 편식을 막는 이유도 있다. 평상시와 같은 식사를 함으로써 심신을 안정시키는 효과도 있다.

숙박자를 위한 공동취사시설이 마련되어 있으며 원천온도가 높은 경우에는 증기열로 조리하기도 한다. 식재료는 미리 준비해 오거나 슈퍼마켓에서 해야 한다. 경우에 따라서는 자취부 매점이 마련되어 있거나 온천장에서 아침 일찍 장이 서기도 한다.

### 4) 음천(飲泉)

음천(飲泉)이란 온천을 마시는 행위, 또는 이로 인해 질병이 회복되는 등의 효능을 얻고자 하는 것을 말한다.

탕치의 경우 온천에 들어가는 것뿐만 아니라 음천을 함으로써 더욱 큰 회복효과를 얻을 수 있다고 생각하는 경우가 있다. 특히 탄산천 등은 '영천(靈泉)'이라 하여 약효가 있는 것으로 알려져 있으며 기호음료로 마시는 경우도 있다. 메이지, 다이쇼 시대에는 사이다 음료의 원료로 탄산천이 사용된 경우도 있었다. 대표적인 예로는 아리마(有馬)온천의

'아리마 사이다'가 있다.

현재도 노천탕 등에 컵 등을 설치하여 이용자들이 마시게 하거나 별도로 수도꼭지를 설치하여 음천설비를 정비하는 경우도 있다. 하지만 강산성이나 강식염천(強食塩泉)이거나 온천성분에 수은이나 비소가 포함되는 등, 경우에 따라서는 음용으로 적합하지 않은 경우도 있다. 또한 온천이라고는 하나 순환탕의 수도꼭지의 물은 위생상 문제가 있으므로 마시는 것은 좋지 않다. 보건소에서 음천허가를 취득하였는지 확인하는 것이 좋다.

### 5) 탕치의 방법

요즘에는 온천요법을 시작할 때는 2박 3일 정도의 체재로 시작하는 것이 좋다고 한다. 온천에 따라서는 갑자기 장시간 자극이 강한 탕에 들어가게 되어 몸을 상하게 하거나 피부가 상하는 경우가 있기 때문이다. 그리고 서서히 체재기간을 늘려 몸이 익숙해지도록 하는 것을 되풀이함으로써 장기적으로 치유하는 것이 가장 효과적이라고 한다.

# III. 일본의 고령자문제

## 1. 고령자

### 1) 고령자의 정의

고령자란 성인으로서 일정 연령 이상이며 직업생활에서 은퇴하여 사회의 제1선에서 물러난 사람을 말한다. 고령자가 되면 신체 부조가 증가하여 서서히 죽음을 의식하기 시작한다고 한다. 고령자라는 표현은 애매하고 주관적인 부분이 있어서 판단이 쉽지 않다. 하지만 정년퇴직자 혹은 노령연금 급부 대상 이상의 자를 말하는 경우도 있다.

세계보건기구(WHO)의 정의에 따르면 65세 이상인 자를 고령자라고 한다. 일본의 의료보험제도에서는 65~74세를 전기 고령자, 75세 이상을 후기 고령자, 85세 이상을 말기 고령자라고도 한다.

참고로 인구 연령구조에서는 14세 이하를 연소인구, 15~64세를 생산연령인구(현역 세대), 65세 이상을 고령인구로 구분한다.

### 2) '고령사회', '고령화 사회'

일반적으로 고령화율이 7%를 넘어선 사회를 '고령화 사회', 14%를 넘어선 사회를 '고령사회'라 한다. '고령화 사회'란 용어는 1956년 UN보고서에서 당시 구미 선진국의 수준을 기준으로, 예를 들어 7% 이상을 '고령화된(aged)' 인구라고 불렀던 것에 유래한다는 설이 있으나 명확하지는 않다.

한편 '고령사회'에 대해서는 고령화율이 7%에서 그 2배가 되는 14%에 도달하기까지 걸린 기간(배화연수)이 고령화 속도를 제시하는 지표로 국제비교 등에 흔히 사용되기 때문에 고령화율 14%를 하나의 기준으로 하여 이를 넘는 경우 '고령사회'라고 부른다. 1995년에 제정된 고령사회대책기본법은 "일본 인구구조의 고령화는 지극한 급속도로 진전되고 있으며 머지않아 유례를 볼 수 없는 수준의 고령사회가 도래될 것으로 예상된다"는 전문이 기록되어 있으며 법률에서는 처음으로 '고령사회'라는 용어를 사용하고 있다.

한편 향후 도래할 고령화비율이 더 높은 사회를 '초고령사회'라고 부르는 경우가 있으나 이에 대해서도 명확한 정의가 있는 것은 아니다.

## 2. 일본의 고령화 동향

### 1) 일본의 인구동향

일본의 총인구는 2005년 10월 현재 1억 2,776만 명으로 5년 전에 비해 83만 명 증가했으나 증가율은 0.7%로 전후 최악을 갱신하였다. 남녀별로 보면 남성 6,234만 명, 여성 6,542만 명으로 여성이 조금 많다. 인구 성비(여성 100인 대비 남성 수)는 95.3으로 1980년의 96.9 이후 계속 감소되고 있다. 이는 남녀 평균수명의 차이로 인해 여성고령자가 증가했기 때문인 것으로 추측된다.

〈표 2-III-1〉 일본의 인구추이

| 연도 | 총인구(만 명) | | | | |
|---|---|---|---|---|---|
| | | 증가율 | 남성인구(만명) | 여성인구(만명) | 성비* |
| 1955 | 9,008 | | 4,424 | 4,583 | 96.5 |
| 1960 | 9,430 | 4.7 | 4,630 | 4,800 | 96.5 |
| 1965 | 9,921 | 5.2 | 4,869 | 5,052 | 96.4 |
| 1970 | 10,467 | 5.5 | 5,137 | 5,330 | 96.4 |
| 1975 | 11,194 | 7.0 | 5,509 | 5,685 | 96.9 |
| 1980 | 11,706 | 4.6 | 5,759 | 5,947 | 96.9 |
| 1985 | 12,105 | 3.4 | 5,950 | 6,155 | 96.7 |
| 1990 | 12,361 | 2.1 | 6,070 | 6,291 | 96.5 |
| 1995 | 12,557 | 1.6 | 6,157 | 6,400 | 96.2 |
| 2000 | 12,693 | 1.1 | 6,211 | 6,482 | 95.8 |
| 2005 | 12,776 | 0.7 | 6,234 | 6,542 | 95.3 |

* 여성 100 대비 남성인구비율
자료: 총무성 '국세조사'

## 2) 일본의 미래 추계인구

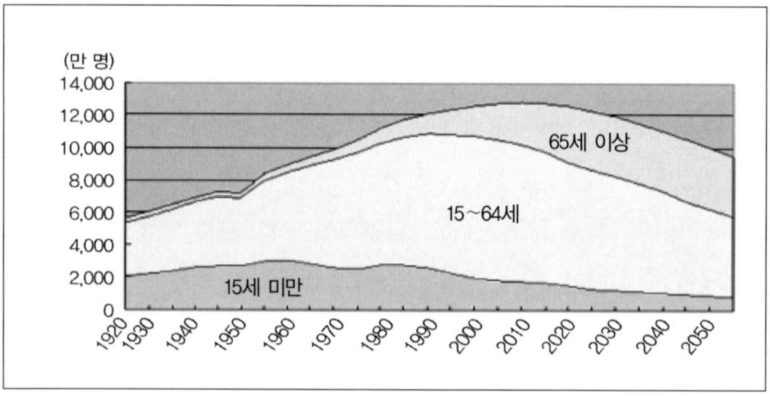


[그림 2-III-1] 일본의 미래 추계인구

일본의 인구동향을 보면, 지방자치단체별 인구는 도쿄도, 가나가와현, 오키나와현 등 15개 지역에서 증가하고 있다. 한편 32개 지방자치단체에서는 인구가 감소하였다. 또한 나라현, 미야기현, 나가노현 등 9개 현은 증가에서 감소로 바뀌었다.

종합해 보면 지방자치단체별 인구는 도쿄도가 1,257만 명으로 가장 많으며 다음으로 오사카가 882만 명, 가나가와현 879만 명, 아이치현 725만 명 등의 순이다. 가장 적은 지역은 돗토리현으로 61만 명이다([그림 2-III-2]).

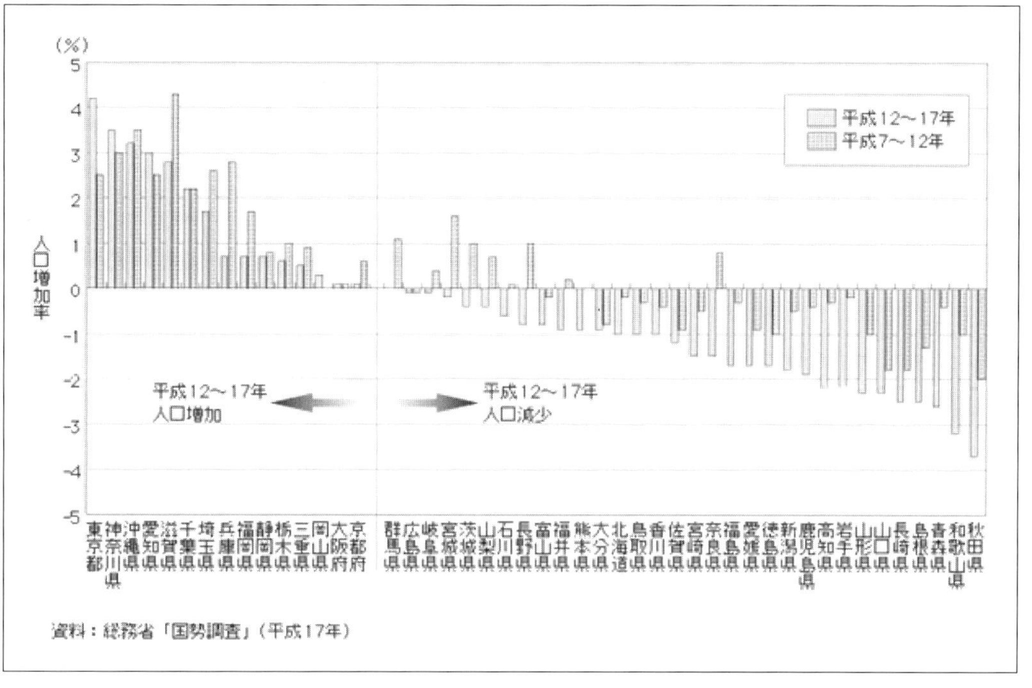


[그림 2-III-2] 지방자치단체별 인구증가율(1995년~2000년, 2000~2005년)

## 3. 지역별로 본 고령화

지방자치단체 별로 고령화 비율을 보면, 도쿄, 오사카, 아이치를 중심으로 3대 도시권에서는 고령화 비율이 낮고 그 외 지역에서는 높게 나타난다.

2004년 현재 고령화율이 가장 높은 지역은 시마네현으로 26.8%, 가장 낮은 곳은 사이타마현으로 15.5%이다. 앞으로 고령화 비율은 모든 자치단체에시 상승할 것으로 추산되며 2025년에는 가장 높은 아키타현에서 35.4%, 가장 낮은 오키나와현에서는 24%에 이를 것으로 예상된다.

또한 수도권 등 도시권에서는 고령화가 보다 급속히 진행되어, 예를 들어 사이타마현의 고령화비율은 2004년 15.5%에서 2025년에는 27.8%, 오사카의 경우 17.5%에서 27.4%

에 이를 것으로 추산되는 등, 향후 일본의 고령화는 대도시권을 포함하여 전국적으로 확대될 것으로 보인다.

한편 시구정촌별로 고령화비율 분포를 보면 1980년, 1985년에는 대부분의 지역이 10~15% 미만이었으나 2000년에는 20~25% 미만인 지역이 가장 많은 것으로도 알 수 있듯이 기초단체 단위로 보아도 고령화가 상당히 진전된 것을 알 수 있다([그림 2-III-4]).

〈표 2-III-2〉 지방자치단체별 고령화 비율

| | 1975년 | 2004년 | 2025년 | | 1975년 | 2004년 | 2025년 |
|---|---|---|---|---|---|---|---|
| 전국 | 7.9 | 19.5 | 28.7 | 전국 | 7.9 | 19.5 | 28.7 |
| 北海道 | 6.9 | 20.8 | 32.3 | 滋賀県 | 9.3 | 17.5 | 24.5 |
| 青森県 | 7.5 | 21.7 | 32.0 | 京都府 | 9.0 | 19.7 | 28.6 |
| 岩手県 | 8.5 | 23.9 | 31.6 | 大阪府 | 6.0 | 17.5 | 27.4 |
| 宮城県 | 7.7 | 19.3 | 27.6 | 兵庫県 | 7.9 | 19.1 | 27.4 |
| 秋田県 | 8.9 | 26.0 | 35.4 | 奈良県 | 8.5 | 19.1 | 30.0 |
| 山形県 | 10.1 | 24.9 | 32.0 | 和歌山県 | 10.4 | 23.2 | 32.3 |
| 福島県 | 9.2 | 22.1 | 30.2 | 鳥取県 | 11.1 | 23.6 | 30.8 |
| 茨城県 | 8.4 | 18.5 | 29.8 | 島根県 | 12.5 | 26.8 | 32.8 |
| 栃木県 | 8.3 | 18.8 | 28.9 | 岡山県 | 10.7 | 22.0 | 29.9 |
| 群馬県 | 8.8 | 19.9 | 29.9 | 広島県 | 8.9 | 20.4 | 30.1 |
| 埼玉県 | 5.3 | 15.5 | 27.8 | 山口県 | 10.2 | 24.3 | 34.0 |
| 千葉県 | 6.3 | 16.8 | 29.2 | 徳島県 | 10.7 | 23.8 | 31.9 |
| 東京都 | 6.3 | 18.0 | 25.0 | 香川県 | 10.5 | 22.6 | 31.4 |
| 神奈川県 | 5.3 | 16.2 | 25.8 | 愛媛県 | 10.4 | 23.3 | 32.5 |
| 新潟県 | 9.6 | 23.4 | 31.4 | 高知県 | 12.2 | 25.3 | 33.3 |
| 富山県 | 9.5 | 22.7 | 31.9 | 福岡県 | 8.3 | 19.2 | 27.6 |
| 石川県 | 9.1 | 20.3 | 30.2 | 佐賀県 | 10.7 | 22.1 | 30.4 |
| 福井県 | 10.1 | 22.2 | 30.2 | 長崎県 | 9.5 | 22.8 | 33.1 |
| 山梨県 | 10.2 | 21.3 | 29.4 | 熊本県 | 10.7 | 23.2 | 31.0 |
| 長野県 | 10.7 | 23.2 | 29.9 | 大分県 | 10.6 | 23.8 | 33.2 |
| 岐阜県 | 8.6 | 20.3 | 30.0 | 宮城県 | 9.5 | 22.8 | 32.4 |
| 静岡県 | 7.9 | 19.9 | 30.5 | 鹿児島県 | 11.5 | 24.3 | 30.8 |
| 愛知県 | 6.3 | 16.6 | 26.1 | 沖縄県 | 7.0 | 16.1 | 24.6 |
| 三重県 | 9.9 | 20.8 | 29.9 | | | | |

※ 7% 미만, 7%~14%, 14%~20%, 20%~30%, 30%

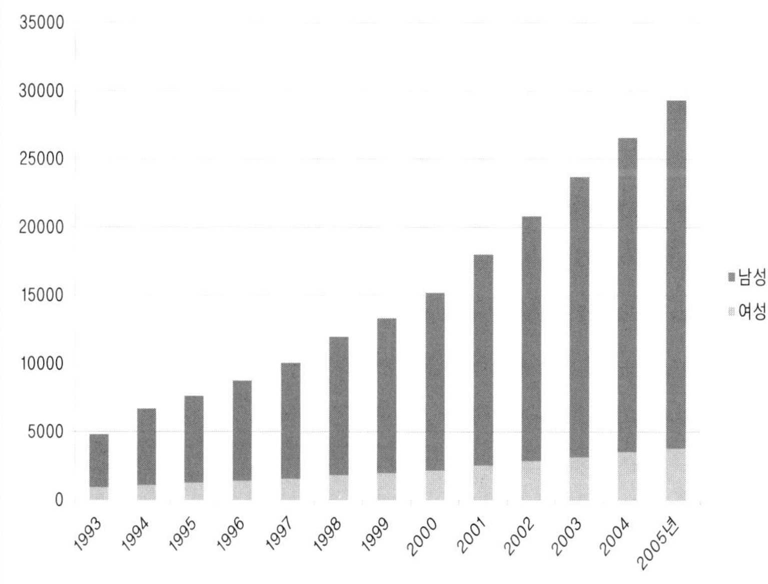


| | 인구10만 명당 100세이상 고령자수 (상위 10지역) |
|---|---|
| 沖縄県 | 51.43명 |
| 高知県 | 48.57명 |
| 島根県 | 44.46명 |
| 熊本県 | 35.21명 |
| 鹿児島県 | 34.14명 |
| 佐賀県 | 32.76명 |
| 山口県 | 32.65명 |
| 愛媛県 | 32.63명 |
| 宮城県 | 31.58명 |
| 岡山県 | 30.64명 |

[그림 2-III-3] 백세 이상 고령자수의 연차추이

자료: 후생노동성 '100세이상 고령자에 대해' 2005년
주의(1) 매해 9월30일 시점 연령을 기초로 100세이상인 자의 수를 계상하였다.
주의(2) 해외재류일본인을 제외한다.

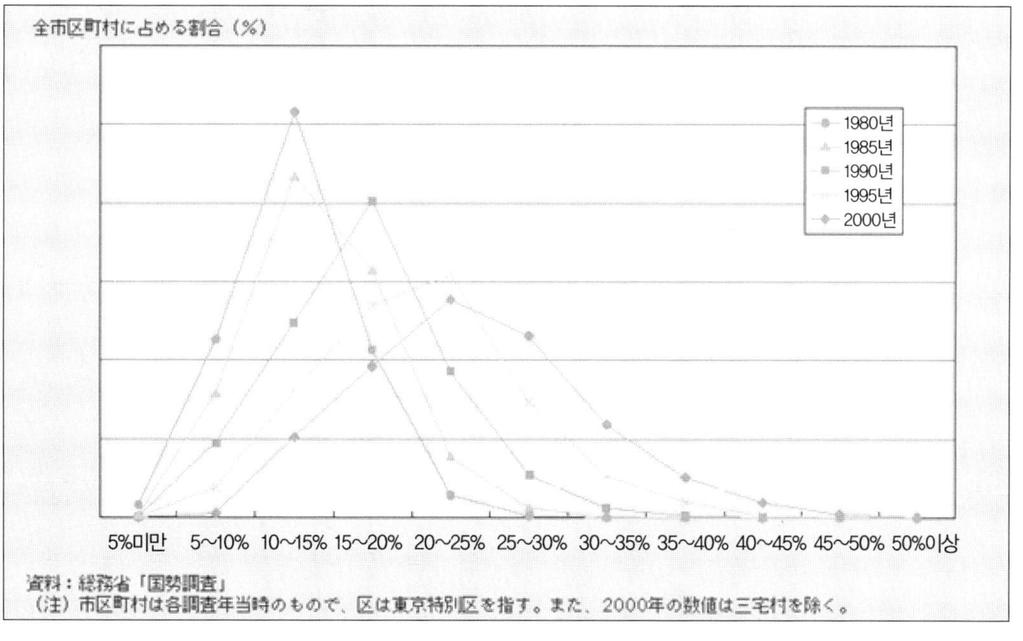


[그림 2-III-4] 시구정촌 고령화비율 분포

# 4. 고령화를 진전시키는 요인

## 1) 사망률 저하와 평균수명 연장

전후 일본의 사망률(1,000명당 사망수)은 생활환경의 개선, 식생활/영양상태의 개선, 의료기술의 발달 등으로 인해 영유아/청년 사망률이 대폭 감소되어 1947년의 14.6에서 약 15년 만에 반으로 감소되었다. 이후 완만한 감소세를 보이다가 1979년에는 6.0으로 최저치를 기록했다.

최근 사망률은 상승경향에 있는데(2004년 8.2명/2005년 8.5명) 이러한 사망률 상승경향은 고령화로 인해 다른 연령층에 비해 사망률이 높은 고령자가 차지하는 비율이 증가했기 때문으로 보이며 인구연령 구성에 변화가 없다고 가정했을 때 사망률은 감소경향에 있다고 할 수 있다. 65세 이상 고령자의 사망률은 전후 최저치를 갱신하고 있으며 1950년 71.5에서 1980년에는 47.7, 2004년에는 33.7을 기록하였다. 또한 고령자 사망률은 남녀별로 보면 모든 연령층에서 여성의 사망률이 남성 사망률보다 훨씬 낮다.

〈표 2-III-3〉 일본의 평균수명 추이

(단위: 년)

| 연도 | 남 | 여 | 남녀차 |
|---|---|---|---|
| 1947 | 50.06 | 53.96 | 3.90 |
| 1947~1952 | 59.57 | 62.97 | 3.40 |
| 1955 | 63.60 | 67.75 | 4.15 |
| 1960 | 65.32 | 70.19 | 4.87 |
| 1965 | 67.74 | 72.92 | 5.18 |
| 1970 | 69.31 | 74.66 | 5.35 |
| 1975 | 71.73 | 76.89 | 5.16 |
| 1980 | 73.35 | 78.76 | 5.41 |
| 1985 | 74.78 | 80.48 | 5.70 |
| 1990 | 75.92 | 81.90 | 5.98 |
| 1995 | 76.38 | 82.85 | 6.47 |
| 2000 | 77.72 | 84.60 | 6.88 |
| 2001 | 78.07 | 84.93 | 6.86 |
| 2002 | 78.32 | 85.23 | 6.91 |
| 2003 | 78.36 | 85.33 | 6.97 |
| 2004 | 78.64 | 85.59 | 6.95 |

주의(1) 2000년까지는 완전수명표를 참조.

주의(2) 1970년이전은 오키나와현을 제외한 수치.

## 2) 출산율 저하

일본의 전후 출생 추이를 보면 제1차 베이비붐 1947~1949(805만 7천 명), 제2차 베이비붐 1971~1974년(816만 2천 명) 이후 감소경향을 보이고 있다.

2004년 출생수는 111만 1천 명으로 출생률은(인구 1,000명당 출생수) 8.8이다. 또한 합계특수출생률(해당 해의 15세~49세까지의 여성 연령별출생율의 합계/1명의 여성이 평생 낳는 아이의 수)은 2003년에 1.29로 최저치를 기록하였다. 이러한 출생률 감소는 늦은 나이에 결혼을 하는 만혼과 결혼을 하지 않는 미혼이 증가했기 때문으로 보인다.

출생률 저하로 인한 노동인구의 변화를 살펴보면, 2005년 노동인구 총수(15세 이상 노동인구)는 6,650만 명으로 그중 60~64세는 465만 명(7%), 65세 이상은 504만 명(7.6%)이었다. 다시 말해 1980년(60~64세: 4.4%, 65세 이상: 4.9%)부터 지속적으로 증가하고 있는 것이다([그림 2-III-5]).

향후 저출산이 계속될 경우 2015년에는 60~64세가 7.8%, 65세 이상이 9.6%까지 상승할 것으로 예상된다.

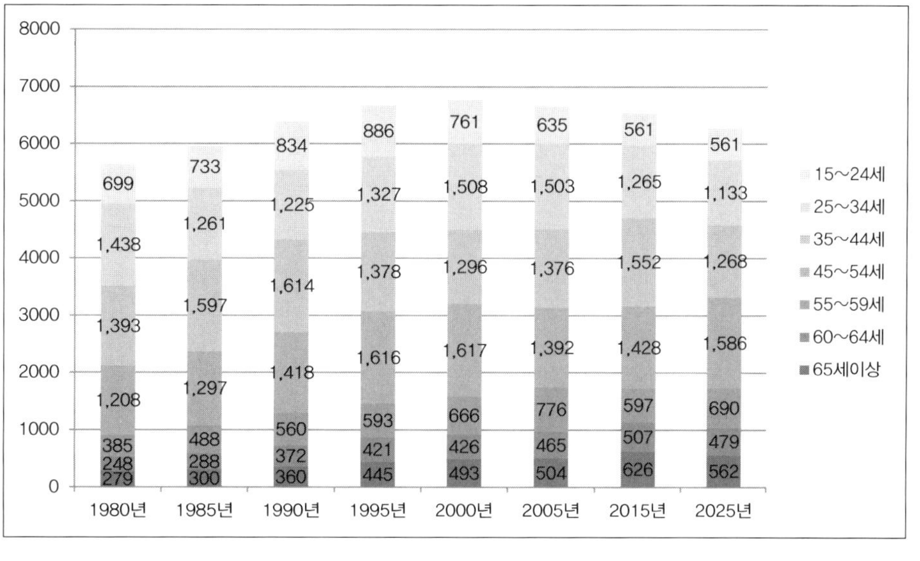


[그림 2-III-5] 노동력 인구

고령화는 사회보장 관련 급부에도 영향을 준다. 2003년도 사회보장급부비를 바탕으로 사회보장급부비(연금, 의료, 복지 기타를 합친 금액) 전체를 보면 2003년도는 84조 2,668억 엔이었으며 비율은 22.9%로, 1970년도에 5.8%였던 것에 비해 상당히 증가하였다.

또한 사회보장급부비 중 고령자 관련 급부비를 보면 2003년도는 59조 3,178억 엔으로 사회보장급부비에 차지하는 비율은 70.4%였다. 고령자 관련 급부비 내역을 보면 연금급부비가 42조 9,959억 엔으로 전체의 약 3/4을 차지하였으며 노인보건(의료) 급부비가 10조 6,343억 엔, 노인복지서비스 급부비가 5조 5,387억 엔, 고연령 고용 계속 급부비가 1,489억 엔이었다([그림 2-III-6]).

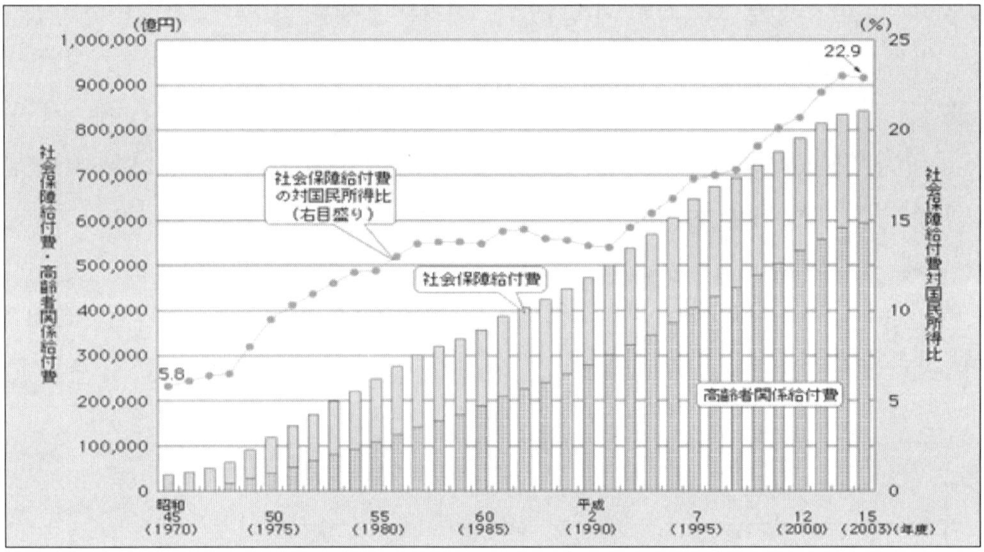


[그림 2-III-6] 사회보장급부비대 국민소득비

자료: 국립사회보장, 인구문제연구소 '사회보장급부비'

## 5. 고령화의 국제비교

선진국과 고령화 비율을 비교해 보면, 일본은 1980년대까지는 하위, 1990년대에는 거의 중위였으나 21세기 초에는 가장 높은 수준이 되었으며 다른 어느 나라도 경험하지 않은 본격적 고령사회가 도래할 것으로 예상된다. 한편, 고령화비율 7% 도달 후 14%가 되는 데까지 걸린 연수(배화연수)는 프랑스가 115년, 스웨덴 85년, 비교적 짧은 독일이 40년, 영국이 47년인 것에 비해 일본은 24년이다. 이처럼 일본의 고령화 속도는 전례 없는 속도로 진척되고 있다.

국가별 고령화 비율의 향후 전망을 보면, 지금까지 고령화가 진행되어 온 국가보다 개발도상국 등의 고령화가 더욱 급속도로 진전될 것으로 보인다([그림 2-III-7]~[그림 2-III-8]).

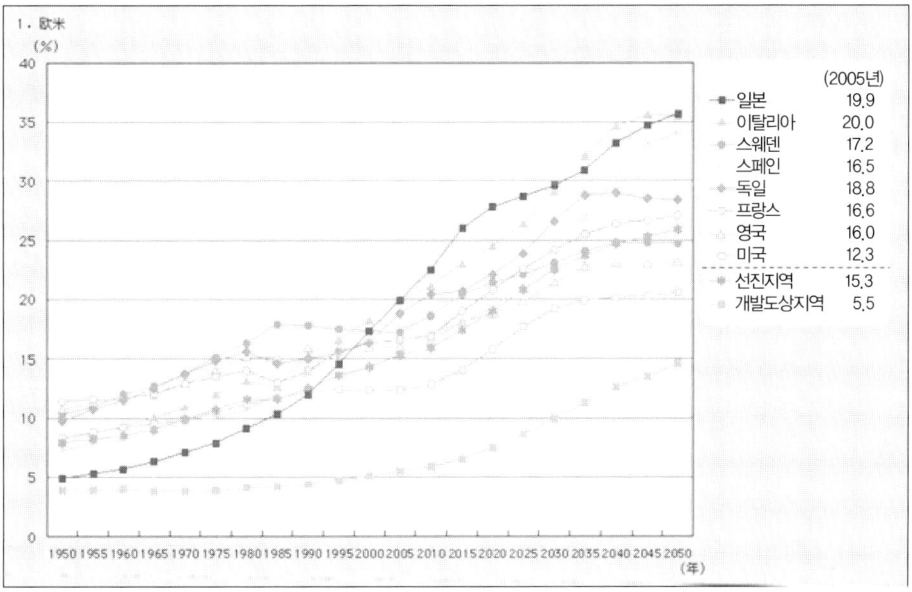


[그림 2-III-7] 고령화의 국제비교(구미권)

자료: UN, World population prospects, the 2004 revsion
일본자료는 총무성 '국세조사' 및 국립사회보장, 인구문제연구소 '일본의 장래추계인구(2002년1월 추계)'

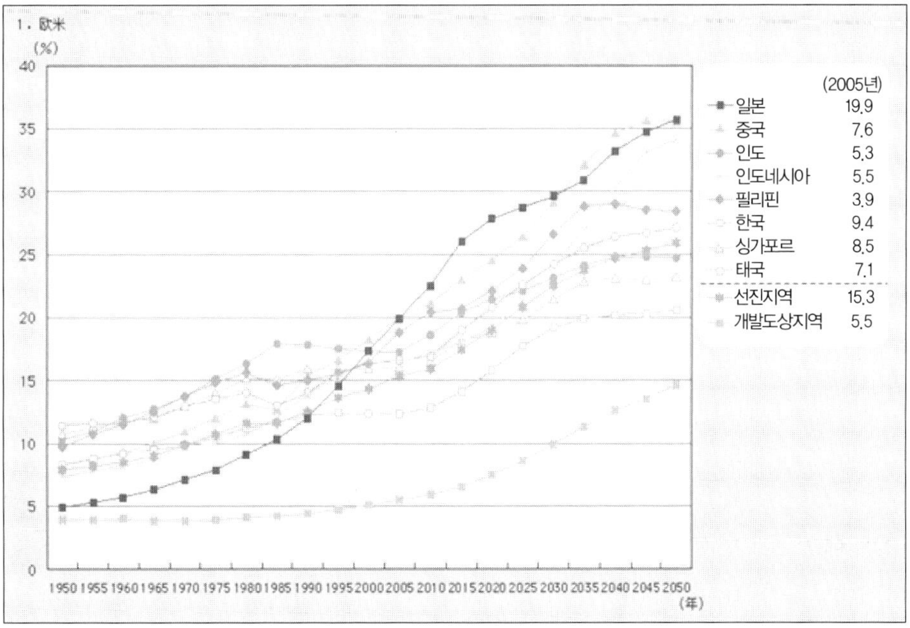


[그림 2-III-8] 고령화의 국제비교(아시아권)

자료: UN, World population prospects, the 2004 revsion
일본자료는 총무성 '국세조사' 및 국립사회보장, 인구문제연구소 '일본의 장래추계인구(2002년1월 추계)'

# 6. 고령자가 놓여 있는 상황

## 1) 고령자가 있는 세대

우선 고령자가 있는 세대를 살펴보면 2004년 현재 65세 이상인 고령자가 있는 세대수는 1,786만 세대이며 전 세대(4,632만 세대)의 38.6%를 차지한다.

내역을 상세히 살펴보면 65세 이상의 고령자가 있는 세대의 내역은 '단독 세대'가 373만 세대(20.9%), '부부만의 세대'가 525만 세대(29.4%), '부모와 미혼인 자녀만의 세대'가 293만 세대(16.4%), '3대가 함께 사는 세대'가 392만 세대(21.9%)이다([그림 2-III-9]).

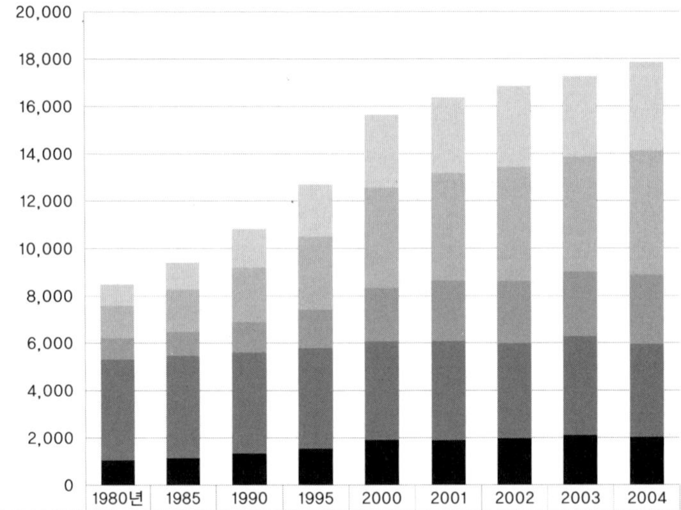

| | 1980년 | 1985 | 1990 | 1995 | 2000 | 2001 | 2002 | 2003 | 2004 |
|---|---|---|---|---|---|---|---|---|---|
| 단독세대 | 910 | 1,131 | 1,613 | 2,199 | 3,079 | 3,179 | 3,405 | 3,411 | 3,730 |
| 부부만의 세대 | 1,379 | 1,795 | 2,314 | 3,075 | 4,234 | 4,545 | 4,822 | 4,845 | 5,252 |
| 부모와 미혼 자녀만의 세대 | 891 | 1,012 | 1,274 | 1,635 | 2,268 | 2,563 | 2,633 | 2,727 | 2,931 |
| 3세대 | 4,254 | 4,313 | 4,270 | 4,232 | 4,141 | 4,179 | 4,001 | 4,169 | 3,919 |
| 기타 세대 | 1,062 | 1,150 | 1,345 | 1,553 | 1,924 | 1,902 | 1,987 | 2,120 | 2,031 |

[그림 2-III-9] 65세 이상이 있는 세대의 내역

고령 세대(세대주 연령이 65세 이상인 일반 세대로 '고령자가 있는 세대'와는 정의가 다름)를 살펴보면 고령 세대 총수는 2000년 1,114만 세대에서 2025년에는 1,843만 세대로 약 1.7배 증가할 것으로 보인다. 이에 비해 일반 세대 총수는 2000년 4,678만 세대에서 2015년에는 5,048만 세대로 최고점에 달하고 이후 2025년에는 4,964만 세대가 될 것으로 보인다.

이 결과 일반 세대총수에 차지하는 고령 세대 비율은 2000년의 23.8%에서 2025년에는

37.1%로 증가할 것으로 보인다. 한편 고령 세대수에 차지하는 가족유형별 비율의 변화를 보면 '단독 세대'의 비율이 상승하여 2025년에는 가장 많은 비율을 차지할 것으로 보인다.

### 2) 독거 고령자

65세 이상의 독거 고령자(단독 세대)의 증가는 남녀 모두 현저하여 1980년에는 남성 약 19만 명, 여성 약 69만 명으로 고령자인구에 차지하는 비율은 남성 4.3%, 여성 11.2%였으나, 2000년에는 남성 약 74만 명, 여성 약 229만 명으로 고령자인구에 차지하는 비율이 남 8%, 여 17.9%였다.

앞으로도 독거 고령자는 계속 증가할 것으로 보이며 특히 남성의 독거 고령자 비율이 크게 증가할 것으로 보인다.

독거고령자 비율 증가 요인은 미혼율과 이혼율의 상승, 배우자와 사별 후 자식과 동거하지 않는 고령자의 증가 등을 들 수 있다.

### 3) 배우자 유무

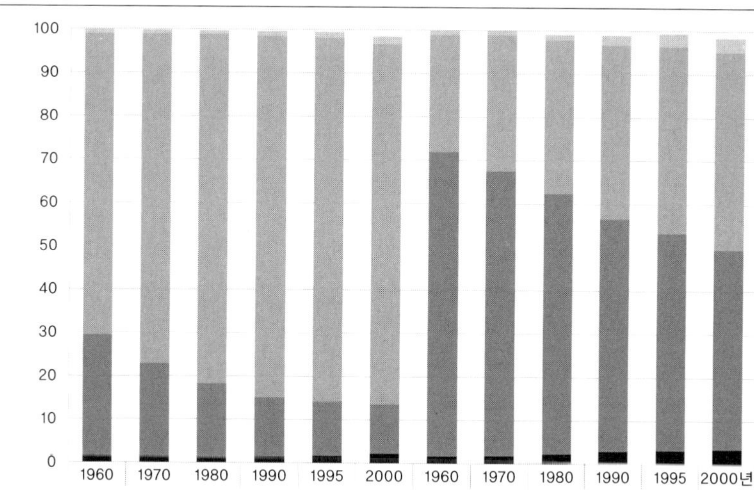

| | 남성 1960 | 1970 | 1980 | 1990 | 1995 | 2000 | 여성 1960 | 1970 | 1980 | 1990 | 1995 | 2000년 |
|---|---|---|---|---|---|---|---|---|---|---|---|---|
| 미혼 | 0.9 | 0.9 | 0.8 | 1.1 | 1.4 | 1.7 | 1 | 1.2 | 1.3 | 2.3 | 3 | 3.3 |
| 유배우 | 69.5 | 76 | 80.6 | 83.3 | 84 | 83.1 | 27.1 | 31.4 | 35.4 | 40.1 | 43.1 | 45.5 |
| 사별 | 28.2 | 21.6 | 17 | 13.7 | 12.4 | 11.4 | 70.1 | 65.7 | 60.1 | 53.6 | 50.1 | 46.1 |
| 이별 | 1.3 | 1.3 | 1.3 | 1.5 | 1.7 | 2.2 | 1.7 | 1.8 | 2.3 | 3 | 3.2 | 3.5 |

[그림 2-III-10] 65세 이상 고령자의 배우자 유무

65세 이상 고령자의 배우자 관계를 살펴보면 2000년의 배우자가 있는 비율은 남성 83.1%에 비해 여성은 45.5%이다. 여성고령자의 약 2명 중 1명이 배우자가 없으며 이 비율은 감소경향을 보이고 있다. 또한 미혼율은 남성 1.7%, 여성 3.3%, 이별률은 남성 2.2%, 여성 3.5%로 모두 상승경향을 보인다([그림 2-III-10]).

### 4) 자식들과의 동거, 별거

65세 이상 고령자의 자식들과의 동거비율을 보면 2004년 45.5%로 감소경향을 보이고 있다. 한편 부부만의 세대에 속하는 고령자는 36%로 상승경향을 보이고 있다([그림 2-III-11]).

따로 사는 자식이 있는 세대(고령부부 일반 세대) 및 고령 독거 일반 세대의 경우 자식이 어디에 사는지를 살펴보면 '편도 1시간 이상의 장소'에 사는 경우가 35.1%로 가장 많고 이어 '편도 1시간 미만'에 사는 경우가 29.7%, '편도 15분 미만'이 16.2%이다.

65세 이상의 고령자와 별거하는 자식과의 접촉빈도를 조사해 보면 '주 1회 이상과 거의 매일'의 합계가 45.9%(남 44.2%, 여 47.3%)이며 '월1~2회 이하'는 53.6%(남 55.4%, 여 52.1%)이다. 외국과 비교해 보면, 전자의 비율은 미국 약 80%, 한국/독일/프랑스는 60% 내외이다.

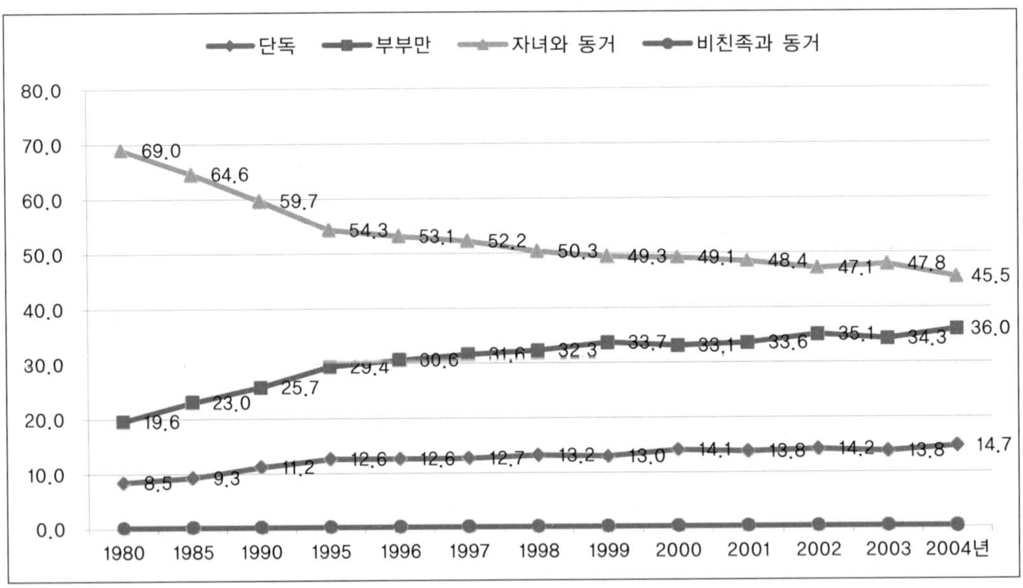


[그림 2-III-11] 자식들과의 동거 여부

자식이나 손자와의 관계에 대해 60세 이상의 고령자 의식을 보면 2005년도에 자식이나 손자와 '항상 함께 생활할 수 있는 것이 좋다'가 34.8%, '가끔 만나서 식사나 대화를 하는 것이 좋다'가 42.9%이다. 이것은 2000년도 조사와 비교해 볼 때 전자 비율이 감소하고 후자 비율이 증가한 것으로 양 비율이 역전되었다.

또한 '가끔 대화를 하는 정도로 좋다'의 비율은 2000년도에 비해 2005년도에는 2배 이상인 14.7%로 예전에 비해 가족들과 낮은 친밀 관계를 유지하는 고령자가 많은 것으로 파악된다([그림 2-III-12]).

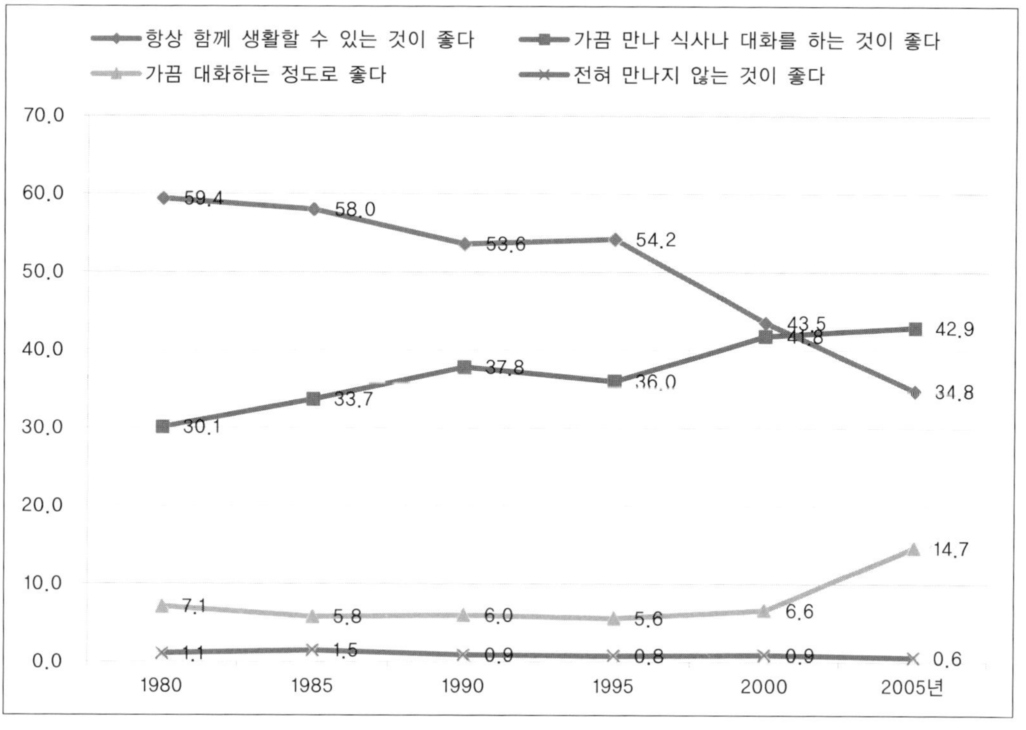


[그림 2-III-12] 60세 이상 자식/손자 관계에 대한 조사

## 5) 가족이나 친족과의 관계에서 고령자의 역할

가족이나 친족과의 관계에서 60세 이상의 고령자의 역할을 살펴보면 남성의 경우 '가계를 책임지는 자'(41.2%), '가족이나 친족의 장'(38.9%)의 역할을 담당하는 경우가, 여성의 '가사 담당'(74.1%)보다 많다. 한편 '특별한 역할이 없다'는 남성 21.8%, 여성 16.7%이었다([그림 2-III-13]).

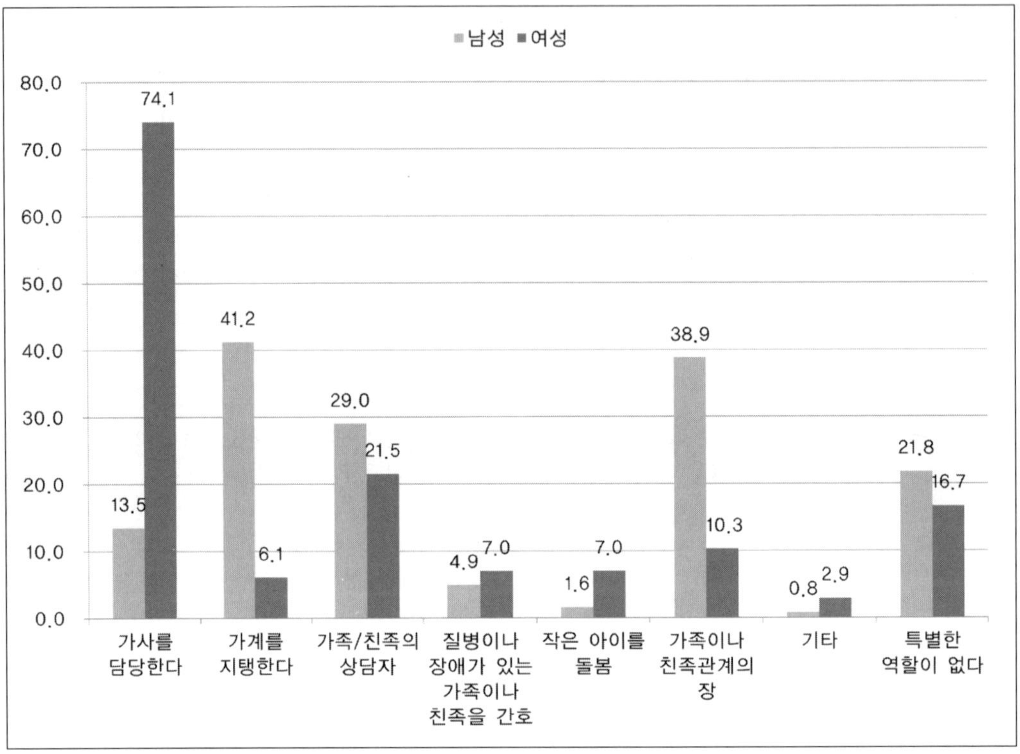


[그림 2-III-13] 고령자의 가정 내 역할

## 7. 고령자의 경제생활

### 1) 고령자의 경제상황

#### (1) 생활의식

고령자의 생활의식을 살펴보면 고령자 세대(65세 이상의 자만으로 구성된 혹은 여기에 18세 미만의 미혼인 자가 있는 세대)의 경우 현재 생활을 '보통'이라고 말하는 세대 비율이 45.4%, '힘들다(많이 힘들다, 조금 힘들다 포함)'의 비율은 49.9%이며, 전체 세대와 비교할 때 '힘들다'는 세대 비율이 상대적으로 낮은 편이다([그림 2-III-14]).

60세 이상의 고령자가 생활비가 부족할 때 어떻게 대응하는지 살펴보자. 1995년도 조사에서 가장 높은 비율을 보였던 '자식과 동거하거나 자식의 도움을 받는다'가 2001년에는 감소하여 3순위가 되었고 대신 '생활비를 절약해서 보탠다', '저금을 깬다'가 증가했다. 전에 비해 자식의 도움을 받지 않고 스스로 해결하려는 고령자가 늘고 있다는 것을 알 수 있다([그림 2-III-15]).

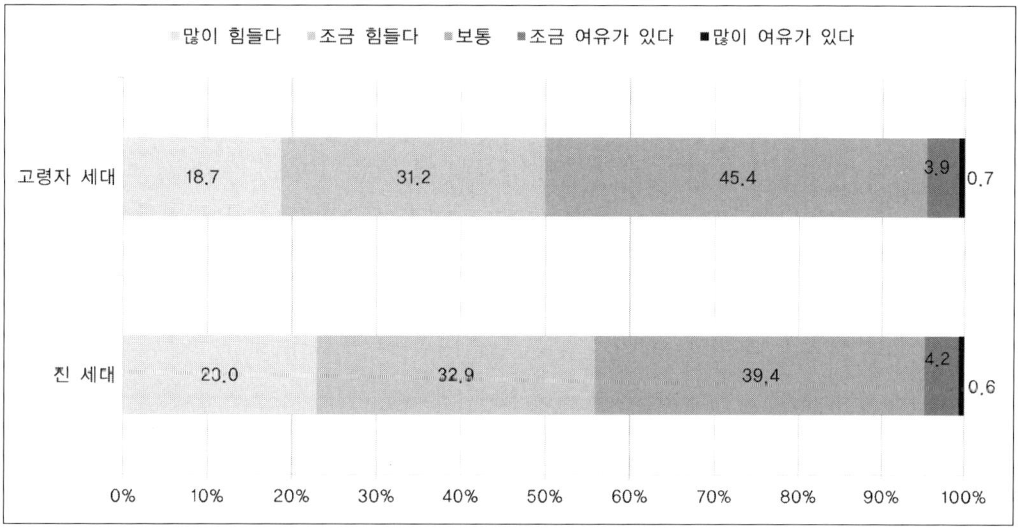


[그림 2-III-14] 고령자의 생활의식

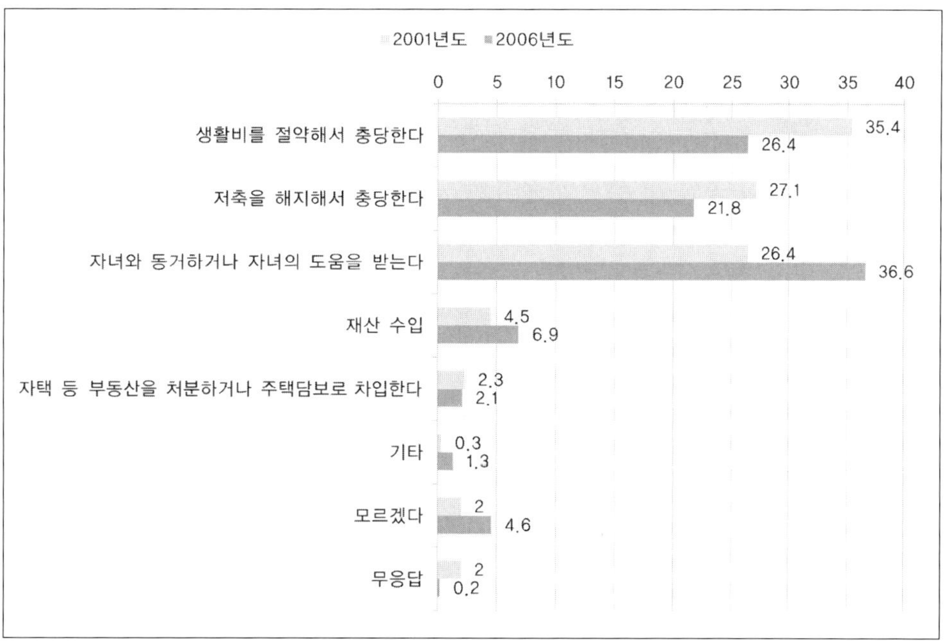


[그림 2-III-15] 고령자의 생활비 부족 대응 방법

### (2) 소득

고령자 세대의 연간소득은 290.9만 엔으로 전체 세대 평균(579.7만 엔)의 반 정도이지만 세대인원 1인당 금액은 고령자 세대 평균 인원이 적기 때문에 184.6만 엔으로 전 세대 평균(203.4만 엔)과 큰 차이가 없다. 또한 고령자 세대 소득을 종류별로 보면 '공적 연금 등'이 209.3만 엔(총소득의 71.9%)으로 가장 많고 이어 '가동소득(稼働)' 51.2만 엔(17.5%), '재산소득' 15.7만 엔(5.4%) 등이 뒤를 잇는다. 고령자 세대의 연간소득 분포를 보면 '100~200만 엔 미만'이 27.4%로 가장 많고 이어 '200~300만 엔 미만'이 19.8%, '300~400만 엔 미만'이 17.7%, '100만 엔 미만'이 15.2%였으며 중앙치는 234만 엔이다. 연간소득 '200~300만 엔 미만' 이하 세대의 비율은 고령자 세대의 경우 60%를 차지하고 있으며, 전 세대의 차지하는 비율 약 30%의 2배를 기록하였다([그림 2-III-16]).

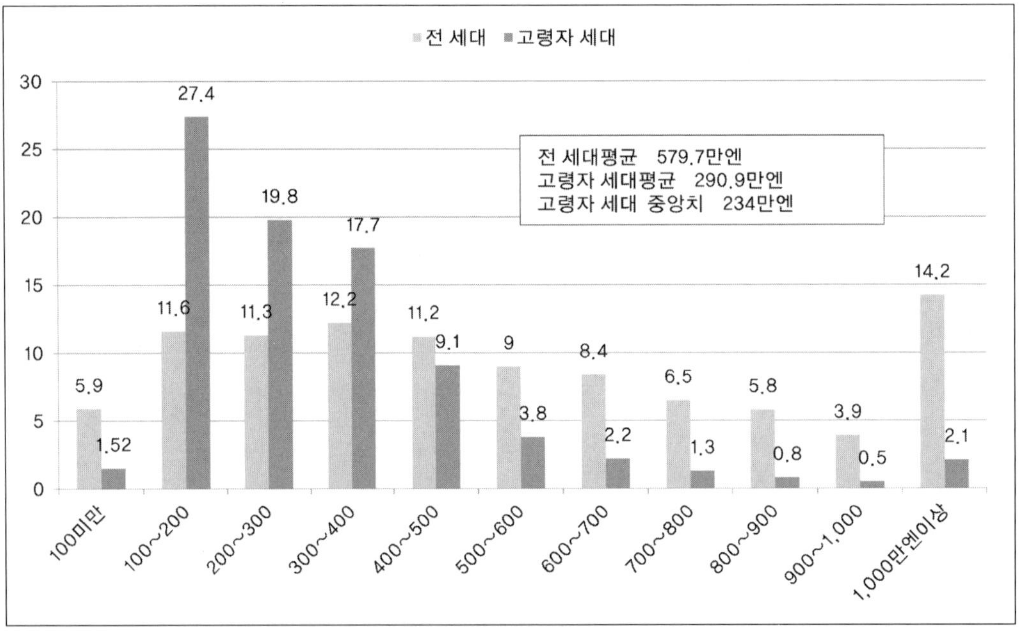


[그림 2-III-16] 고령자 세대 및 전 세대 연간소득

### (3) 소비

세대주 연령이 65세 이상인 세대의 가계 상황을 보면, 가처분소득이 1세대당 1개월 평균 30만 9,666엔으로 이 중 소비지출은 29만 4,385엔이며 1만 5,280엔의 흑자를 기록한다.

이에 비해 세대주 연령이 65세 이상이고 무직인 세대의 가처분소득은 16만 9,307엔으로 소비지출은 20만 4,270엔이므로 적자가 3만 4,963엔이 된다. 부족분은 저축을 이용한다고 답변했다.

세대주 연령이 65세 이상인 세대의 소비지출 내역을 보면, '식료품' 비율이 25.2%로 높으나 1980년대 이후 경향으로 봐서 그 비율이 감소하고 있다. 한편으로 '교통・통신', '보건의료' 등의 비율이 증가하고 있다([그림 2-III-17]).

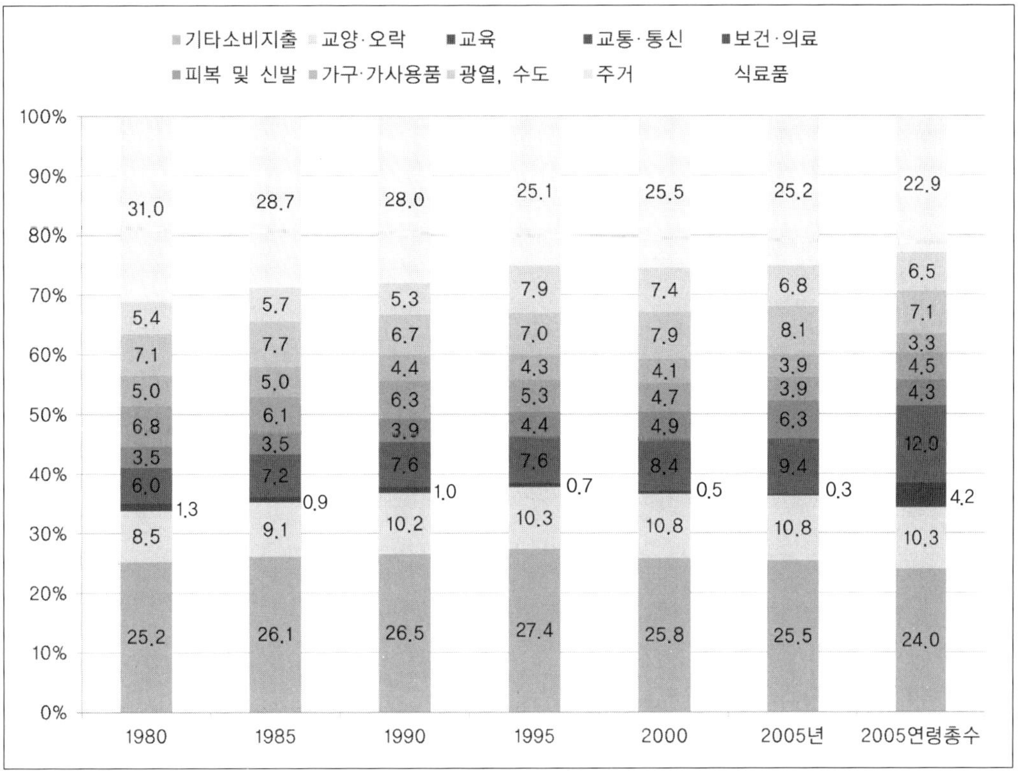


[그림 2-III-17] 고령자 세대의 소비지출 비율

## (4) 저축 · 자산

세대주 연령이 65세 이상인 세대의 저축 상황을 보면, 2004년 1세대 평균 저축액은 2,504만 엔으로 전 세대 1,692만 엔의 약 1.5배이다. 또한 저축액 계급별 세대분포를 보면 세대주 연령이 65세 이상인 세대의 경우 4,000만 엔 이상의 저축이 있는 세대가 18.6%로 이 또한 전 세대(9.9%)의 2배이다([그림 2-III-18]).

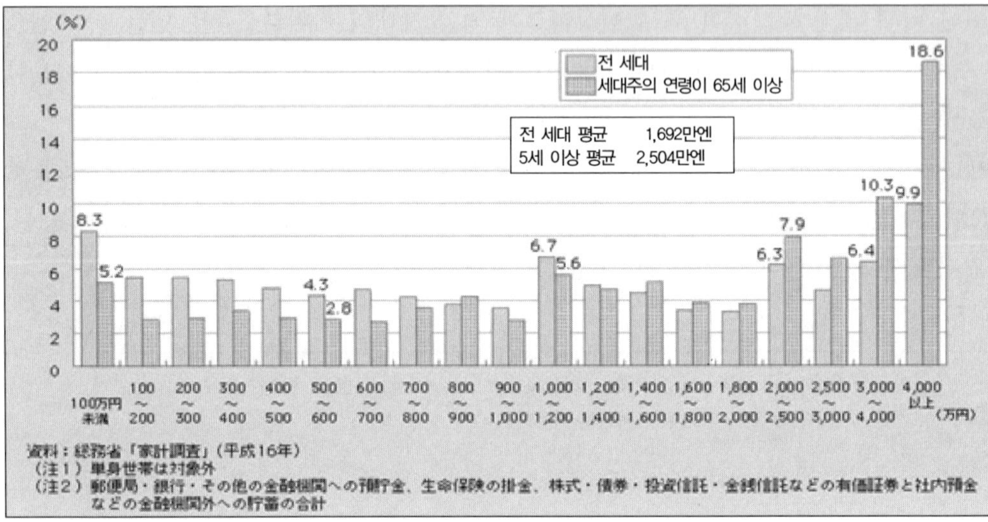


[그림 2-III-18] 고령자 세대의 저축 상황

자료: 총무성 '가계조사' 2004년

세대주 연령이 65세 이상인 세대의 부채액을 보면 100만 엔 미만인 세대가 약 90%이며 부채가 저축을 상회하는 세대의 비율은 4.8%이다. 이는 전 세대(21.7%)의 약 1/4이다([그림 2-III-19]).

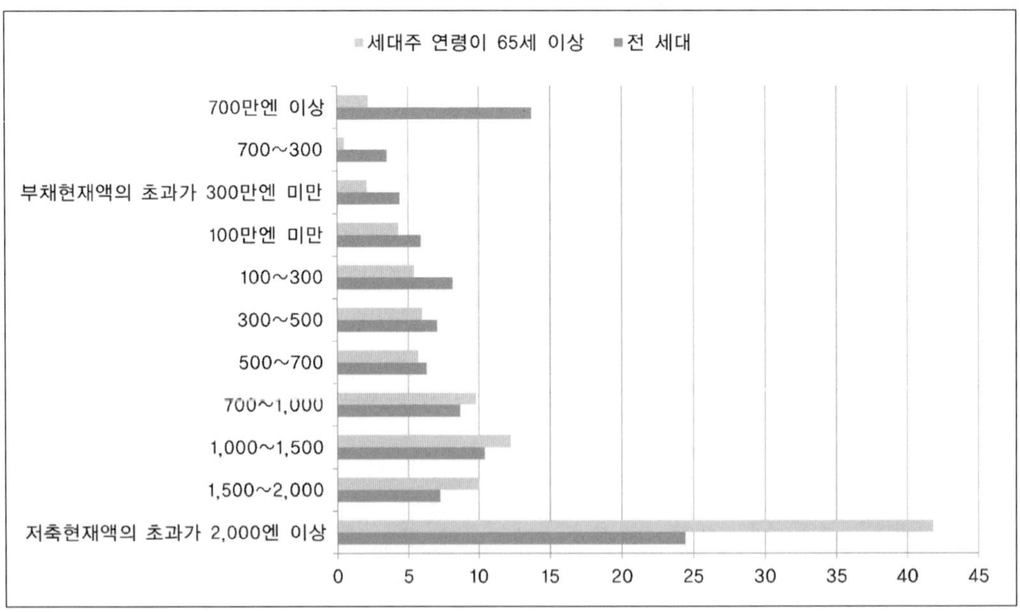


[그림 2-III-19] 고령자 세대의 부채액

'현재의 저축이나 자산이 노후 대책을 위해 충분한가'라는 질문에 대해 60세 이상의 고령자 의식을 보면 '충분하다고 생각한다'와 '아마 충분할 것이다'가 44.8%인 반면 '조금 부족하다고 생각한다'와 '아주 부족하다고 생각한다'는 45.2%였다. 양쪽의 비율이 거의 비슷한 수준이었다. 한편 연령계급별로 보면 '부족하다고 생각한다'의 비율은 65~69세가 59.1%로 가장 높다([그림 2-III-20]).

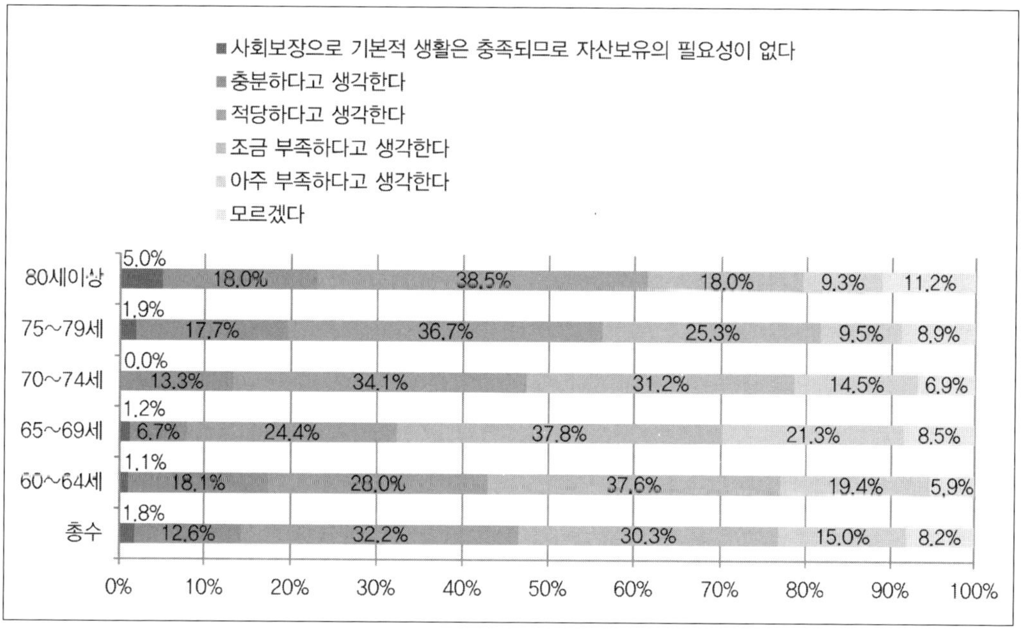


[그림 2-III-20] 고령자의 노후대책에 대한 의식

주택, 택지자산의 경우 2004년의 고령자부부 세대(남편 65세 이상, 부인 60세 이상 부부만의 세대)의 평균주택, 택지자산액은 3,588.4만 엔으로 3인 이상 세대(2,785.6만 엔)의 약 1.3배였다. 주택, 택지 자산액의 세대분포를 보면 자산이 없는 경우도 포함하여 1,000만 엔 미만인 세대가 23.6%를 차지하는 한편 17% 세대가 5,000만 엔 이상이었다([그림 2-III-21]).

이처럼 고령자 세대는 일반 세대 평균에 비해 저축, 자산이 많고 부채가 적다.

한편 사식 또는 손자에게 자산을 양도하는 것에 대한 60세 이상 고령자 의식을 보면, '자산은 가능한 자손을 위해 남겨주는 것이 좋다'가 55.0%, '자산은 자신의 노후를 풍요롭게 하기 위해 활용(매각, 임대 등)하는 것이 좋다' 41.8%로 전자 비율이 높지만 후자 비율도 증가하고 있다. 또한 연령계급별로 보면 후자 비율은 연령이 낮을수록 높다는 것을 확인할 수 있다([그림 2-III-22]).

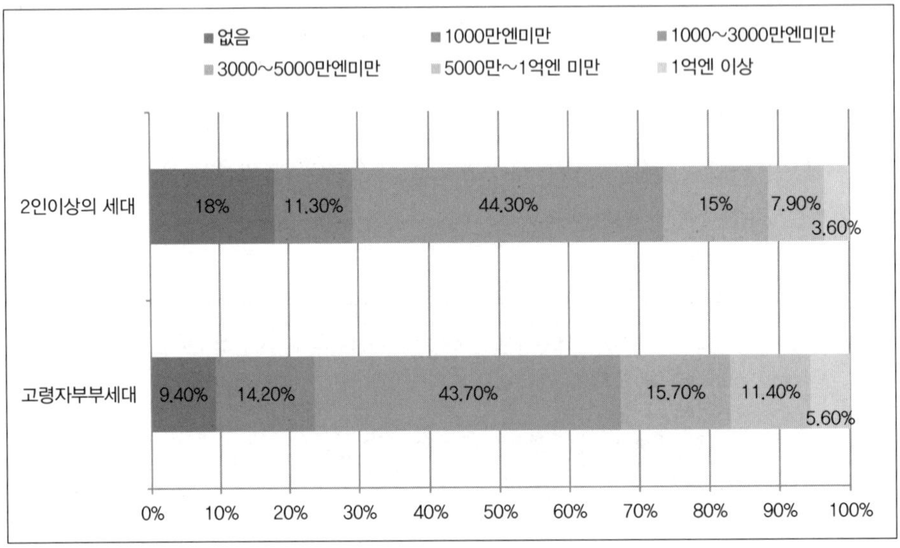


[그림 2-III-21] 고령자 세대의 택지자산금액 비율

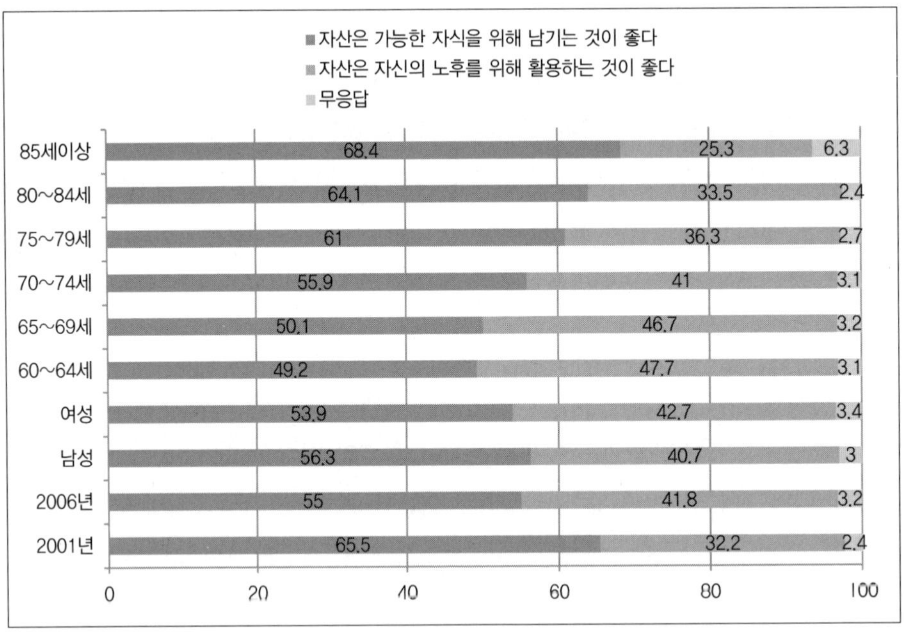


[그림 2-III-22] 고령자의 자산양도에 대한 의식

노후 간호와 부동산 증여에 대한 생각은 '노후 간호 여부와 상관없이 물려주겠다'가 48.3%이며, '노후 간호 여부에 따라 차이를 두겠다' 25.6%, '모르겠다'가 16.2%이다([그림 2-III-23]).

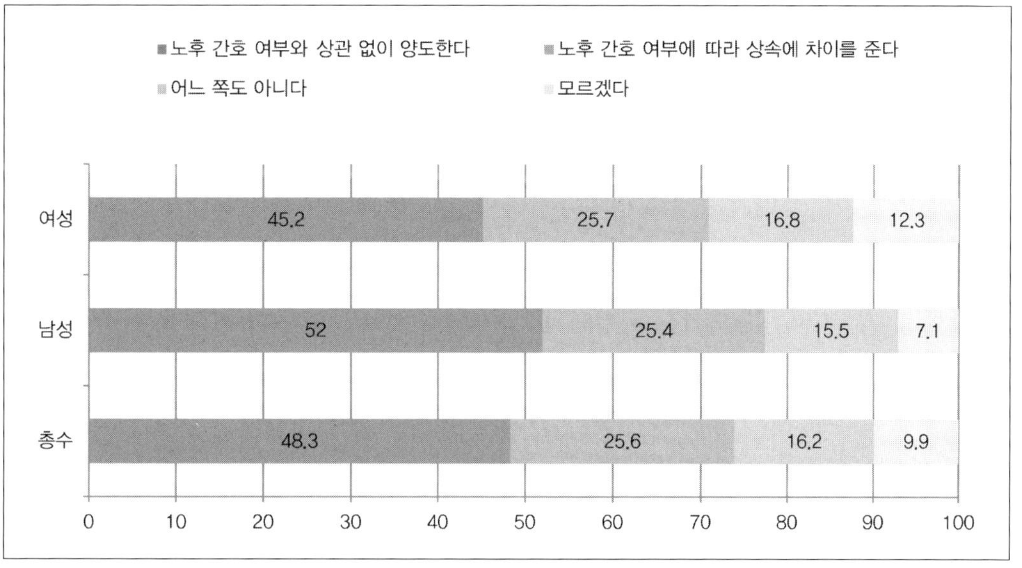


[그림 2-III-23] 고령자의 노후대책에 대한 의식(노후간호 관련)

# 8. 후기고령자제도

## 1) 후기고령자제도 도입배경

일본은 세계 최장평균수명과 높은 보건수준을 실현하고 있으며 이를 지탱해 온 것이 국민개보험제도이다. 그러나 국민의료비 규모는 1999년 이후(30조 엔) 보합세를 유지하고 있으며 2005년에 겨우 33조 엔을 넘었다.

한편 최근 급격한 고령화, 소자화(저출산)로 인해 노인인구가 증가하면서 고령자 의료비가 국민의료비에서 차지하는 비율이 증가하고 있다. 고령자 의료비의 증가로 인해 국민의료비가 부족한 상황이 계속되면서 급증하는 고령자 의료비에 대비하기 위해 2008년 4월부터 후기고령자의료제도를 도입하였다.

## 2) 고령자의료제도

장수의료제도라고 불리는 고령자의료제도는 2008년 4월부터 실시된 새로운 제도로 65세 이상을 전기 고령자와 후기 고령자로 나눈다.

전기 고령자는 65~74세, 후기 고령자는 75세 이상 또는 전기 고령자 중 필요하다고 인정되는 사람들(일정 이상의 장애 보유자)로 구분하여 피보험자로 한다.

### 3) 신제도 도입의 취지

기존 제도에서는 75세(75세 생일 다음달)가 되면 가입되어 있던 의료보험제도의 피보험자 자격은 그대로 유지되면서 노인보건법에 의거해 보험료를 지급받았는데 그 재원은 피용자보험이나 국민건강보험 의료보험제도에서 충당되었다. 그러나 과거 제도에서는 운영의 주체가 불분명하여 급증하는 고령자 의료비 억제에 대한 책임이 분명하지 않았다.

그래서 새로운 제도에서는 명확한 피보험자라는 개념을 도입하여 운영주체, 피보험자, 의료비를 분명히 구분하게 되었다.

### 4) 신·구제도 비교

#### (1) 구 노인보건제도

젊은이와 고령자의 비용부담 관계가 불분명했다. 보험료를 납부하는 곳(건강보험조합 등 보험자)과 그것을 사용하는 곳(시정촌)이 분리되어 있었다. 가입 제도나 시구정촌에 따라 보험금액에 차이가 있었다.

#### (2) 신·후기 고령자의료제도

젊은이와 고령자의 분담규칙(젊은이 급부비의 40%, 고령자는 10%)을 확정하였다. 보험료를 납부하는 곳과 사용하는 곳을 도도부현(광역단체)마다 광역연합으로 일원화하여 재정하여 운영 책임을 명확히 하였다. 도도부현마다 의료비 수준에 따라 보험료를 고령자 전원이 공평히게 부담하게 되있다.

대상자: 75세 이상 1,400만 명
총의료비: 12.8조 엔(급부비 11.7조, 환자부담 1.1조)
보험료: 전국 평균 약 63,300엔(연)
*기초연금만 받는 경우 약 4,200엔(연)

## 9. 개호보험

고령화 사회가 진척될수록 노화로 인해 질병에 걸리거나 이로 인해 누워 지내야 하는 경우가 발생할 수 있다. 자신뿐만 아니라 배우자나 부모 등이 개호가 필요할 때 이를 가정에서 해결하기는 쉽지 않다. 이렇듯 질환 등의 이유로 자신이나 배우자, 부모 등의 개호(간호)가 필요할 경우를 대비해 마련된 것이 개호보험이다.

개호보험은 40세 이상의 피보험자가 보험료를 납부하여 개호가 필요해졌을 때 도움을 받는 제도이다.

### 1) 개호보험 기초지식

#### (1) 개호보험의 가입과 보험료

개호보험에 가입하기 위한 가입수속은 따로 필요 없다. 의료보험에 가입되어 있는 40세 이상의 사람들은 모두 자동적으로 가입하게 되어 있다. 개호보험의 피보험자는 연령에 따라 2종류로 구분되는데 서비스 이용조건이나 보험료 납입방법 등이 다르다.

① 제1호 피보험자

65세 이상. 질환 등의 원인에 상관없이 개호가 필요하다고 인정될 경우 개호서비스를 이용할 수 있다.

② 제2호 피보험자

40~64세. 뇌졸중이나 초기노화로 인한 치매 등 15개의 특정질환으로 인해 개호가 필요해졌을 경우에 한해 개호서비스를 이용할 수 있다.

#### (2) 개호보험료 납입 방법

① 65세 이상 〈제1호 피보험자〉

각 기초단체마다 기준금액을 설정하여 이를 바탕으로 본인의 소득이나 세대 소득에 따라 원칙적으로 5단계로 설정된다.

- 납입 방법: 개호보험 운영주체인 기초자치단체에 납입한다. 방법은 연금액수에 따라 다르다.

* 연금이 연간 18만 엔 이상인 경우 자동 납입. 연금이 18만 엔 이하인 경우는 별도 납입.

② 40~64세 〈제2호 피보험자〉

가입되어 있는 의료보험(건강보험이나 국민보험 등)의 보험료와 함께 의료보험자에게 납입한다. 소득에 따라 금액이 결정된다.

- 개호보험증: 65세가 되면 기초자치단체에서 〈개호보험피보험자증(개호보험증)〉이 송부된다. 의료서비스를 받을 때에는 〈건강보험증〉과 마찬가지로 〈개호보험증〉을 제시해야 한다.
- 40~64세 제2호 피보험자의 경우에는 요개호, 요지원 인정을 받은 사람에게만 지급된다.

### (3) 개호보험 이용 방법

개호보험을 이용하기 위해서는 우선 '요개호 인정'을 받아야 한다. 다음과 같은 순서로 인정을 받게 된다.

① 신청

개호가 필요해지면 시구정촌(기초자치단체) 창구에서 개호보험서비스를 받을 수 있을지 여부와 개호 필요정도를 결정하는 '요개호 인정'을 신청한다.

② 인정조사

신청 후 시구정촌 직원 등의 조사원이 가정을 방문하여 개호가 필요한 상태인지 조사한다.

③ 심사 판정

방문조사 결과와 주치의 의견서를 바탕으로 개호인정심사회에서 개호와 일상생활에서의 지원 등이 필요한지, 지원이 필요할 경우 어느 정도의 개호일 것인지(개호도)를 심사 판정한다.

④ 인정

개호가 필요하다고 인정될 경우 6단계로 나누어지는 개호의 필요도(개호도)가 통보된다.

⑤ 케어플랜의 작성

개호지원전문원(케어매니저)에게 상담하여 '케어플랜'을 작성하여 시구정촌에 제출하고 이를 바탕으로 서비스를 받게 된다. 케어플랜 작성은 무료이다.

〈표 2-III-4〉 개호도(**介護度**: 어느 정도 개호가 필요한지를 제시함)

| 요지원 | 개호는 필요하지 않으나 지원은 필요한 상태 |
|---|---|
| 요개호 1 | 부분적 개호를 필요로 하는 상태 |
| 요개호 2 | 경도의 개호를 필요로 하는 상태 |
| 요개호 3 | 중정도의 개호를 필요로 하는 상태 |
| 요개호 4 | 중도의 개호를 필요로 하는 상태 |
| 요개호 5 | 최중도의 개호를 필요로 하는 상태 |

### (4) 개호보험서비스의 종류

개호보험서비스에는 가정에서 이용하는 '재택서비스'와 개호보험시설에 입소하여 이용하는 '시설서비스'가 있다. 또한 복지용품이나 재택 개보수 등이 필요한 경우에는 용품을 대여하거나 일정 금액을 지원 받을 수 있다.

① '재택 서비스' 가정에서 이용할 수 있는 서비스

방문개호, 방문입욕개호, 방문 간호, 방문 재활, 의사/치과의사 등의 재택요양관리지도

② 시설 이용 서비스

노인보건시설 등에 가서 받는 재활치료, 복지시설에 단기간 입소하여 생활개호를 받는 서비스(복지시설 단기입소), 노인보건시설 등에 단기입소하여 요양개호(의료시설 단기입소)를 받는 서비스

③ 복지용품과 재택 개보수 등

휠체어나 침대 등 복지용품 대여, 배설/입욕 관련 복지용품 구입비 지급, 가정 내 손잡이 설치 등에 소요되는 개보수비용 지급

④ 기타

유료 노인복지 시설 등에서의 생활개호, 치매 고령자의 그룹홈 등의 서비스 지원

### (5) 자기 부담 비율

개호서비스를 이용할 경우 서비스 비용의 10%를 서비스 제공업자에게 지불하고 나머지 90%는 개호보험에서 지원을 받는다. 자기 부담 금액이 고액인 경우에는 고액개호서비스라는 것이 있는데, 개호서비스에 자기부담 상한금액을 설정하여 이를 초과한 부분에 대해서는 신청을 하면 상환 받을 수 있게 되어 있다. 상한 금액은 한 달에 1세대 총 37,200엔이며, 노령복지연금이나 생활보호 대상자의 경우 15,000엔이다.

〈표 2-III-5〉 개호서비스 이용한도액

<table>
<tr><th></th><th>방문, 입소<br>서비스(1개월)</th><th>단기입소<br>(6개월)</th><th>복지용구<br>구입비 지급</th><th>재택개보수<br>지급</th><th>재택요양<br>관리지도</th></tr>
<tr><td>요지원</td><td>61,500엔</td><td>7일</td><td rowspan="6">1년간에 10만엔<br>(4/1～3/31)</td><td rowspan="6">1세대 당<br>20만엔</td><td rowspan="6">방문횟수<br>제한 있음</td></tr>
<tr><td>요개호1</td><td>165,800엔</td><td>14일</td></tr>
<tr><td>요개호2</td><td>194,800엔</td><td>14일</td></tr>
<tr><td>요개호3</td><td>267,500엔</td><td>21일</td></tr>
<tr><td>요개호4</td><td>306,000엔</td><td>21일</td></tr>
<tr><td>요개호5</td><td>358,300엔</td><td>42일</td></tr>
</table>

* 개호서비스는 개호도에 따라 이용한도나 이용횟수가 정해져 있음.

〈표 2-III-6〉 시설 이용료 기준

| | 개호노인복지시설<br>(특별 양호노인홈) | 개호노인보건시설<br>(노인보건시설) | 개호요양형 의료시설<br>(요양형병상 등) |
|---|---|---|---|
| 요개호1 | 약 25만 엔 | 약 28만 엔 | 약 38만 엔 |
| 요개호2 | 약 26만 엔 | 약 29만 엔 | 약 39만 엔 |
| 요개호3 | 약 28만 엔 | 약 31만 엔 | 약 40만 엔 |
| 요개호4 | 약 29만 엔 | 약 32만 엔 | 약 42만 엔 |
| 요개호5 | 약 31만 엔 | 약 34만 엔 | 약 43만 엔 |

### (6) 직장이 있는 경우가 없는 경우

건강보험에 가입한 직장인의 경우 40세가 되면 자동적으로 월급에서 개호보험료가 자동 이체된다.

① 보험료 납부 기간: 40~64세까지 보험료 납부.

② 보험료 부담액: 피보험자의 표준 보수액으로 나라와 건강보험조합마다 설정된 개호보험의 보험료율을 곱하여 산출한다.

퇴직한 경우에는 기존 직장보험에서 국민건강보험으로 바뀌면서 국민건강보험료와 함께 개호보험료를 동시에 납부하게 된다.

남편이 직장이 있고 부인이 피부양자일 경우 남편 보험료만 부담하면 되나 퇴직 후에는 부부 모두 자신의 보험료를 따로 납부하게 된다. 직장이 있을 때는 보험 가입자의 부양가족으로 인정되어 건강보험증에 기명된 40~64세까지의 가족의 보험료는, 국가가 관장하는 건강보험의 경우에는 부담하지 않아도 된다. 건강보험조합의 경우 조합에 따라 부담해야 하는 경우도 있으나 대부분의 경우 국가와 동일하다.

원칙적으로 대표이사가 1인인 법인이라도 사회보험에 가입해야 된다. 그러나 여러 가지 이유로 회사가 사회보험에 가입하지 않은 경우, 그 회사에 다니는 직장인도 사회보험에 가입하지 않은 상태가 된다. 이럴 경우 거주지역의 국민건강보험제도에 가입하여 개호보험 가입을 하게 되며, 이 경우 배우자는 부양가족이라 해도 보험료를 각자 부담하게 된다.

한편 65세 이상의 경우의 개호보험 지불 방법은 다음과 같다. 65세가 되면 개호보험의 '제1호 피보험자'가 된다. 또한 동시에 원칙적으로 연금 세대가 되며 노령기초연금 등의 연금을 받게 된다. 이때 개호보험 보험료는 피보험자가 거주하는 지역의 기초자치단체 등으로부터 통지를 받아 이를 바탕으로 사회보험청에서 지불되는 연금에서 자동이체 된다. 그러나 일정액 이하의 연금을 받고 있을 경우에는 거주 지역의 기초자치단체에 직접 납부하게 된다.

개호보험료는 거주 지역의 개호서비스 내용에 따라 차이가 있다. 보험료가 타 지역보다 비싸다 해도 서비스 내용이 우수하다면 주민은 안심하고 보험료를 부담할 수 있는 것이다.

# Ⅳ. 일본의 의료제도

## 1. 일본 의료의 국제비교

전 세계인의 건강을 지키기 위해 활동하는 세계보건기구(WHO)는 전 세계 보건의료제도를 비교한 결과를 발표한다. 그 내용을 보면 일본 의료는 아주 높은 평가를 받고 있으며 세계에서도 상위권 수준을 기록하고 있다(〈표 2-Ⅳ-1〉). 이와 같은 높은 평가를 받으면서도 낮은 의료비를 유지할 수 있는 것도 일본 의료제도의 특징 중 하나라고 할 수 있다. 일본의 의료제도는 세계 제1의 장수국, 세계에서 가장 낮은 영유아사망률 실현에 크게 공헌하고 있다(〈표 2-Ⅳ-2〉).

한편으로 세계 각국의 의료비를 살펴보면 경제협력개발기구(OECD)는 일본의 의료비가 전 세계 다른 나라에 비해 아주 저렴하다고 말한다.

〈표 2-IV-1〉 건강수명과 의료비

<table>
<tr><th rowspan="4"></th><th colspan="3">세계보건기구(WHO)</th><th colspan="2">경제협력개발기구(OECD)</th></tr>
<tr><th colspan="3">건강달성</th><th rowspan="3">1인당 국내 총생산(GDP) 1998년</th><th rowspan="3">총의료비와 국내총생산 비교 1998년</th></tr>
<tr><th colspan="2">건강</th><th rowspan="2">건강달성도의 종합평가</th></tr>
<tr><th>건강수명*</th><th>평등성**</th></tr>
<tr><td>일본</td><td>1위</td><td>3위</td><td>1위</td><td>5위</td><td>18위</td></tr>
<tr><td>호주</td><td>2</td><td>17</td><td>12</td><td>17</td><td>7</td></tr>
<tr><td>프랑스</td><td>3</td><td>12</td><td>6</td><td>12</td><td>5</td></tr>
<tr><td>이탈리아</td><td>6</td><td>14</td><td>11</td><td>16</td><td>14</td></tr>
<tr><td>캐나다</td><td>12</td><td>18</td><td>7</td><td>18</td><td>6</td></tr>
<tr><td>영국</td><td>14</td><td>2</td><td>9</td><td>14</td><td>21</td></tr>
<tr><td>독일</td><td>22</td><td>20</td><td>14</td><td>8</td><td>3</td></tr>
<tr><td>미국</td><td>24</td><td>32</td><td>15</td><td>4</td><td>1</td></tr>
</table>

* 건강수명이란 건강하게 자립해서 생활할 수 있는 나이
** 평등성이란 나이나 지역간 격차가 없는 것
자료: WHO, World Health Report 2000 / OECD, OECD Health Data 2000

〈표 2-IV-2〉 영유아사망률(출생 1,000명당), 평균수명의 국제비교 2000년

<table>
<tr><th rowspan="2"></th><th rowspan="2">영유아사망률<br>(출생 1000명당)</th><th colspan="2">평균수명</th></tr>
<tr><th>남</th><th>녀</th></tr>
<tr><td>일본</td><td>3.6명</td><td>77.1세</td><td>84.0세</td></tr>
<tr><td>스웨덴</td><td>4.0명</td><td>76.2세</td><td>81.4세</td></tr>
<tr><td>영국</td><td>6.1명</td><td>74.3세</td><td>79.5세</td></tr>
<tr><td>프랑스</td><td>4.9명</td><td>74.6세</td><td>82.2세</td></tr>
<tr><td>독일</td><td>5.0명</td><td>73.3세</td><td>79.7세</td></tr>
<tr><td>미국</td><td>7.6명</td><td>73.6세</td><td>79.4세</td></tr>
</table>

자료: WHO, World Health Statistics Annual / UN, Demographic Yearbook

## 2. 일본 의료보험제도의 특징

일본의 의료보험제도에는 3가지의 특징이 있다. 일본 의료보험제도의 특징 중 하나는 모든 국민이 공적 의료보험에 가입한다는 것이다. 이것을 국민개보험제도(国民皆保険制度)라고 말한다. 두 번째 특징은 저렴한 비용으로 만족할 만한 질 높은 의료서비스를 받을 수 있는 안정감 있는 방식이다. 진료보수라고도 불리는 이 방식은 소비자가 의료서비스를 받는 대가로 의사에게 지불할 요금 수준과 그 체계를 말하며, 이러한 체계로 인해 일본인들은 어디에서나 의료행위에 대해 일괄적으로 정해진 요금 수준의 서비스를 받을 수 있다. 세 번째 특징은 '언제든, 누구든, 어디서든' 보험증만 있으면 아무런 제한 없이 어떠한 의료기관에서라도 어떤 의사에게라도 자유롭게 진찰을 받을 수 있는 것이다. 이것을 프리 액세스(Free Access)라고 한다.

다음에서 이 세 가지 특징에 대해 자세히 알아보도록 한다.

### 1) 국민개보험제도(国民皆保険制度)

일본의 국민개보험제도는 원칙적으로 국민 모두에게 공적 의료보험 가입을 의무화하고 있다. 그 근원을 찾아보면 1922년에 독일 보험법을 바탕으로 건강보험법을 제정한 것이 처음이다. 1930년대의 제2차 세계대전 중 국민 모두를 대상으로 제도가 도입되었고 국민건강보험법이 성립되어 전후 61년에 신국민건강보험법을 바탕으로 국민개보험제도가 시작된다.

개보험의 의료비 지불 시스템에 대해 살펴보자. 국민은 각각 공적보험사업을 실시하는 보험자(기업의 건강보험조합, 국가 또는 시정촌)에 매월 일정 금액의 보험료를 지불한다. 보험에 가입된 환자가 병원에서 진찰이나 치료를 받을 경우, 환자는 진료, 진찰에 소요된 의료비의 일부(자기부담금=초등생~69세는 30%)를 의료기관에 직접 지불한다. 의료기관은 진료보수 단가표를 기준으로 의료비 지불(환자의 자기부담분을 제외한 금액)을 '심사청구기관'에 청구하게 되고 심사청구기관은 그것이 타당한지를 심사한 후 심사된 청구서를 '보험자'에게 돌린다. 보험자는 청구금액을 심사지불기관을 통해 의료기관에게 지불하게 된다.

미국은 의료기술 선진국이라 불린다. 그러나 일본과 같이 전 국민을 대상으로 한 의료보험제도는 없다. 공적 의료보험으로 65세 이상을 대상으로 하는 '메디케어'와 저소득층을 대상으로 하는 '메디케이드'가 있지만 일반적으로는 민간 의료보험이 중심이 되고 있으며 이 경우 보험 종류에 따라 진찰 받을 수 있는 의료기관이 한정된다.

### (1) 국민개보험제도의 장점과 단점

국민개보험제도는 누구나 평등하게 의료서비스를 받을 수 있다는 장점이 있다. 물론 제공되는 의료서비스는 지역간 차이가 존재하지만 보험증만 있으면 일본의 어떤 곳에서라도 병원에서 진찰을 받을 수 있는 '프리 액세스'가 인정된다. 환자는 소요된 의료비의 일부를 부담해야 하지만 지불되는 고액부담을 경감시킬 수 있는 '고액요양비제도'가 있어서 평상시 생활에서는 비교적 저렴하게 의료서비스를 받을 수 있다. 의료기관은 진료행위를 점수로 환산하여 '총점수'로 신청을 하며 환자 요구에 맞는 의료를 제공할 수 있다.

한편으로 과제와 단점도 적지 않다. 우선 초고령화사회를 맞이하고 있는 일본은 보험수입이 증가하지 않은 한편 고령자 의료비가 증대되고 있으며 이 때문에 원래 적자였던 국민건강보험뿐만 아니라 지금까지는 흑자를 유지해 왔던 기업의 건강보험도 어려워지고 있다. 국민의료비의 30% 이상은 공비(세금)로 보충하고 있다.

또한 의료기관이 '총점수'로 의료비를 신청하는 현 체제는 지나친 투약이나 진료행위가 일어날 수 있는, 의료비 낭비를 초래하기 쉬운 구조라고 할 수 있다. 개보험제도의 기본원칙을 유지하면서 적자를 개선하고 의료비 낭비를 없애는 일이 요구되고 있다.

### (2) 자유진료

일본의 개보험제도가 직면하는 중요한 과제 중 하나가 '자유진료' 문제이다. 자유진료는 공적의료보험이 적용되지 않는 '보험외 진료'를 말한다. 국내에서 인정되지 않은 최신치료약이나 첨단적 의료기술 등의 서비스를 받을 경우 보험외 진료가 되며 비용은 전액 환자의 자기부담이 된다. 하지만 이럴 경우 보험의 제약에서 벗어나 자유로운 의료행위를 할 수 있으므로 자유진료라고 불린다.

문제는 자유진료와 보험진료를 조합한 '혼합진료'를 국내에서 실시할 경우 원칙적으로 보험의 혜택을 전혀 받을 수 없고 보험진료 비용까지도 자기 부담을 해야 한다는 것이나. 이것이 '혼합진료 금지'의 원칙이다.

왜 혼합진료의 보험적용이 인정되지 않는지 의아하게 생각하는 사람들도 많을 것이다. 그 이유는 새롭게 개발된 의료는 고액인 경우가 많아서 혼합진료를 인정할 경우 돈을 벌고 싶어하는 의료기관이 보험진료에 더해서 지나치게 많은 보험외 진료를 강요하는 경우가 발생할 가능성이 있기 때문이다. 의료비가 급등하게 되고 비용을 부담할 수 없는 사람도 나타날 것이다. 국가는 이러한 격차가 생기는 것은 국민개보험의 기본원칙에 반한다고 생각한다.

그러나 '환자가 원하는 치료를 받을 기회를 확대하라'는 요구가 강해지고 있으며 승인되지 않은 암치료를 받은 남성이 혼합진료개방을 요구하며 제소한 일도 있다. 그래서 후생노동성은 혼합진료를 예외적으로 인정하는 '보험외 병용요양비 제도'를 마련하여 후생노동성이 정한 '평가요양'과 '선정요양'에 한하여 보험외 진료와 보험진료의 병용을 인정하고 있다. '선진의료'는 이러한 평가요양의 일종이다.

### 2) 진료보수체계

의료기관의 수입은 진료보수점수로 결정되는데, 진료보수점수는 의료보험에서 의료기관에게 지불되는 치료, 진찰비를 말한다. 모든 진료행위 또는 약제는 세분화된 점수가 적용되며 1점당 10엔으로 환산되어 지불된다. 이러한 점수 공정메뉴는 '진료보수체계'라 하여 전국에 일률적으로 적용된다.

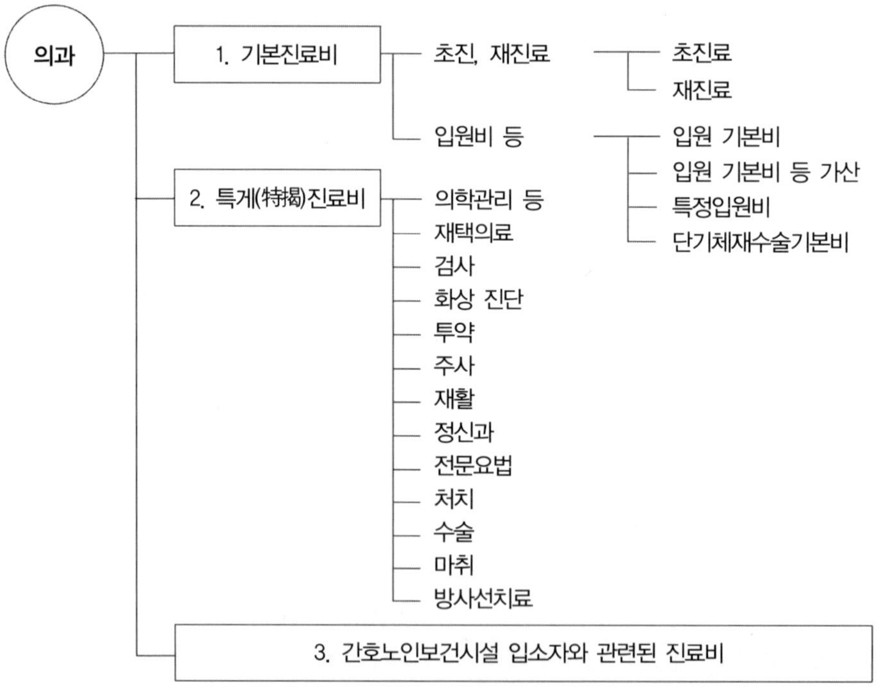


[그림 2-IV-1] 의과진료보수 점수표 항목

진료보수는 의료행위와 관련된 물적 경비나 의료종사자의 인건비(의사, 간호사, 약제사 등)에도 적용된다. 동시에 의료보험 적용을 받을 수 있는 의료범위와 내용도 정해진다. 진료보수는 2년마다 중앙 사회보험의료협의회의 심의에 의해 결정된다. 중앙사회보험의료협의회는 후생노동성의 자문기관으로 진료보수 점수를 결정하는 기관이다. 지불측 위원, 진료측 위원, 공익위원, 전문위원 등으로 구성되며 전문위원에는 제약회사나 의료기기관련회사 등 의료주변산업 관련 회사도 포함된다.

진료보수점수표에는 ① 의과진료보수점수표, ② 치과진료보수점수표, ③ 조제진료보수점수표의 3종류가 있다.

### 3) 프리 액세스

프리 액세스(Free Access)란 국민개보험제도 덕분에 보험증과 일부 자기 부담금만 지참하면 일본 전국 어느 보험의료기관에서든 원하는 진료소에서 필요한 진료를 직접 받을 수 있는 것을 말한다. 일본의 외래진료비율은 다른 나라에 비해 3~4배 높은데 이는 이러한 프리 액세스 덕분이다.

가정의제도를 채택하고 있는 영국의 경우 가정의의 소개장 없이 2차 진료기관에서 진료를 받을 경우 전액 자기부담을 해야 한다.

## 3. 일본의 건강보험제도

건강보험제도란 병이나 상해를 입거나, 이로 인해 회사를 쉬어 월급을 받지 못할 때, 사망했을 때, 출산을 위해 회사를 쉬어 월급이 나오지 않을 때, 출산했을 때에 의료급부나 수당금을 지급받아 생활을 안정시키는 것을 목적으로 하는 '사회보험'제도이다. 1961년 국민건강보험법 개정으로 인해 국민개보험이 시작되었다.

앞에서 설명했듯 일본 국민(및 1년 이상의 체류자격 보유하는 외국인)은 생활보호수급자 등 일부를 제외하고는 수입이 있든 없든 전원이 공직의료보험에 가입해야 한다.

여기에서 의료보험제도의 종류를 살펴보자. 우선 의료보험제도에는 ① 직업보험(피용자보험), ② 지역보험, ③ 고령자의료보험, ④ 공적부담의료 등이 있다.

또한 직업영역에 따라 의료보험제도가 달라지는데, 크게 나누어 농업이나 자영업을 영위하는 자들이 가입하는 '국민건강보험', 직장이나 공장, 상점 등에서 일하는 자들이 가입하는 '건강보험'의 두 가지가 있다(〈표 2-IV-3〉).

〈표 2-IV-3〉 일본의 건강보험제도

<table>
<tr><th></th><th>제도</th><th colspan="2">피보험자</th><th>보험자</th><th>급부사유 등</th></tr>
<tr><td rowspan="5">의료보험</td><td rowspan="2">건강보험</td><td>일반</td><td>건강보험 적용사업소에서 일하는 직장인(민간회사 근무자)</td><td>전국건강보험협회, 건강보험조합</td><td rowspan="3">업무 이외 질병, 상해, 출산, 사망(선박보험은 업무상의 경우도 포함)</td></tr>
<tr><td>법제3조 제2항 규정에 의한 피보험자</td><td>건강보험 적용사업소에 임시로 고용된 자/계절적사업에 종사하는 자(일정기간 이상 고용되는 자 제외)</td><td>전국건강보험협회</td></tr>
<tr><td>선원보험(질병부문)</td><td colspan="2">선원으로 선박소유자에게 사용되는 자</td><td>정부(사회보건청)</td></tr>
<tr><td>공제조합(단기급부)</td><td colspan="2">국가공무원, 지방공무원, 사학 교직원</td><td>각종공제조합</td><td rowspan="2">질환, 상해, 출산, 사망</td></tr>
<tr><td>국민건강보험</td><td colspan="2">건강보험, 선원보험, 공제조합 등에 가입된 근로자 이외의 일반 주민</td><td>시(구)정촌</td></tr>
<tr><td>퇴직자의료</td><td>국민건강보험</td><td colspan="2">후생연금보험 등 피용자연금에 일정기간 가입하여 노령연금급부를 받는 65세미만인 자</td><td>시(구)정촌</td><td>질환, 상해</td></tr>
<tr><td>고령자의료</td><td>장수의료제도(후기고령자 의료제도)</td><td colspan="2">75세 이상인 자 또는 65~74세인 자 중 일정한 장해 상태에 있어서 후기고령자의료광역연합의 인정을 받은 자</td><td>후기고령자의료광역연합</td><td>질환, 상해</td></tr>
<tr><td>공비부담의료</td><td>공비부담의료제도</td><td colspan="2">사회복지 또는 공중위생의 관점에서 국가 또는 지방공공단체가 특정 대상자에 대해 공비로 의료와 관련된 급부함</td><td>국가 또는 지방공공단체</td><td>경우에 따라 일부 자기부담</td></tr>
</table>

# 4. 일본의 의료비

여기에서 일본의 의료비에 대해 살펴보자.

## 1) 현황

국민의료비는 1990년에 20조 6천억 엔으로 1999년까지 상승했다. 하지만 90년대 말의 버블경제 붕괴와 함께 경제가 침체되면서 구제완화, 구조개혁 흐름 속에서 의료비 억제를 위한 의료개혁이 추진되었다.

한편 2002년, 2004년은 진료보수 개정으로 마이너스개정으로 국민의료비 성장이 억제되었다. 의료비의 향후 전망은 보면, 후생노동성은 국민의료비가 증가하여 2025년에는 56조 엔에 달할 것으로 예측하는데, 이는 고령화로 인해 의료비가 증가하기 때문인 것으로 추측한다([그림 2-IV-2]).

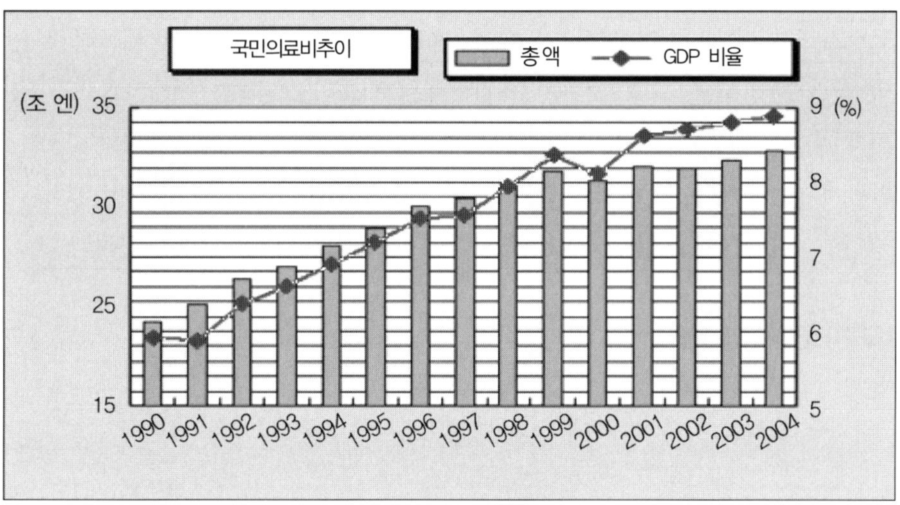


[그림 2-IV-2] 국민의료비 추이

고령화될수록 의료비는 급증한다. 누적비율로 보면 70세 이상은 의료비의 57%를 80세 이상은 33%를 점유하고 있다. 그러므로 인구 구성이 고령화되면 자연스레 의료비는 증가하게 될 것이라는 것이다([그림 2-IV-3]).

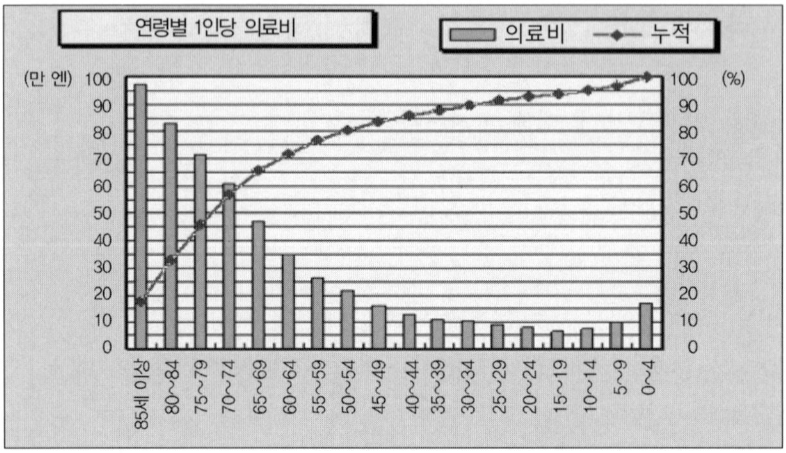


[그림 2-IV-3] 연령별 1인당 의료지출비

### 2) 고액요양비제도

후생노동성이 의료비 억제에 어려움을 겪고 있는 것 중에 '고액요양비제도'가 있다. 이는 의료비가 고액일 경우 피보험자가 신청을 하면 정해진 상한금액만 내도록 하는 제도이다. 동일 인물이 같은 달에 동일 의료기관에서 지불하는 자기 부담 의료비가 일정 정도를 넘었을 경우에만 적용된다. 이는 빈부에 상관없이 같은 수준의 의료를 받을 수 있도록 하기 위한 제도로, 의료 평등을 확보하기 위해 중요한 제도라고 할 수 있다. 그러나 후생노동성은 의료비를 억제하기 위해 이 제도를 개혁하려 한다.

### 3) 국민의료비의 재원

국민의료비 재원은 다음의 5항목으로 이루어진다.

① **보험료**: 일본의 의료보험은 전 국민을 대상으로 하는 공적보험이며 국민은 보험에 가입하는 권리와 동시에 의무가 있다. 그러므로 보험료는 반 강제적으로 징수해야 한다.

② **건강보험**: 보통 직장인의 경우는 표준보수의 4.1%를 매달 징수한다. 이와 똑같은 금액을 사업주인 회사로부터도 징수한다.

③ **국민건강보험**: 피보험자는 시구정촌마다 정해진 보험료를 납부한다.

④ 환자부담: 병원을 방문하여 진찰받을 경우 창구에서 일부 부담액을 지불한다. 후생노동성은 환자부담을 10년 전의 12%에서 15% 이상으로 끌어올렸다.

⑤ 공비: 보험료와 환자부담만으로는 충분하지 않으므로 국민의 세금에서 부족분을 보충한다.

## 5. 각종 의료용어

여기에서는 일본 의료상황에서 다용되는 의료용어를 이해하기 쉽게 정리해 보도록 한다.

### 1) 보험급부

건강보험은 피보험자나 그 가족이 질병이나 상해를 입었을 때 의료기관 진료를 제공(현물지급)하거나 출산 혹은 사망했을 경우 정해진 각종 급부금을 현금으로 지급한다. 이러한 진료제공 또는 급부금 지급을 보험급부라하며, 보험급부에는 다음과 같은 종류가 있다.

요양급부, 입원시 식사요양비, 입원시 생활요양비, 보험외 병용요양비, 요양비, 방문간호요양비, 이송비 상해, 질병수당금, 장례비, 출산육아일시금, 출산수당금, 가족요양비, 가족방문간호요양비, 가족이송비, 가족장례비, 가족출산육아일시금, 고액요양비, 고액개호합산요양비

### 2) 현물급부와 현금급부

보험급부에는 질병이나 상해를 입었을 경우에 이를 치료하기 위해 의료 자체를 급부하는 방법과, 치료를 위해 소요된 비용을 급부하는 방법이 있다. 이 중 의료를 급부하는 방법을 현물급부, 현금을 급부하는 방법을 현금급부라 부른다.

#### (1) 현물급부

피보험자와 피부양자가 보험의료기관 등에서 진료비를 지불하지 않고 요양을 받고, 보험자가 보험의료기관에 진료비를 지불하는 시스템이다.

### (2) 현금급부

예를 들어 여행 중 병에 걸렸지만 건강보험증을 가지고 있지 않아 피보험자가 자유진료(보험을 사용하지 않고 받는 진료)로 의료기관에서 진료, 약제를 지급받았을 때 등 보험자가 불가피하다고 인정할 경우 요양급부 대신 요양비를 지급한다. 이 요양비 지급(요양비 지불)은 환자가 보험자에게 요양비를 청구하여 집행되며 일부 부담금을 제외한 금액이 지급된다.

## 3) 보험급부는 어떤 경우에 지급되는가

### (1) 요양의 급부

건강보험 피보험자가 업무 이외의 이유로 질병에 걸리거나 상해를 입었을 때 건강보험으로 치료를 받는데 이를 요양급부라 한다. 피보험자가 요양급부를 받기 위해서는 보험의료기관 창구에 피보험자증을 제출하여 진료를 받아야 한다.

### (2) 가족요양비

피부양자의 질병이나 상해에 대해서는 가족요양비가 지급된다. 피부양자에 대한 급부는 피보험자에게 가족요양비를 지급하는 것을 원칙으로 하지만, 피부양자에게 요양급부가 직접 행해지는 것은 아니다. 실제로는 피부양자가 피보험자증을 보험의료기관에 제출하여 현물급부를 받는다. 이는 보험자가 가족요양비를 보험의료기관에 지불함으로써 피보험자에게 가족요양비를 지급한 것으로 인정하는 규정에 의한 것이다.

### (3) 방문간호요양비

집에서 요양하는 피보험자가 주치의 지시에 따라 방문간호스테이션의 방문간호사로부터 요양상 도움이나 필요한 진료 보조를 받을 경우, 이에 해당하는 비용이 방문간호요양비로 현물급부된다.

제공되는 서비스는 병상 관찰 및 주치의에 대한 보고, 위생상 상담/지도, 입욕, 배설 관련 보조 등. 방문간호요양비는 후생노동장관이 정한 기준에 따라 산출되는 금액에서 환자가 부담하는 기본이용금액을 제한 금액이 된다. 방문간호의 기본이용료는 피보험자,

피부양자 공히 30%이다. 또한 방문간호요양비의 기본이용료는 고액요양비 대상이 된다.

또한 환자는 교통비, 기저귀 값 등의 실비와 특별서비스(영업외 대응)를 희망할 경우 특별요금을 지불해야 한다.

### 4) 보험외 병용요양비

건강보험은 보험이 적용되지 않는 보험외 진료가 있을 경우, 보험이 적용되는 진료를 포함하여 의료비 전액을 피보험자가 부담하게 되어 있다. 단, 보험외 진료를 받을 경우라도 후생노동성 장관이 정하는 '평가요양' 및 '선정의료'는 보험진료와 병용될 수 있도록 인정되고 있다. 즉 일반적인 치료와 공통되는 부분(진찰, 검사, 투약, 입원비 등)의 비용은 일반보험진료와 같이 취급되고, 이 부분에 대해서는 일부 부담금을 지급한다. 나머지 금액은 '보험외 병용 요양비'로 건강보험이 급부한다. 피부양자의 보험외 병용 요양비에 해당하는 급부는 가족요양비로 급부한다.

### 5) 특정요양비

특정요양비제도는 특정요양비(병실요금 차액 등 환자 선택에 의한 선정요양)와 고도선진의료에 대해 보험진료와 병용할 수 있도록 인정하는 제도이다.

예를 들어 광역단체장의 승인을 받은 특정 의료기관에서 후생노동장관이 정한 고도선진의료를 받을 경우 자기부담분을 초과하는 부분이 특정 요양비로 급부된다. 단, 고도선진의료의 기술료 부분은 피보험자가 전액 부담한다.

### 6) 보험외 병용요양비제도와 특정요양비의 차이

보험외 병용요양비제도는 보험도입 가능성이 있는 것(평가요양)과 보험도입을 전제로 하지 않는 것(선정요양)으로 나뉜다.

환자로부터 징수하는 특별요금의 경우, 선진의료 등을 '평가요양'으로, 병실료 차액이나 금니는 '선정의료'로 분류한다. 기존의 특정요양비와 마찬가지로 '선정의료'는 소비세 과세대상이 되며 '평가요양'은 비과세이다.

### 7) 선진의료

선진의료는 국민의 안전성을 확보하고 환자부담의 증대를 방지하기 위해 국민의 선택 폭을 넓히고 편이성을 향상하기 위헌 선정요양으로 자리매김되어 보험진료와 병용할 수 있게 되어 있다.

유효성이나 안전성을 확보하기 위해 각각의 의료기술마다 일정한 시설기준을 설정하여 시설기준에 해당되는 보험의료기관은 신고를 통해 보험진료와 병행할 수 있다.

선진의료에 대해서는 향후 보험도입을 위한 평가를 집행하는 것으로, 보험진료와 병용할 수 있도록 인정하고 있으며 실시 보험의료기관이 정기적으로 보고서를 제출 한다.

〈표 2-IV-4〉 평가 요양과 선정 요양 비교

| 평가요양 | 선정요양 |
|---|---|
| 의료기술 관련<br>· 선진의료, 고도선진의료<br>의약품, 의료기기 관련<br>· 의약품 치험관련 진료<br>· 의약기기 치험관련 진료<br>· 약가기준 수재전 승인의약품 투여<br>· 보험적용전 승인의약기기 사용<br>· 약가기준에 수재된 의약품의 적용 외 사용 | · 특별 요양환경의 제공<br>· 예약 진료<br>· 시간외 진료<br>· 앞니부위 재료의 차액<br>· 200병상 이상 병원의 미소개환자 초진<br>· 200병상 이상 병원의 재진<br>· 제한횟수를 넘는 의료행위<br>· 180일을 넘는 입원<br>· 금속의치<br>· 소아충치 치료 후 계속 관리 |

### 8) 일부 부담금과 자기 부담금의 차이

보험의료기관의 회계창구에서는 '일부 부담금'과 '자기 부담금'이라는 말이 의미상 구분 없이 사용되는 경우가 많다. 피보험자가 보험의료기관 창구에서 지불하는 것이 '일부 부담금'이며 피부양자가 창구에서 지불하는 것이 '자기 부담금'이다.

#### (1) 일부 부담금

피보험자가 질병이나 상해를 입었을 때는 보험의료기관 창구에 보험증을 제시하면 필요한 의료비 일부를 지불하여 진료를 받을 수 있다. 이때 지불하는 의료비의 일부가 일부 부담금이다. 일부 부담금은 연령이나 수입에 따라 아래와 같이 부담비율이 다르다.

〈표 2-IV-5〉 일부 부담금 부담비율

| 피보험자 | | | 피부양자 | | |
|---|---|---|---|---|---|
| | | | 3세 미만 | 3~70세미만 | 70~75세미만 |
| 70~75세미만 | 일정 이상소득자 | 30% | 20% | 30% | 30% |
| | 일반 | 20% | 20% | 30% | 20% |
| 70세미만 | 소득 무관 | 30% | 20% | 30% | 20% |

## (2) 자기 부담금

의료비 전액을 자기 부담하는 것으로 피부양자의 창구지불금액이 이에 해당된다. 피부양자는 보험자에게 직접 보험료를 지불하지 않으므로 보험급부를 받을 자격이 없다. 그러므로 의료비 전액을 스스로 부담하게 된다. 그러나 건강보험법에서는 건강보험의 피부양자가 보험진료를 받았을 경우 의료비 일부를 피부양자 부담액으로 하고 나중에 나머지를 피보험자에게 가족 요양비 명목으로 급부하게 되며 급부된 가족 요양비를 보험의료기관에 지불하게 되어 있다. 단, 피보험자에게 지급해야 할 가족 요양비는 보험자가 직접 보험의료기관에 지불하며 이를 피보험자에게 가족 요양비로 지불한 것으로 간주하게 되어 있다.

〈표 2-IV-6〉 보험급부에서 제외되는 자기 부담 일람

| 일상생활상의서비스 | 문서류의 발행 | 진료보수상 실비가능한 것 | 기타(예방접종 등) |
|---|---|---|---|
| 기저귀/배뇨패드 값<br>복대/T자 허리띠 값<br>환자복 대여비<br>TV시청료<br>이발비<br>세탁비<br>PC대여비(인터넷비 등)<br>MD/CD, 기타 소프트 대여비<br>환자도서관 이용비 | 진단서, 증명서 대금<br>진료기록의 공개수수료<br>외국인환자에게 공급되는 보험문서 및 번역료 | 재택의료 관련 교통비<br>약제용기 값 | 예방접종비용(독감 등)<br>미용성형(기미 제거 등)<br>니코틴첨부약제의 처방<br>외국인환자에 대한 통역료 등 |

# V. 일본의 의료현황

## 1. 일본의 인구

2008년 기준 일본의 총인구는 127,288,419명이다. 일본의 그간의 인구 동향을 보면 1800년대 후반에는 3,500만 명, 1930년대에는 6,400만 명이었으며 1947~1949년에는 1차 베이비붐으로 인구가 7,400만 명으로 늘었으나 1950년에는 8,320만 명이었으며 1970년 65세 이상의 인구가 7%인 고령화 사회로 돌입하게 된다.

### 1) 일본의 출생과 사망

일본은 1870년경까지는 출생률과 사망률이 모두 높은 '다산다사' 시대였다. 1910년경까지는 출생률이 약간 상승하다가 제2차 세계대전 이후 베이붐 시대를 맞이하여 '다산소사' 시대가 되었고, 1949년경 출생률이 감소하다 1957년까지 급격히 감소하여 1960년 이후에는 사망률 · 출생률 모두 낮은 '소산소사'가 되었다.

출생률의 급격한 저하는 1948년 제정된 우생보호법의 조건부 인공임신중절 인정이 그

원인으로 지목되고 있다. 1955년 인공임신중절건수는 117만 건으로 출생수 173만 명에 필적하였다.

## 2) 출생

### (1) 출생률

1년간 태어나는 신생아의 수는 1970년대 초반에는 약 200만 명이었으나 최근에는 약 110만 명으로 감소하였다([그림 2-V-1]).

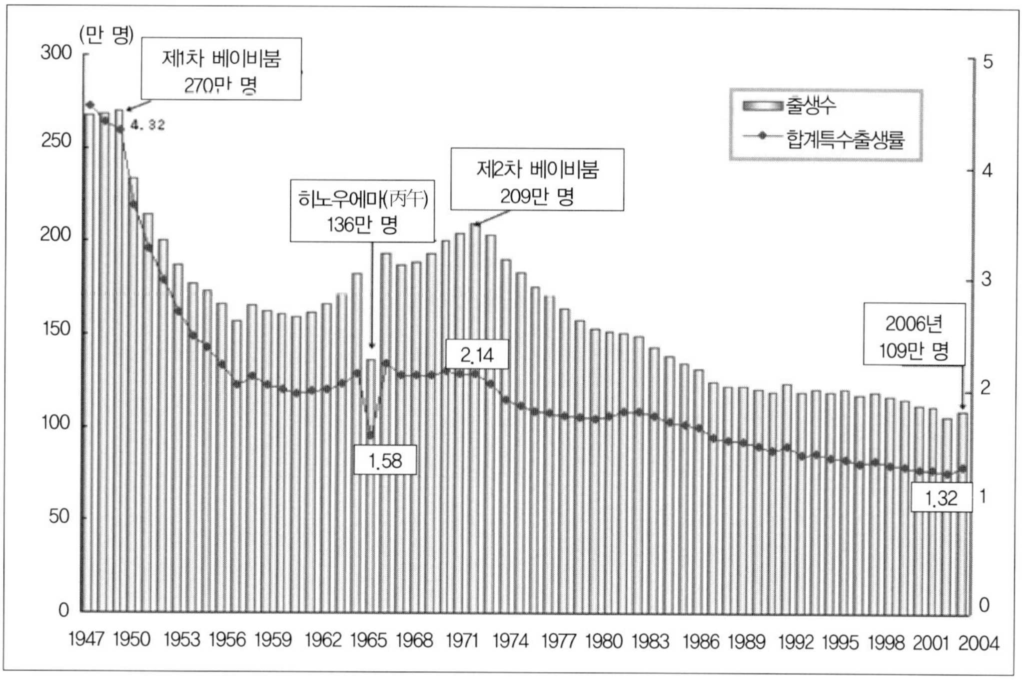


* 합계특수 출생률이란 여성의 연령별 출생률을 15~49세까지 더한 수치로 대표적 출생률 지표. 여성이 평생 낳는 평균 아동수에 해당함.

[그림 2-V-1] 일본의 총인구추이

### (2) 일본의 출생률 저하

출생률 저하 원인으로는 '만혼'과 '부부출생아수의 감소'가 지목되고 있다. 미혼 비율은 남녀 모두 여전히 상승, 만혼도 가속화되고 있다([그림 2-V-2]). 결혼한 부부의 출생아수는 1990년대 이후 감소하였으며 1960년대 이후에 태어난 세대의 경우 최종적 부부출생아 수가 2명이 되지 않는다([그림 2-V-3]).

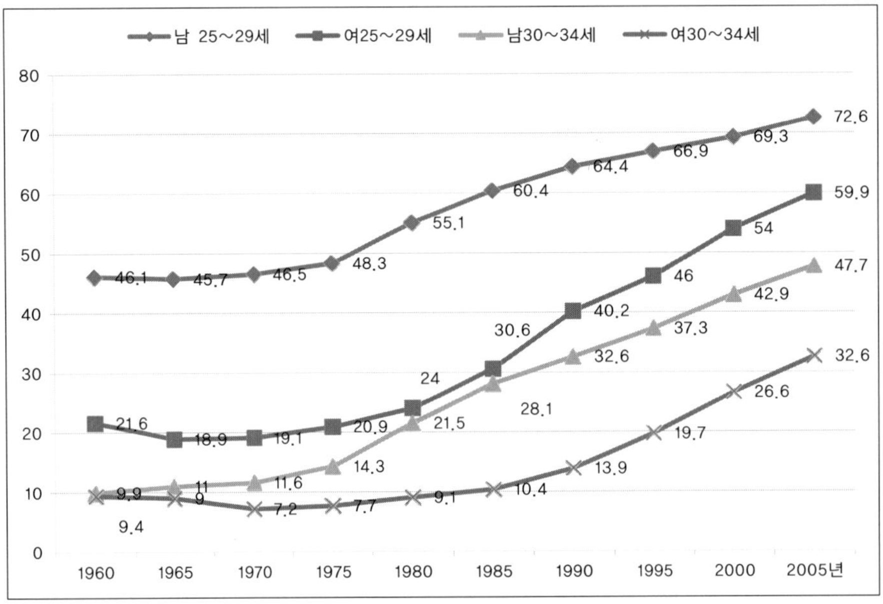


[그림 2-V-2] 연령별 미혼율 추이

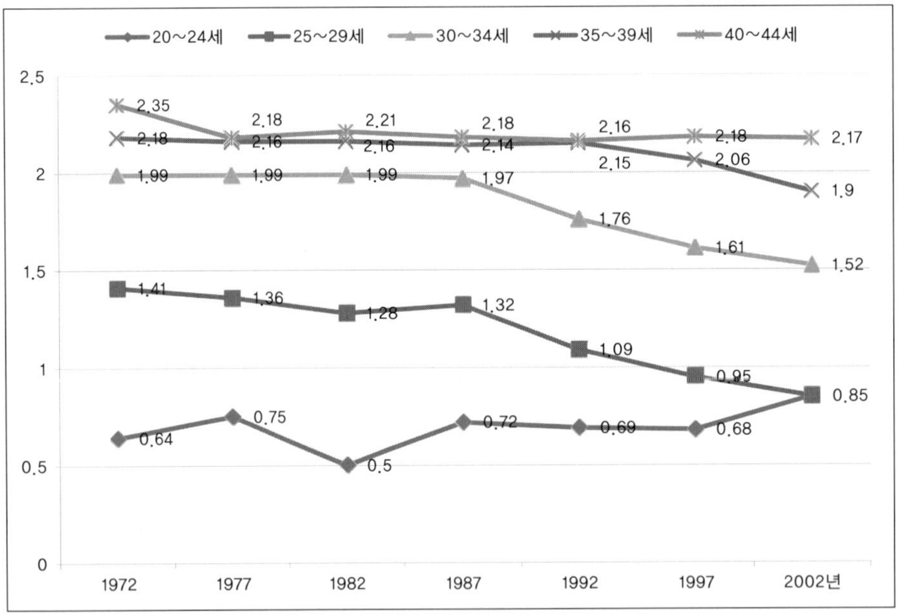


[그림 2-V-3] 부부출생아수의 추이

### (3) 출생률 감소 원인

① 만혼, 미혼

1980년대 후반 25~34세 미혼율이 상승하여, 2000년에는 남성 25~29세가 69.3%, 30~34세는 42.9%, 여성은 25~29세가 54.0%, 30~34세는 26.6%이 되었다. 일본에서 자녀는 결혼을 통해 태어나는 경우가 대부분이므로 미혼의 증가가 출생률 저하로 이어지고 있다.

1970년대~2000년 만혼화가 가속화되었다. 만혼화로 인해 출생연령이 상승하여 출생률 저하를 가져오고 있다. 평생 미혼율도 증가하여 2000년에는 남성 12.6%, 여성 5.8%로 미혼의 이유로는 '적당한 상대를 만나지 못했다', '필요성을 느끼지 못한다', '자유로움과 편안함을 잃고 싶지 않다', '결혼자금이 부족하다' 등이 있다.

② 부부의 출생력 저하

2002년 조사에 의하면 '이상적 자녀수'와 '예정자녀수'를 결혼지속기간이 0~4년인 부부에게 설문한 결과 이상자녀수는 2.31명이었으며 예정자녀수는 1.99명으로 윗세대보다 적었다.

### (4) 출생률 감소를 야기하는 환경적 요인

① 일과 육아를 양립할 수 없는 환경과 고학력화

일본에서는 1980년대 이후 일하는 여성이 증가하였다. 특히 젊은 세대의 여성 노동력 비율이 높아졌으나 일과 육아를 양립할 수 있는 환경이 정비되지 않아 만혼 또는 노산을 초래했다. 이 과정에서 출생률에도 영향을 주었을 것으로 추측된다. 또한 남녀 모두의 고학력화도 만혼에 영향을 미쳤다고 할 수 있다.

처음으로 자녀를 출산한 어머니의 경우, 출산 1년 전에 직업을 가지고 있었다고 답한 사람 중 약 67%가, 출산 6개월 후에는 무직자가 되었다. 즉 직장 여성에게 출산/육아와 일을 양립하는 것은 어려운 문제이며 직장 여성이 증가하고 있는 현실에 맞춰 출산/육아와 일을 양립할 수 있도록 보육원 확충 등의 보육지원이나 육아휴직 권장, 재취직 촉진을 위한 고용시스템 구축 등을 위해 노력하고 있다([그림 2-V-4]).

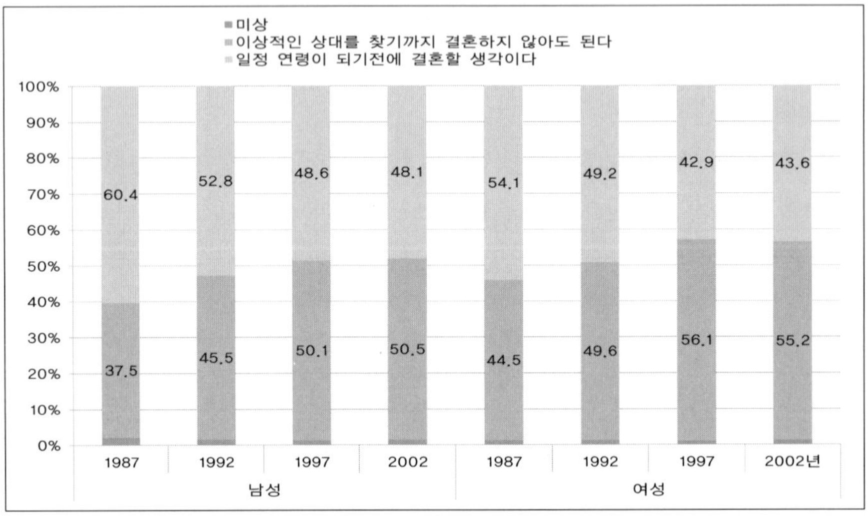


[그림 2-V-4] 출산 전후 여성 무직, 유직률

② 결혼 출산에 대한 가치관의 변화

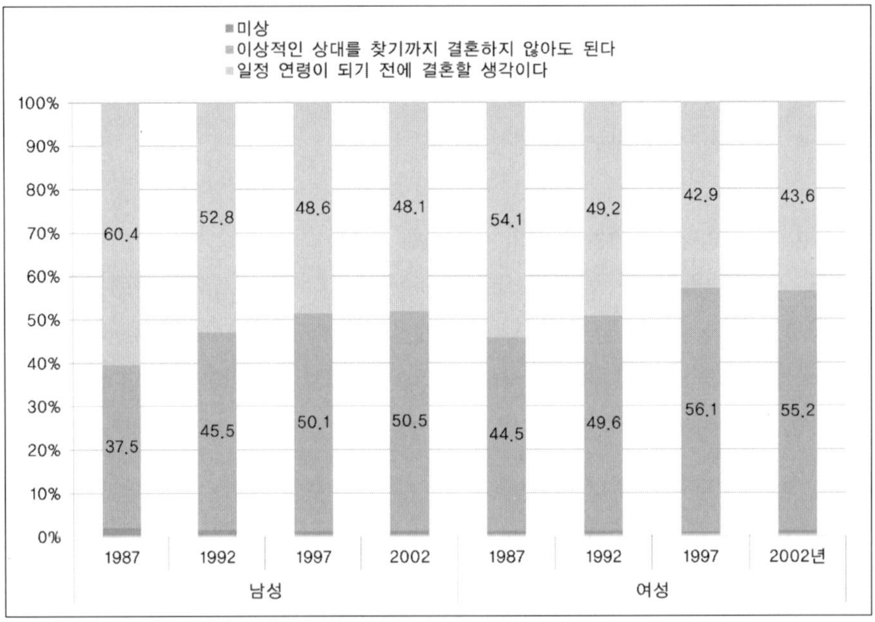


[그림 2-V-5] 미혼남녀의 결혼에 대한 인식

여성의 경우 '어느 정도 연령이 되면 결혼할 생각이다'는 사람은 54.1%(1987)에서 43.6%(2002)로 감소하고 있으며, '이상적 상대를 찾기까지 결혼하고 싶지 않다'는 사람은 44.5%

(1987)에서 55.2%(2002)로 증가하였다. 결혼을 필연적인 것으로 인식하지 않는 사람들이 많다는 것이다. 개인의 자유나 편안함을 바란 나머지 가정을 이루는 행위나 생명을 계승하는 행위에 대한 가치관이 상실되어 가고 있다는 지적도 있다([그림 2-V-5]).

③ 육아에 대한 부담감

이상적 자녀수보다 실제 자녀수가 적은 이유로는 육아비용이나 교육비 등의 부담을 드는 사람이 가장 많다. 다음으로 젊은 세대에서는 육아에 대한 심리적, 육체적 부담감이나 아이들이 자라는 사회환경에 대한 문제를 드는 경우도 있다.

교육비 부담은 유치원에서 대학까지 드는 비용은 공립의 경우 1,400만 엔, 사립의 경우 2,000만 엔 정도가 든다고 한다. 부부가 업무와 가정에 시간을 어떻게 배분하는가도 육아 부담과 관련이 있다. 현재 아버지가 업무를 우선하는 경향이 강하며 가사나 육아에 쏟는 시간이 적고 어머니의 부담을 가중시키고 있다고 판단된다.

가정이나 지역의 육아력이 떨어지고 있어서 육아에 대한 고립감, 피로감, 자신감 상실 등을 초래한다는 지적도 있으며 사회문제가 되어가고 있는 실정이다([그림 2-V-6]).

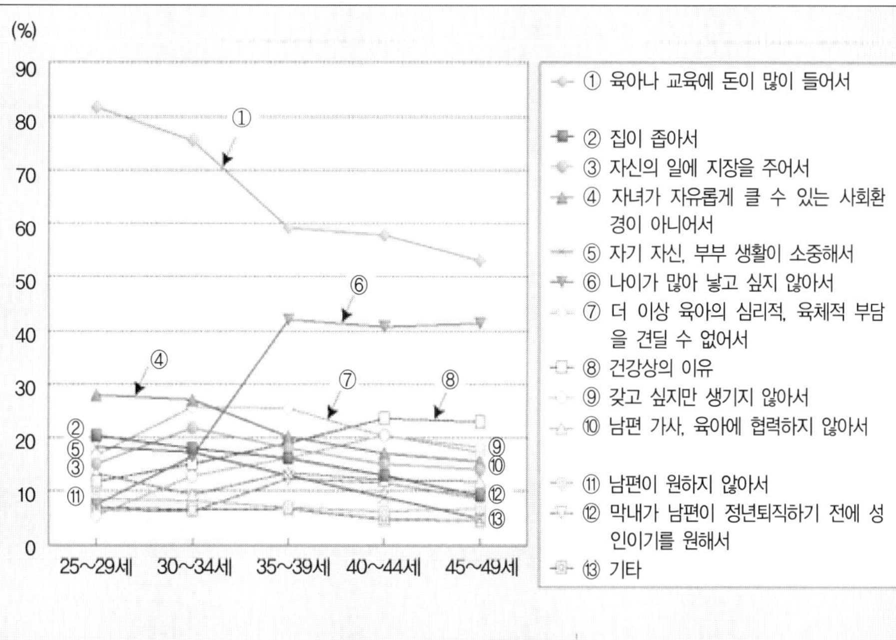


資料：国立社会保障・人口問題研究所「第12回出生動向基本調査」(2002 (平成14) 年)
注：予定子ども数が理想子ども数を下回る夫婦を対象。総数には25歳未満を含む。理由不詳を除く。

[그림 2-V-6] 출생동향 기본조사—아이를 갖지 않는 이유

④ 인구감소사회의 도래

이와 같은 여러 가지 이유로 인해 출생률이 점차 감소되면서 드디어 2005년에는 처음으로 출생률이 사망률보다 낮아지는 현상이 일어났다. 이에 따라 총인구수도 2005년에 감소하기 시작했다.

## 3) 사망

### (1) 일본의 질병구조

일본의 인구 10만 명당 사망률의 변천사를 살펴보면 메이지 시대까지는 폐렴이 사망원인 1위였다가 이후 1951년까지는 결핵이 1위를 차지했다. 1951년부터는 뇌혈관질환이 1위, 악성신생물이 2위, 폐렴 등이 3위의 순이 되면서 사망 원인이 이른바 생활습관병으로 이행되었다. 암 등의 악성신생물은 전후 일관되어 증가세를 보였으며 1981년에는 사망원인 1위가 되었다.

### (2) 일본의 사망원인 순위

2003년 현재 1위는 악성신생물로 총 30만 9,548명/245.4명(인구 10만 명당), 2위는 심질환 15만 9,545명/126.5명(인구 10만 명당), 3위는 뇌혈관질환 13만 2,067명/104.7명(인구 10만 명당)이다([그림 2-V-7]).

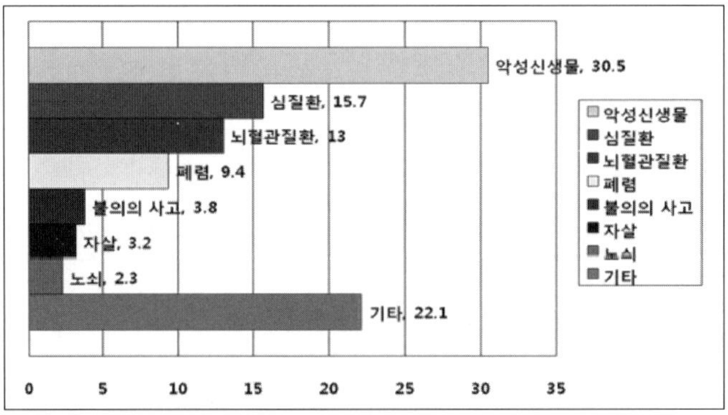


* 악성신생물은 기도, 기관지를 포함한 폐암, 위암, 간암 순

[그림 2-V-7] 일본인의 사망원인(2003년도)

출처: 일본 후생노동성

## 2. 일본의 의료비

### 1) 규모

일본의 보건의료제도는 모든 국민이 건강보험이나 국민건강보험(공적의료보험제도)에 가입하여 언제나 필요한 의료를 이용할 수 있도록 국민개보험제도를 채택하고 있다. 일본 의료제도는 국제적으로도 높은 평가를 받고 있다고 할 수 있다.

한편 세계적으로 놀랄 만한 급속한 고령화 진전, 노인의료비와 함께 의료비 증대, 경제 침체 등으로 인해 의료보험재정은 극도로 심각한 상황이다. 국민 1인당 의료비는 1954년 2,400엔, 1980년 100,000엔, 1994년 200,000만 엔, 2002년 현재 244,200엔이며, 전체 국민의료비는 2002년 기준 31조 1,240억 엔(국민소득대비 8.58%)이며 이중 1/3은 노인의료비가 차지하고 있다.

### 2) 의료비의 구성

2002년 현재 노인의료비는 전체의 34.3%였으며, 2010년에는 57%, 2025년에는 63%가 될 것으로 추산된다. 후생노동성은 노인의료비를 억제하기 위해 고령자의 조기진료, 재택의료 강화를 통한 입원일수 단축 등의 정책을 펼치고 있다.

관리 효율화를 위해 국민건강보험을 운영하는 시정촌(기초단체)의 재정조정기능을 도도부현(광역단체)에 이관하여 지방 분권화된 의료제도를 채택하였다.

### 3) 일본 정부의 의료비 정책

일본 정부는 의료비지출을 줄이기 위해 의료보험으로 받을 수 있는 재활치료 일수를 제한하는 정책을 쓰고 있다. 구체적으로는 장애인에 대한 재활치료를 발병 후 180일까지로 제한하고 있다. 또한 질환별 재활치료 가능 일수도 제한하고 있다. 구체적으로는 심내혈관질환 치료시작일로부터 150일, 뇌혈관질환 등 발병으로부터 180일, 운동기 발병, 수술로부터 150일, 호흡기 치료시작일로부터 90일 등이다.

한편 요양병원의 침대수도 삭감하도록 하고 있다. 환자를 3단계로 구분하여 증상이 심하다고 판단되는 구분 2단계와 3단계의 환자만을 입원이 타당하다고 판단하여 진료보수를 유지하고 있다. 1단계의 환자는 입원시 진료보수는 인하된다. 정부는 2020년까지 38만

병상의 요양병원 병상수를 15만으로 삭감할 계획이다.

### 4) 일본의 의료수준의 국제비교

일본의 의사, 간호사 등의 의료진 숫자를 국제적으로 비교(2003)한 도표를 보면, 의사 수는 인구 1,000명당 1.9명으로 독일의 60%, 미국의 70% 수준이며 간호사는 7.8명으로 독일의 80%, 미국의 90% 수준이다. 의료사고를 방지하고 의료의 안전성을 확보하기 위해 지나치게 낮은 의료진 비율을 근본적으로 해결해야 한다는 지적이 나오고 있다([그림 2-V-8]).

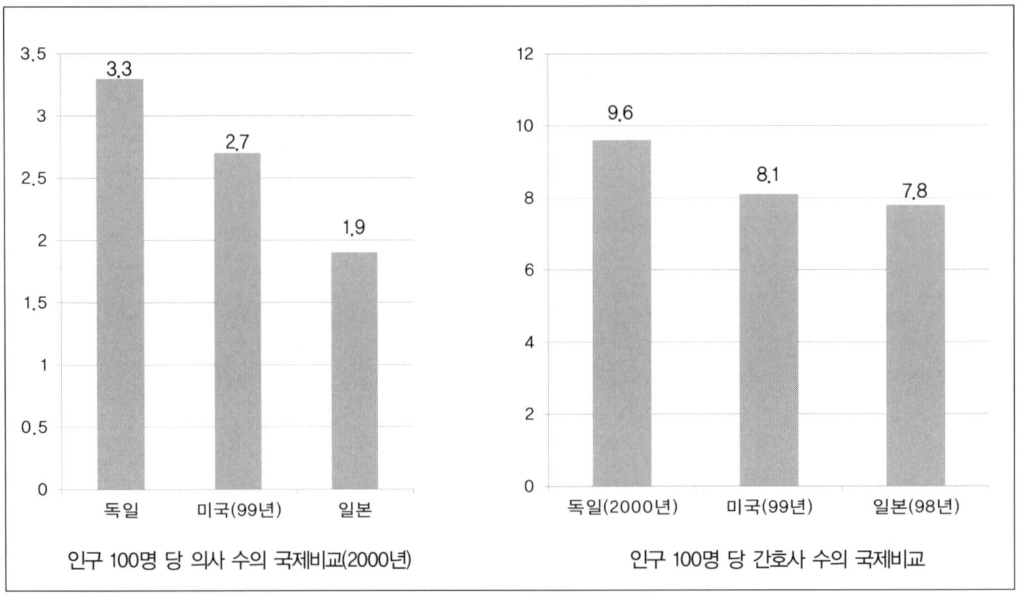


[그림 2-V-8] 일본의 1,000명당 의사/간호사 비율

한편 의사수와 간호사수를 2009년 기준으로 한일 간에 비교해 보면 일본은 1,000명당 의사 수 2.1명, 간호사 수 9.4명인 반면 한국은 의사 수 1.7명, 간호사 수 4.2명이다. 일본이 의사 부족, 간호사 부족을 문제로 삼고 있다고 하나 한국은 이보다 더 부족한 상황임을 확인할 수 있다. 양국 모두 의료사고 방지, 의료 안전성 확보를 위해서는 의료진 비율을 높일 필요가 있다.

〈표 2-V-1〉 한일 간 의료수준 비교

| | 한국 | 일본 |
|---|---|---|
| 국민소득 대비 국민의료비 비율 | 6.3% | 8.1% |
| 인구 1000명당 급성기 병상수 | 7.1 | 8.2 |
| 인구 1000명당 의사수 | 1.7명 | 2.1명 |
| 인구 1000명당 간호사수 | 4.2명 | 9.4명 |
| 인구 1000명당 영아 사망률 | 4.1 | 2.6 |
| 노인인구 비율 | 9.9% | 21.5% |
| 평균 수명 | 79.4세 | 82.6세 |
| 인구 100만명당 MRI | 16 | 40 |
| 인구 100만명당 CT | 37.1 | 92.6 |

출처: OECD Health Data 2009 [표 1]

## 5) 일본의 국민 1인당 연간 외래진료 횟수

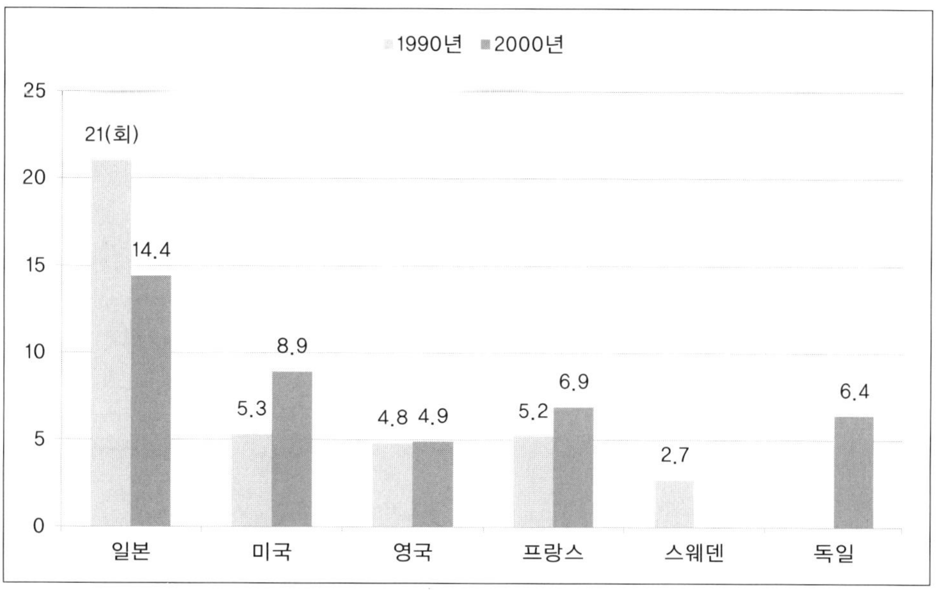


[그림 2-V-9] 국민 1인당 연간평균 진료 횟수

자료: 1990년은 후생노동성, 2000년은 OECD 'Health Data 2003'

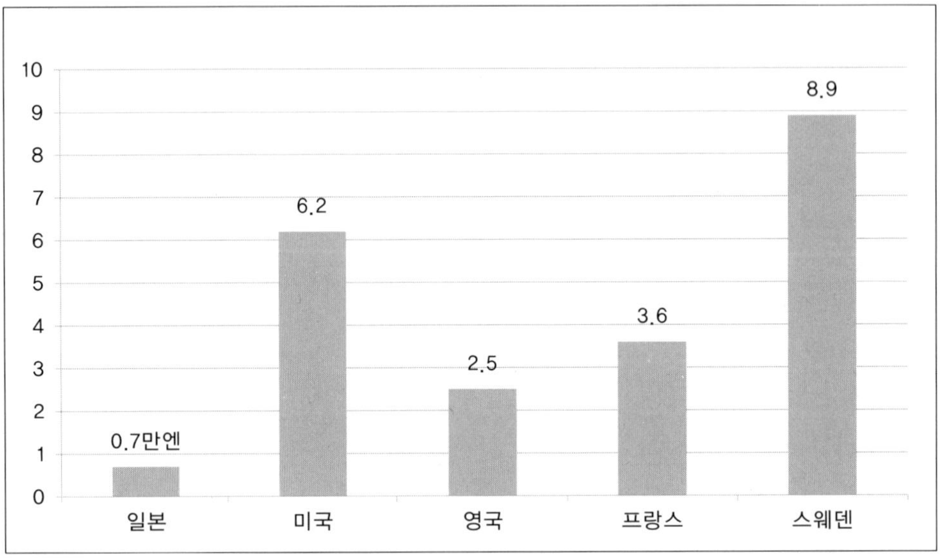


[그림 2-V-10] 1회당 의료비

자료: 1990년은 후생노동성, 2000년은 OECD 'Health Data 2003'

일본인은 미국, 영국, 프랑스, 스웨덴, 독일 등에 비해 외래진료를 많이 받는 경향이 있다. 국민 1인당 연간평균 외래진료 횟수는 1990년 21회이며, 이는 다른 국가에 비해 4배 높은 수준이다([그림 2-V-9]). 하지만 연간평균 외래진료수가 많다고 해서 의료비가 비싼 것은 아니다. 1회당 의료비를 보면 일본보다 스웨덴이 12.7배, 미국이 8.8배, 프랑스는 5.1배, 영국도 3.6배나 높다([그림 2-V-10]).

일본의 많은 진료횟수와 저렴한 진료비는 질환의 조기발견, 조기치료를 위해 중요하며 이는 국민개보험제도의 이점이기도 하다.

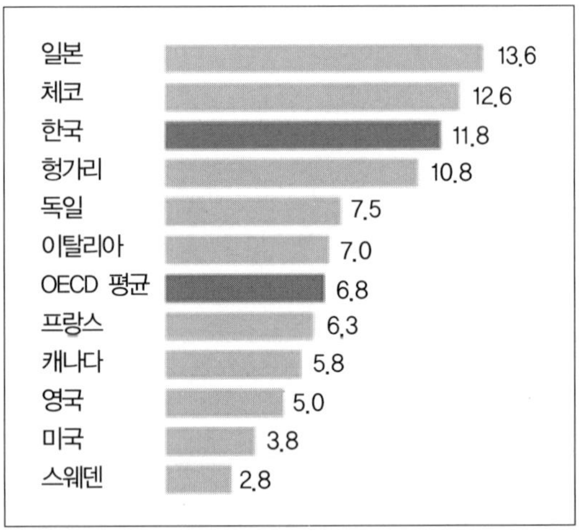


[그림 2-V-11] 국민 1인당 연간 외래진료 횟수

자료: 복지부 'OECD 건강 데이타 주요지표'

외래진료 횟수를 한일 간에 비교해 보면(2007년 기준) 일본은 13.6회, 한국은 11.8회이다([그림 2-V-11]). 일본과 한국은 공히 OECD 평균에 비해 병원을 자주 찾는 경향 있다고 할 수 있다. 한국의 1회당 외래진료비는 43USD로 OECD 평균 142 USD의 3분의 1 수준이며 일본과 마찬가지로 여타 국가에 비해 저렴한 진료비인 것을 확인할 수 있다(OECD, 2006).

### 6) 의료비에 대한 환자의 실제부담 비율

OECD가입국의 3분의 1은 병원이나 일반 개인병원에 대한 환자의 일부 부담이 없다. 일부 부담이 있는 경우에도 '정액'이거나 '연간 상한금액'이 책정되어 있는 경우가 많다. 또한 고령자, 아동, 임산부, 장애인이나 저소득자는 면제되는 나라도 많다. 한편 일본의 의료비에 대한 환자의 실제 부담 비율은 선진국에 비해 상당히 높다고 할 수 있다. 그러나 의료비 전체 수준을 보면 일본의 의료비는 미국, 독일, 프랑스 등의 60%로 실제 부담금은 상대적으로 적다고 할 수 있을 것이다.

## 3. 일본의 의료수준

일본은 세계보건기구(WHO)의 2002년 데이터를 보면 건강달성률, 건강수명 모두 1위이다. 이는 일본의 의료제도가 전체적으로 건전하게 기능하고 있다는 것을 뜻한다고 할 수 있다.

한편 미국은 세계에서 가장 높은 의료비를 사용하고 있으나 건강달성률은 15위, 건강수명은 29위이다. 노인과 저소득자를 위한 공적의료보험제도가 없으며 무보험자가 인구의 15.6%를 차지하는 등 의료가 산업화, 영리화되고 있는 것과도 관계가 있을 것으로 보인다.

### 1) 1인당 의료비와 GDP에 차지하는 총의료비

일본의 GDP 대비 의료비는 OECD 국가 중 19위(2002년)이나 개인이 부담하는 의료비는 9위이다. 상대적으로 의료비에 차지하는 국민 부담이 크다는 것을 확인할 수 있다(〈표 2-V-2]).

〈표 2-V-2〉 1인당 의료비 및 총의료비 대비 GDP

| 국가명 | 1인당 의료비 | | 총의료비의 대 GDP비 | |
|---|---|---|---|---|
| | 단위 | 금액(엔) | 순위 | 비율(%) |
| 미국 | 1 | 546,900 | 1 | 12.9 |
| 스위스 | 2 | 511,557 | 2 | 10.6 |
| 노르웨이 | 3 | 372,280 | 7 | 8.5 |
| 덴마크 | 4 | 357,357 | 10 | 8.4 |
| 독일 | 5 | 352,906 | 3 | 10.3 |
| 룩셈부르크 | 6 | 336,544 | 27 | 5.8 |
| 아이슬란드 | 7 | 325,156 | 11 | 8.3 |
| 프랑스 | 8 | 303,688 | 4 | 9.3 |
| 일본 | 9 | 289,813 | 19 | 7.1 |
| 스웨덴 | 10 | 280,911 | 15 | 7.9 |

자료: OECD 'Health Data 2002'

## 2) 일본의 의료문제

2002년 일본은 전국 6,000개 산부인과 시설 중 분만할 수 있는 곳이 3,000개밖에 되지 않았다고 한다. 이는 일본에서 분만을 기피하는 산부인과 시설이 늘어나고 있다는 것을 뜻한다. 한 예로 2007년에 출혈을 동반한 복통으로 구급차로 반송된 임산부를 19개의 병의원에서 진료 거부하였고 결국 임산부는 무사했으나 태아는 사산되는 사건이 발생하였다고 한다. 일본에서의 이와 같은 진료 기피문제 또는 앞에서도 언급된 의사부족 문제는 심각한 수준에 이르렀다고 한다.

추정되는 몇 가지 이유를 살펴보면 다음과 같다.

### (1) 의대 졸업 후 연수과정의 의무화로 의사부족이 가속화

2004년부터 실시된 의학부 졸업 후 연수제도 개혁으로 연수의는 연수 병원을 자유롭게 선택할 수 있게 되었다. 그 결과 매력적인 곳에 연수의들이 집중하여 대학병원의 의사가 부족해졌다는 것이다.

(2) 절대적 의사 부족

의료기술 고도화, 업무에 대한 중압감은 매년 증가하고 있으나 정부는 의사양성을 억제해 왔으며 이로 인해 절대적 의사의 수가 부족해졌다고 한다.

(3) 산부인과, 소아과, 구급의료 등을 종합병원, 자치단체에 맡김

24시간 체제를 유지해야 하는 산부인과, 소아과, 구급의료 등의 분야를 종합병원이나 자치단체에 일임하고 있으나 충분한 비용이 보장되지 않아 수익을 내지 못해 결국 충분한 의료진을 배치하지 못하게 되었다. 이로 인해 상황은 악순환을 거듭하게 된다는 지적이다.

### 3) 2004년 개정된 신 의사임상연수제도

2004년 4월에 일본 정부가 '신 의사임상연수제도(新医師臨床研修制度)' 도입을 결정했다. 기존에는 노력의무였던 신인의사의 임상연수가 의무화된 것이다. 일본의 의사연수제도는 1946년에 제정된 인턴제도에서 비롯되었으며 기존의 인턴제도에서는 의학부를 졸업한 후 1년간 연수기간을 마치지 않으면 의사 자격을 취득할 수 없었다. 그러나 연수기간이 짧고 신분적으로도 경제적으로도 아무런 보장이 없어서 학생운동 과정에서 1968년에 이 제도는 폐지되었다. 이후 의사자격을 취득한 후 2년간 연수를 하는 것이 노력의무로 책정되었으나 연수기간을 거치지 않고도 개업을 하거나 진료를 할 수는 있는 상황이었다. 그러나 실제적으로는 국가시험에 합격한 후에 대학 병원에서 자율적으로 근무하는 시스템이 지속되었으며 이러한 상황에서 연수의 또는 프레시맨 등의 신분으로 2년 정도 트레이닝을 받는 것이 일반화 되어 있었다. 하지만 연수내용이 전문영역에 한정되기 쉽고 신분보장 등의 문제는 여전히 해결되지 않았다. 의료전문화가 진척되는 한편 폭넓은 임상능력 습득이 필요한 상황에서 이러한 시스템이 충분한 기능을 하지 못해 제도개혁의 필요성이 언급되었다.

새로운 임상연수제도는 폭넓은 분야에서 기본적 임상능력을 습득하는 것을 목적으로 하며, 내과/외과/구급부문 등 다양한 임상분야에서 연수를 집행하는 것을 필수로 하였다. 동시에 연수의사를 수용하는 측의 시설기준(연수의사의 정원, 지도의사의 조건 등)도 명확하게 하여 연수의사가 연수에 전념할 수 있도록 하여 경제적 보장도 확립하였다. 임상연수

를 의무화한 신제도로 양질의 의료서비스가 제공될 것이라는 정부의 방침에 따라 의사임상연수제도가 도입된 것이다.

### 4) 의사 임상연수제도의 변천

#### (1) 1946년 실지수련제도(인턴제도) 시작

국민의료법시행령의 일부 개정으로 시작. 1946년에 현재의 의사법이 제정되어 의사법에 기초한 규정이 되었다. 대학 의학부를 졸업한 후 의사국가시험 수험자격을 취득하기 위해 의무적으로 '졸업 후 1년 이상의 진료 및 공중에 관한 실지수련'을 집행하도록 하였다.

#### (2) 1968년 실지수련제도 폐지, 임상연수제도 시작

대학 의학부 졸업 직후에 의사국가시험을 수험하고 의사면허 취득 후에 2년 이상의 임상연수를 하도록 노력하게 하는 것으로 바뀌었다(노력규정).

#### (3) 2004년 신 의사임상연수제도 도입

진료에 종사하고자 하는 의사는 2년 이상의 임상연수를 받아야 한다(필수화).

기존의 임상연수제도에서 연수의는 약 13,500명(2학년분, 대상자수의 87%)이었다. 그중 70%가 대학병원에서, 30%가 임상연수병원에서 연수를 집행하였다(2001년). 연수의의 40% 정도가 출신대학(의국)과 관련된 단일진료비에 의한 스트레이트 방식을 통한 연수를 받고 있었다. 한편으로 폭넓은 진료능력을 배울 수 있는 종합진료방식(슈퍼로테이트) 연수를 받는 연수의는 적었다.

지역의료와의 접점이 적어 전문 진료과에 편중된 연수가 집행되어 '병은 진료하나 사람은 진료하지 않는다'는 비판을 받았다. 많은 연수의에 대한 처우가 불충분하여 아르바이트를 하지 않을 수 없어 연수에 전념할 수 없는 상황이었다. 출신 대학이나 관련 병원에서의 연수가 중심이었으며 연수내용이나 연수성과에 대한 평가가 충분히 이뤄지지 않았다.

의사의 임상연수 필수화를 위해서는 의사로서의 인격을 함양하고 프라이머리케어의 기본적 진료능력을 습득하고 아르바이트 없이 연수에 전념할 수 있는 환경을 정비한다.

### 5) 의사들의 봉급 문제

의학부 졸업 후 병원에서 일하는 연수의의 연봉은 최대 6배 이상, 1,000만 엔 이상의 격차가 있었다(후생노동성 조사 결과, 전국 대학병원 및 임상연수병원 실태조사).

첫 해에 700만 엔 이상을 지불하는 병원은 홋카이도(北海道), 아오모리현(青森県), 나가노현(長野県) 등 지방이 차지하는 비율이 높고, 높은 보수로 연수의를 데리고 오려는 사정이 보인다. 하지만 그중에는 도쿄도 내의 병원도 일부 포함되어 있다.

신 의사임상연수제도는 연수의가 자유롭게 병원을 선택할 수 있기 때문에 도심부에 연수의가 집중하였다. 이 때문에 2010년도에 시작되는 새로운 제도에서는 도도부현별로 정원수의 상한선을 설정한다.

1년차 연수의의 평균 연봉은 410만 엔으로 최고금액은 1,075만 엔, 최저 금액은 204만 엔이었으며 2년차의 평균연봉은 462만 엔으로 최고금액 1,373만 엔과 최저금액 218만 엔은 1,000만 엔 이상의 차액이 있었다.

후생노동성은 연봉 300만 엔 이하의 병원은 도쿄도 내에 많으나 급여액이 낮은 병원 중에는 연수의에게 숙소를 제공하고 있는 경우도 있어서 단순 비교는 할 수 없다고 한다.

# Ⅵ. 일본의 의료관광과 의료통역

## 1. 일본의 다문화공생의 역사

### 1) 1980년대 이전의 일본

일본의 재일외국인 구성을 보면 그 대부분은 재일한국인과 재일중국인(화교)이었다. 재일한국인은 일제시대 징용된 조선인 중 샌프란시스코 조약 이후 조국에 귀국하지 못한 사람이 대부분이었으며 사회적/경제적 약자였다. 그들은 대부분 샌프란시스코 조약 이후 일본에 체류, 특별영주권을 취득하여 한국인/조선인 마을을 조성하며 영주외국인의 삶을 살았다. 그 외의 외국인들은 외교관이나 주재원 등 일시 정주자들이었다.

### 2) 1980년대 이후(다문화공생 시대의 도래)

1982년 '출입국관리 및 난민인정법(출입관리난민법)'으로 인해 일본에 거주하는 외국인(뉴커머)이 증가했다. 동시에 1990년 재류자격 재편으로 일본계 외국인에 대한 영주체류자격

이 부여되면서 정주외국인 인구가 증가하였다. 법의 혜택을 입은 사람들은 1908~1941년까지 브라질에 이민을 한 일본인들의 후손들로 이들의 선조들은 농업노동자로 일했다. 이 시대에 3K(きつい, 汚い, 危険)라는 신조어와 함께 힘든 노동일을 기피하는 풍조가 만연하면서 정주외국인이 이를 대신하는 현상이 나타났다. 많은 외국인이 합법적 지위를 확보하여 정주하면서 일본은 다문화공생의 시대로 돌입하게 된다. 그러나 일련의 정책으로 정주외국인/재일외국인이 증가하면서 다양한 사회적 어려움이 발생할 가능성(행정, 의료, 교육 현장에서의 언어/문화적 장벽 등)이 제기되었으나, 일본 정부나 시민들은 외국인에 대해 특별한 관심을 갖지 않았다.

### 3) 정주외국인 수용 움직임

지역에 따라 정주외국인에 대한 움직임에는 차이가 있었으나 간사이(関西)권에서는 1980년대 후반부터 외국 문화를 알자는 취지의 '국제화/국제교류' 프로그램이나 행사가 많이 개최되었다. 또한 1990년대 후반부터는 정주외국인의 언어나 문화를 존중하고 일본 사회에서 함께 공생하자는 것을 강조하는 분위기가 조성되었다.

### 4) 정주외국인의 특징

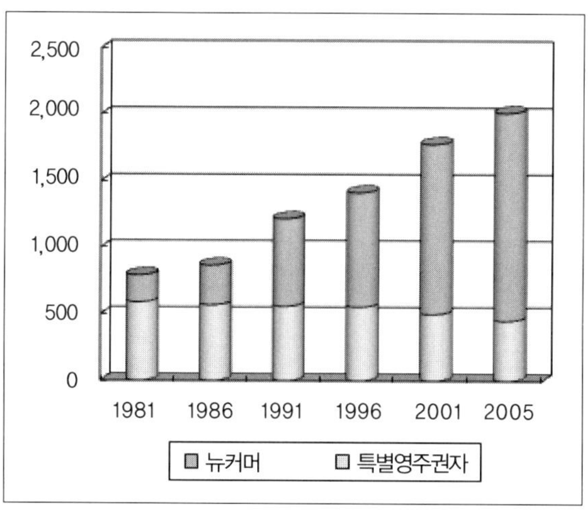


[그림 2-VI-1] 외국인 등록자수 추이(단위: 천명)

한일 간의 역사적 사건으로 인해 일본에 사는 외국인 중 재일한국인 특별영주권자가 많은 비율을 차지하고 있으며 2005년 현재 451,909명을 기록한다. 일본의 정주외국인은 과거에는 재일한국인과 같이 일본어를 구사할 수 있는 외국인이 많았으나 1980년대부터 서서히 뉴커머들이 증가하면서 일본어를 자유롭게 구사할 수 없는 정주외국인의 숫자가 증가하기 시작하였다.

### (1) 언어 현황

정주 · 영주 외국인의 언어 현황은 다음과 같다.

① 영어 가능국가 약 34만 명
② 영어권 이외 영어가능자 약 13만 명
③ 영어 가능자 비율 31.3%

### (2) 거주외국인의 의료보험 적용

일본의 의료보험은 일본인이든 외국인이든 적용사업소에서 상용적 고용관계(소정노동시간, 일수가 동종 업계에 종사하는 다른 통상취업자의 4분의 3 이상)에 있는 자에게는 건강보험이, 그 이외의 기초자치단체에 주소를 보유하는 자(외국인등록을 한 적법체재자로 체재기간이 1년 이상인 자)에게는 국민건강보험이 적용된다. 그러나 초과체재(불법체류)를 하는 외국인에게는 국민건강보험 가입은 허용되지 않는다.

한편 건강보험은 초과체재를 한 외국인에게도 적용할 수 있다. 하지만 자격외 취업자를 고용할 경우 '출입국관리법 및 난민인정법'에 의해 고용주가 처벌받기 때문에 대부분의 경우 고용주는 초과체재한 외국인을 건강보험에 가입시키지 않는다.

## 2. 고베대지진 이후의 변화

### 1) 고베대지진 발생

1995년 1월 17일에 발생한 대지진으로 많은 일본인뿐만 아니라 외국인들이 피해를 입었다. 지진 복구를 위해 많은 시민들이 일어났으며, 지진 복구 과정에서 시민연대나 외국인 문제 등에 대해 다시 생각하자는 논의가 일어났다. 이러한 움직임은 시민들뿐만 아니라 자치체에도 영향을 미쳤다.

고베대지진으로 많은 피해를 입은 효고현의 다문화공생센터는 고베대지진을 계기로 설립된 다문화지원기관이며 그들의 홈페이지에는 다음과 같은 문구가 적혀 있다.

"우리들의 활동 원점은 1995년 1월 17일에 일어난 한신 대지진입니다. 지역사회에 사는 다양한 문화적 배경을 지닌 사람들이 말이나 제도의 차이 등 때문에 기본적 인권이 보장받지 못하는 생활을 해야 한다는 사실이, 재해에서 복구에 이르는 일련의 과정을 통해 드러난 것입니다. … 일본 사회를 샅샅이 살펴보면 문화의 다양성에 대한 배려나 상호존중의 자세가 아직 부족하다고 생각합니다. 이것은 외국인뿐만 아니라 사회적으로 배제되기 쉬운 사람들에게도 해당됩니다. 우리 다문화공생센터는 지역사회에 살아가는 모든 사람이 서로 이해하고 서로 돕는 '다문화공생사회' 실현을 목표로 직접 지원이나 계몽 등의 활동을 하고 있습니다."

### 2) 의료통역의 자발적 형성

다문화공생이 일본 정부의 공적 이데올로기의 일부로 도입된 것은 고베대지진이 발생한 지 11년 후인 2006년의 일이었다. 총무성은 '다문화 공생의 추진에 관한 연구회 보고서'를 작성하였으며 다문화공생에 대해 정리하였다.

1999년에 가나가와현 사회복지협의회가 의료통역 자원봉사자를 양성하기 시작하였으며 이후 의료통역에 관한 연구회나 자원봉사자 양성이 수도권과 간사이 지역의 시민단체를 중심으로 자발적으로 형성되기 시작하였다.

간사이 지역에서는 2005년 이후 의료통역 시민단체가 심포지엄이나 강연회 등을 조직하는 등 계몽활동이 활발해졌다.

### 3) 통역학/번역학 분야의 호응

통역학/번역학 분야에서도 의료통역에 대한 관심이 고조되면서, 일본통역학회(JAIS)에서는 의료통역이 포함되는 커뮤니티통역의 분과회를 만들었으며, 의료통역연구회(MEDINT)나 일본 퍼블릭서비스 통역번역학회와 같은 학문 분야의 호응을 얻게 된다. 또한 아오야마학원대학 문학부, 아이치현립대학 외국어 학부, 교도산업대학, 구오사카외국어대학, 고베여학자원대학 등 대학에서도 각종 프로그램을 시작한다.

## 3. 일본의 의료통역

### 1) 의료통역시스템

일본의 의료통역시스템은 다음과 같은 다양한 방식으로 이루어진다.

#### (1) 의료기관이 의료통역사를 직원으로 고용

외국인 주민거주지역에 많으며 사용되는 언어가 한정되기 쉽다. 의료기관이기 때문에 통역사를 양성하지 못하며 이로 인한 한계가 존재한다.

#### (2) 의료기관이 등록자원봉사제도를 구축

의료기관이 언어능통자를 대상으로 자원봉사자를 모집하여 의료통역이 필요할 때 지원을 요청하는 방식이다. 하지만 의료기관에 통역의 질을 검증할 만한 능력이 없으므로 통역사의 질은 균일하지 않다.

#### (3) 통역자원봉사자를 의료기관에 파견 또는 상주

지방자치단체・NPO・지역의 국제화협회 등이 이와 같은 방식을 취하고 있다. 지방자치단체나 NPO단체 지역의 국제화협회 등에서 통역사를 모집하여 의료기관의 요청에 따라 의료통역사를 파견하거나 상주시키는 방식이다.

#### (4) 전화통역

의료통역의 기회가 많지 않거나 거리상의 문제로 통역사가 상주해 있지 않거나 파견이 어려울 경우, 또는 급한 의료통역이 필요한 경우 등 전화를 통해 의료통역을 제공하는 방식이다. 현재 2~3개의 NPO가 실시하고 있다.

### 2) 외국인에 대한 의료 현장 관계자들의 인식

의료현장의 의료기관, 의료종사자, 지방자치단체의 외국인에 대한 인식을 다음과 같이 정리해 보았다.

#### (1) 의료기관(공립, 민간)의 인식

① 외국인 환자가 많아지면 시간이 걸려 진료받을 수 있는 환자의 수가 줄어들 것을 우려한다. 의료기관은 병원 경영에 더 많은 관심이 있는 듯하다.

② 외국인은 무보험자(치료비 미수 우려)가 많기 때문에 미수가 발생할 수 있을 것이라는 오해가 있다.

③ 통역경비 지불 재원의 부재. 의료기관은 재원을 건강보험의 진료보수체제에서 얻는다. 그런데 통역경비는 정부방침에 따라 진료보수 대상에서 포함되어 있지 않다. 그러므로 의료기관에서는 의료통역사를 위한 추가 비용 부담을 탐탁지 않게 여길 수 있다.

#### (2) 현장 의사 · 간호사의 인식

① 정확한 진단과 적절한 치료, 정보제공을 해야 한다는 생각은 있다.

② 그러나 환자의 부족한 일본어능력은 가족이나 친구의 통역으로 충분하다고 생각한다.

③ 의료통역의 필요성을 인식하는 의사가 극히 드물어 일부 의료기관에서만 통역을 활용하는 실정이다.

#### (3) 지방자치단체의 인식

① 지방자치단체는 외국인주민을 위한 지원정책/인권옹호정책으로 의료통역 사업을 실시한다. 즉 통역자체의 공급이나 관광 · 경제진흥의 관점이 아니라는 것이다.

② 외국인주민들의 상황, 목소리, 필요에 맞춰 집행하는 것이지 의료기관의 요청에 의해 하는 것이 아니라는 생각을 한다.

③ 지방자치단체에서 선진적으로 실시하고 있으며 중앙정부의 지시나 국가/지방간의 역할분담 없이 현지 상황에 맞춰 각기 진행하고 있다.

### 3) 의료통역시스템에서의 지방자치단체의 역할

위에서 본 바와 같이 의료통역이 정주외국인을 위한 지원책으로 시작되었다는 역사적 배경이 있는 만큼 지방자치단체의 의료통역에서의 역할은 크다고 할 수 있다. 그러므로 여기에서는 지방자치단체의 역할을 살펴보도록 한다.

#### (1) 지방자체단체 또는 지역국제화협회의 강점

지방자체단체 또는 지역국제화협회의 강점으로는 ① 홍보・PR능력, ② 시설 제공, ③ 재정력, ④ 사회적 신뢰성 등을 들 수 있다.

지방자치단체는 의료통역인재를 모집하거나 세미나 참가자를 모집하는 등의 홍보・PR을 적극적으로 실시할 수 있으며 이를 위한 장치(tool)도 갖추고 있다. 또한 이렇게 모집한 인재들을 연수시키기 위한 장소도 제공할 수 있다. 그뿐만 아니라 연수비용이나 통역경비를 확보할 수 있는 근거가 있으며 의료기관에게 의료통역을 수용하도록 설득할 때에도 어느 정도의 사회적 신뢰성을 바탕으로 진행시킬 수 있다.

#### (2) 의료통역시스템에서의 지방자치단체의 과제

이러한 다양한 강점을 지닌 지방자치단체에도 여러 가지 과제가 있다. 첫 번째는 재정난의 문제이다. 의료통역을 위한 예산이 삭감되는 경향이 늘어나고 있으며 실질적으로 500만 엔의 예산조차 마련하기 어려운 실정이다.

두 번째는 자원봉사자들의 통역보수의 문제이다. 외국의 경우를 살펴보면 호주는 1시간에 3,000엔이 지급된다고 한다. 그러나 일본은 시간당 1,000엔 정도로 통역사에게 지불되는 보수가 낮다. 이로 인해 우수한 인재 모집이 어려워지고 우수한 인재가 의료통역을 하게 되더라도 이 일을 지속적으로 하기가 어려운 상황이 벌어지고 있다.

세 번째로는 평일 낮에 활동 가능한 통역자원봉사자를 찾기가 쉽지 않다는 문제이다. 위에서 언급한 것과 같이 통역보수가 적기 때문에 의료통역이 직업이 될 수 없는 실정이며 이 때문에 본업을 따로 가지고 있는 경우가 많으며 이로 인해 의료기관이 영업을 하는 평일 낮 시간에 통역사를 구하기가 쉽지 않은 문제가 있다.

네 번째로 통역을 수용하도록 의료기관을 설득하는 것이 쉽지 않다는 것이다. 지방자치단체의 담당 직원이 부족하다는 것이 이유가 될 수 있고 또한 직원들의 적극성 부족이 이유가 될 수도 있으나 이러한 문제를 차치하더라도 통역비를 의료보수체제에서 충당할 수 없는 의료기관으로서는 의료통역사를 수용하는 것이 쉬운 문제만은 아닌 것이다.

### (3) 의료통역시스템의 사례

여기에서는 여러 지방자치단체에서 시행하고 있는 의료통역 시스템에 대해 간략하게 알아보도록 한다.

① 군마현(群馬県)
- 의료통역사 73명
- 제공 언어: 중국어, 포르투갈어, 스페인어, 타이어, 베트남어, 한국어
- 파견실적: 2006년도 17건, 2007년도 12건, 2008년도 10건, 2009년도 11건

② 가나가와현(神奈川県) · NPO법인 MIC가나가와
- 의료통역사 약 170명
- 제공 언어: 17개 병원으로 7개 언어 통역제공(중국어, 스페인어, 포르투갈어, 한국어, 타갈로그어, 영어, 타이어, 베트남어)
- 파견실적: 연간 3,000건 내외

③ 미에현(三重県) · (재)미에현국제교류재단
- 통역사 55명
- 제공 언어: 포르투갈어, 스페인어, 중국어
- 파견실적: 2006년도 8, 2007년도 12, 2008년도 27, 2009년도 9건
- 예산: 통역 연수비와 자원봉사 조정비는 미에현의 위탁금, 통역사례 2,500엔은 병원 또는 환자 부담

④ 교토시(京都市) · (재)교토시국제교류협회 · NPO법인 다문화공생센터 교토
- 통역사 약 40명
- 제공 언어: 중국어, 영어, 한국어 · 조선어
- 파견실적: 약 1,500건
- 예산: 연수경비 · 시스템 운영비는 시의 예산 420만 엔, 통역보수(1시간 1,000엔+교통비)는 병원부담

⑤ 효고현(兵庫県)・NPO법인 다언어센터 FACIL

－통역사 약 80명

－제공 언어: 영어, 한국어, 중국어, 베트남어, 포르투갈어, 스페인어, 타갈로그어, 인도네시아어, 타이어, 러시아어, 말레이어, 네팔어 등

－파견실적: 약 100건

－예산: 연수경비・시스템 운영비・통역보수(4시간까지 4,000엔+교통비)는 NPO가 마련, 환자부담금 1,500엔

⑥ (재)시마네국제센터

－통역사 44명

－제공 언어: 영어, 중국어, 타갈로그어, 한국어, 러시아어

－파견실적: 병원은 약 10건(총 약 70건)

－예산: 연수경비・시스템 운영비・통역보수(교통비상당의 1,000엔)는 센터가 예산을 확보

## 4. 인터넷을 통한 다양한 의료통역 지원 장치(tool)

### 1) 외국인의료센터의 다언어 서류지원(MICA, http://npomica.jimdo.com/)

외국인의료센터(Medical Information Aichi)는 아이치현 내에 정주하는 외국인에 대한 건강상담이나 의료기관의 소개를 실시하고 있으며 사무국에서는 주로 의료나 복지와 관련된 업무를 진행한다. 그중 하나가 병원용 문진표나 양국용 문진표와 같은 다언어서류지원 사업이다. 다언어 문진표는 홈페이지에서 누구나 자유롭게 다운로드 받아 사용할 수 있다.

#### (1) 병원용 문진표

언어가 통하지 않는 외국인이 병원을 방문했을 때 사용한다.

〈사용방법〉

－병원을 방문한 외국인에게 '병원용문진표'를 보이며 증상 등을 기입하게 한 후 진찰한다.

- 진찰수에는 '매약표', '약봉지'로 처방을 한다.

(2) 약국용 문진표

언어가 통하지 않는 외국인이 약국을 방문했을 때 사용한다.

〈사용방법〉
- 외국인이 약국에서 약을 구입할 때 '증상표(고객용)'에 해당되는 증상에 ○표를 하도록 한다.
- 약제사는 증상표를 참조하여 증상에 맞는 약을 '매약표(약국용)', '약봉지'에 기입하여 처방, 판매한다.

## 2) M³(http://sites.google.com/site/tabunkam3/)

NPO법인 다문화공생센터 교토가 개발한 시스템으로 병원에 통역사가 없을 때나 급히 다언어서비스가 필요할 때 다양한 장면에서 도움을 받을 수 있는 시스템이다. 1,796의 증상을 일본어, 영어, 중국어, 한국어, 포르투갈어, 인도네시아어, 쉬운 일본어로 번역한다. 7개 언어 안에서는 출발어, 도착어를 자유롭게 지정할 수 있다. 인터넷을 통해 어디

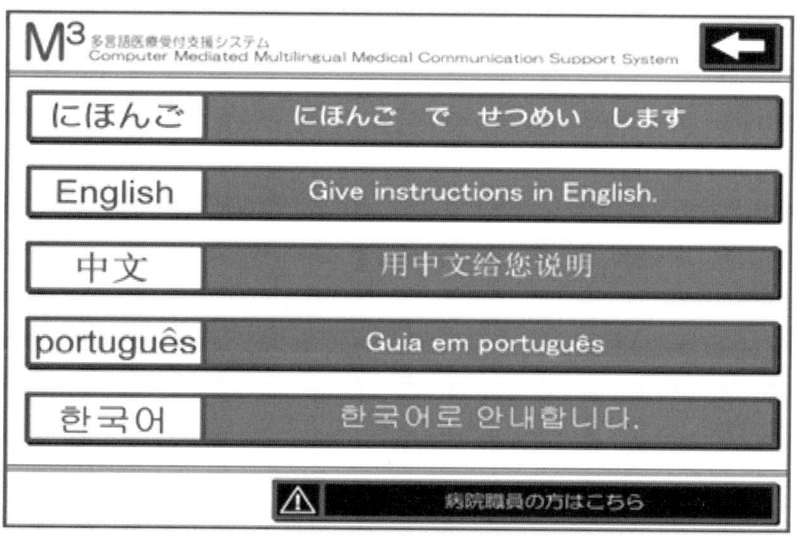


[그림 2-VI-2] 다언어의료접수지원시스템 M³

에서나 자유롭게 접속할 수 있으며 손쉽게 문진표를 작성할 수 있으며 문진 내용을 출력하여 병원에 가지고 가서 사용할 수도 있다. 이용료는 무료이다. 현재 교토시립병원, 교토대학의학부부속병원, 라쿠와카이오토와병원, 세이로카병원, 도쿄대학의학부부속병원에 설치되어 사용되고 있다([그림 2-VI-2]).

### 3) 다언어용례대역공유시스템(Tack Pad, http://is.tackpad.net/)

현장에서 필요한 용례를 볼런티어베이스로 수집하여 번역하고 축적된 다언어 의료용례 사전을 만드는 시스템이다. 사용자는 인터넷을 통해 자유롭게 접속하여 문진표를 원하는 언어로 작성할 수 있다. 서비스되는 언어는 영어, 중국어, 한국어, 포르투갈어, 베트남어이다. 이용방법은 다음과 같다([그림 2-VI-3]).

(1) 이용하고자 하는 진료과목과 언어를 선택한다.

(예) 이용문진: 마음에 관한 문진표, 환자언어: 한국어

(2) 질문에 대한 답을 화자들이 입력한다. 원하는 언어로 답을 입력한다. 입력한 내용(한국어)을 번역한 일본어가 제시되고 제시된 일본어를 다시 한국어로 번역한 내용이 동시에 나타난다. 중역한 한국어 표현이 맞는지 확인하고 '사용'을 클릭한다.

(3) 모든 질문에 답한 후 마지막 문진표 단추를 클릭한다.

(4) 입력한 모든 문진 내용이 번역된다. 번역내용은 2언어로 PDF파일로 작성된다.

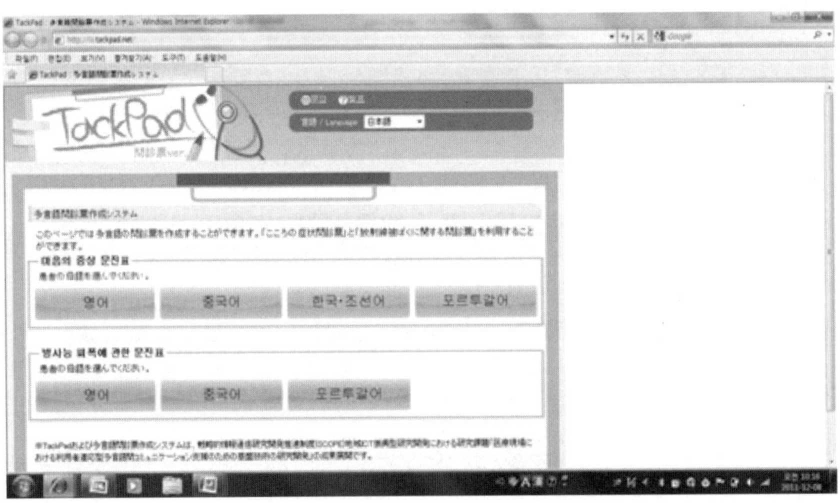


[그림 2-VI-3] Tack Pad 홈페이지

## 5. 의료통역사 육성 프로그램

여기에서는 일본의 여러 기관에서 의료통역사를 어떻게 훈련, 육성하는지 알아본다. NPO단체 2곳과 대학에서의 교육 현황에 대해 살펴보도록 한다.

### 1) MIC 가나가와 통역사 육성 프로그램

의료통역수 육성프로그램은 아래와 같은 6개 UNIT로 구성된다.

| | |
|---|---|
| UNIT 1 | 다문화공생에 대한 생각을 배운다. |
| UNIT 2 | 기초적인 통역기술을 배운다. |
| UNIT 3 | 통역사의 마음가짐과 자기관리를 배운다. |
| UNIT 4 | 기초적인 의료지식을 배운다. |
| UNIT 5 | 의료제도와 의료기관 시스템을 배운다. |
| UNIT 6 | 의료통역실천의 기초를 배운다. |

각 UNIT의 교육 내용은 다음과 같다.

#### (1) UNIT 1 다문화공생에 대한 생각을 배운다.

- 외국국적 주민의 현황과 과제, 지식, 다문화공생에 대한 생각을 이해한다.
- 상대방과의 신뢰관계 확립방법을 배운다.
- 통역시 필수품과 활용방법을 익힌다.

#### (2) UNIT 2 기초적인 통역기술을 배운다.

- 사전준비를 철저히 한다.
  정확한 통역을 위해 기본사항을 이해한다.
  ① 순차통역 ② 1인칭 ③ 자신의 주관을 말하지 않는다 ④ 전문용어 대처
- 재표현의 기본을 익힌다.
- 어조, 격조 조정기술을 익힌다.

(3) UNIT 3 **통역사의 마음가짐과 자기관리를 배운다.**

- 비밀유지 엄수
- 자신의 입장을 명확히 하고 중립을 유지한다.
- 통역사라는 역할을 잊지 않는다.
- 의뢰자와 개인적 관계를 만들지 않는다, 통역사에게 의존하는 관계를 만들지 않는다.
- 통역업무와 프라이버시를 전환하여 자기관리를 철저히 한다.
- 동료 통역사와의 횡적 관계를 소중히 한다.

(4) UNIT 4 **기초적인 의료지식을 배운다.**

- 일반적 질병, 상해, 인체, 기관, 의료용어 학습(질병이나 상처 등의 대략적 분류와 특징 등)
- 진료실에서 사용되는 대화 연습

(5) UNIT 5 **의료제도와 의료기관 시스템을 배운다.**

- 건강보험제도
- 공비부담제도
- 병원과 진료소의 시스템
- MSW의 역할

(6) UNIT 6 **의료통역실천의 기초를 배운다.**
- 약의 설명을 배운다.
- 수술시 적정한 통역 ① 수술전 ② 수술후
- 중병선고 시 적정한 통역 ① 보다 정확하게 ② 감정이입방지

### 2) 통역사 육성 프로그램—다문화공생센터 교토

다문화공생센터 교토는 독자적인 통역사 육성 프로그램을 운영하고 있다. 우선 일반인을 대상으로 하는 의료통역강좌를 수시로 개최하며, 의료통역강좌를 수강한 수강 수강생을 대상으로 정기적으로 통역연수생 선발시험을 실시하고 있다. 선발시험은 면접, 통역,

필기시험으로 구성되며, 시험에 합격한 연수생들은 파견 병원에서 인턴실습을 최소 3개월 실시하게 되며 인턴을 수료하여 통역사기준을 충족한 연수생은 의료통역사로 인증을 받고 활동을 하게 된다.

(1) 전문통역사의 육성

· 양성과정 한 달 총 10회, 20시간 이상
· 5명만 선발
· 강좌(무료)수료 후에 인증자격 부여
· 인증된 자를 전문의료통역사로 파견

(2) 강좌 스케줄

제1강: 보건에 있어서의 정주외국인의 현황과 과제, 모자 보건에서의 이문화(의료문화, 환자문화를 안다)
제2, 3강: 통역이론 I, II(통역이론, 통역기술, 어학지도)
제4강: 모자에 대한 의료지식, 임신에서 출산까지의 흐름, 전문지식(임산부 건강진단, 검사, 모친학급인공임신중절, 분만)
제6강: 외국인 엄마의 관점에서 일본에서의 임신/출산의 경험
제7강: 모자보건서비스, 임신출산관련 서비스, 수속(입원조산제도, 영유아 검진과 예방접종)
제8강: 사례연구(의료현장에서의 사례)
제9, 10강: 장면별 역할놀이(role play) 검진, 어머니교실, 제도설명, 구청 수료인증테스트(필기 · 통역 롤플레이)
※ 시험에서 일정 수준 이상의 성적이 나오면 전문통역사로 인증

### 3) 도쿄외국어대학 국제의료통역강좌(경제산업성위탁사업, 국제의료교류인재육성지원 사업, http://www.tufs.ac.jp/common/tufs-medical/report/index.html#sub_ title01)

도쿄외국어대학교에서는 경제산업성으로부터 위탁을 받아 의료통역사 양성 사업을 진행하고 있다. 여기에서는 강좌에 대해 살펴보도록 한다.

(1) 강좌 소개

최근 일본의 진단기술이나 첨단적 의료에 대한 국외 수요에 부응하기 위해 원활한 의료기관 외국인환자 수용을 비롯한 의료 국제화 정책이 활발히 이루어지고 있으며 이와 같은 노력을 촉진하는 환경을 정비, 충실화할 필요성이 증가하고 있다. 도쿄외국어대학은 이와 같은 상황에 대응하기 위해 2010년도 경제산업성의 위탁을 받아 '국제의료통역강좌'('산업기술인재육성 지원사업(서비스산업분야) 국제의료교류인재육성지원사업')를 실시하였다.

2011년에는 '국제의료통역강좌'를 통해 얻은 노하우를 활용하면서 TUFS 오픈아카데미에서 국제의료통역사가 될 인재에 대한 언어능력을 위한 어학 강좌로 '의료외국어강좌'를 개강한다. 의료의 국제화라는 과제를 위해 의료와 언어를 연결하여 국제의료 현장에서 실천적으로 활약할 인재 양성을 지향한다.

※ 본 대학이 주최하는 TUFS 오픈 아카데미는 열린 학술적 평생학습의 장이며 2006년 10월 1일에 개설되었다. 본교의 이념인 '21세기 사회와 대화하고 행동하는' 기초로 글로벌화시대에 필요한 지와 교양 획득을 지원한다.

① 강좌 스케줄
※ 아래는 예정. 변경될 가능성 있음.

■ 의료외국어 강좌

본 강좌 일정 등에 대해서는 아래와 같이 집행할 예정이다. 상세내용에 대해서는 수시로 본교 '의료외국어강좌' 웹사이트를 참조하기 바란다.

〈응모 시기〉
2011년 10월 20일~2011년 12월 10일

〈서류 전형〉
2011년 12월 10일~12월 말일

〈면접〉
2012년 1월 28일

〈강의 일정〉

- 3월 16일 13:00～ 강의 개시
- 3월 17일 10:00～12:00 강의 13:00～16:00 강의
- 3월 18일 10:00～12:00 강의 13:00～16:00 강의
- 3월 19일 10:00～12:00 강의 13:00～16:00 강의
- 3월 20일 10:00～12:00 필기시험 13:00～16:00 구두시험

② 장소 도쿄외국어대학 후추캠퍼스

③ 수강정원

- 개강강좌(대응언어): 러시아어, 영어, 중국어
- 수강정원: 60명(러시아어, 영어, 중국어 총 최대 60명)

④ 응모자격

일본어 및 일본 의료에 대해 충분한 지식을 가지고 있는 자

〈강의일정〉

- TOEIC이나 TOEFL 스코어, 자격증 소지(통역안내사 등) 등은 응모 조건은 아니나 전형시 참조한다.
- 모집하는 수강생은 다음의 자를 우선적으로 전형한다.
  - 영어, 러시아어, 중국어 중 일상생활에 필요한 회화능력을 지닌 의료종사자
  - 의료기관에서 통역경험이 있는 자, 또는 의료기관에서 통역업무에 종사할 예정인 자

⑤ 수강료 65,000엔(교재비 포함)

### (2) 2010년도 사업결과 보고서

① 수강자

| 수강정원 | 60명(러시아어, 중국어, 영어) |
|---|---|
| 응모자수 | 러시아어 13명, 중국어 22명, 영어 54명 |
| 합격자 | 러시아어 10명, 중국어 11명, 영어 20명 |

② 수료시험 개요 및 성적

수료시험 성적은 아래와 같다.

| | 필기시험(116점 만점) | 구술시험(29점 만점) |
|---|---|---|
| 영어강좌 평균 | 93 | 19 |
| 러시아어강좌 평균 | 94 | 24 |
| 중국어 강좌 평균 | 90 | 20 |
| 평균점(3언어) | 92 | 21 |
| 최고점(3언어) | 115 | 28 |
| 최저점(3언어) | 62 | 10 |

③ 수료자에 대한 후속지원

수료자에 대한 의료통역업무 알선은 하지 않으나 수료자를 위한 후속지원으로 당분간 의료통역 모집 등의 정보가 있을 경우 제공하도록 한다.

④ 2011년도 이후 예정

2011년 이후 도쿄외국어대학은 그 어학교육에 대한 노하우를 활용하여 국제의료통역이 될 인재에 대한 언어능력을 위한 특별한 어학강좌를 실시할 예정이다.

이 강좌에서는 전문분야(의료 등)에 특화된 텍스트를 활용한 어학교육을 실시함과 동시에 수강기간을 통해 전문 통역사로서의 적성과 필요한 어학능력, 커뮤니케이션 스킬 유무를 판단하도록 한다.

이 강좌를 일정한 수준으로 수료한 수강생에 대해 수료증을 발행함으로써 일정 수준의 능력을 보증하지만 국제의료통역으로 활약하기 위해 의료지식과 관련된 전문연수 및 실제 의료현장에서의 트레이닝을 불가피하다.

⑤ 강좌 상세 내용

강의는 총9회이며 1회는 개론(일본 의료에 관한 강의, 각국 의료종사자에 의한 의료사정에 관한 강의, 국제의료교류에 대한 국제의료통역의 역할), 제2회 이후는 의료관계자에 의한 의료지식 관련 강의, 어학강사에 의한 케이스 스터디와 어학연습(언어별로 실시)을 실시한다. 또한 강의뿐만 아니라 수강생이 의료 국제화에 대한 이해를 깊이하기 위해 의료기관 견학과 통역 실습 기회를 마련함과 동시에 마지막 강의 시에는 수료시험을 실시한다. 강좌참

가자는 수료시험 결과 및 의료기관에서의 통역실습 내용을 종합하여 일정수준 이상의 능력을 습득한 것을 인증한다.

⑥ 커리큘럼

| 일정 | | 1교시<br>(13:00~50) | 2교시<br>(14:00~50) | 3교시<br>(15:00~50) | 4교시<br>(16:00~50) |
|---|---|---|---|---|---|
| 10월 16일 | 제1회 | 개론(일본 의료, 각국 의료사정, 국제의료통역의 역할) | | | |
| 10월중 | 의료기관 견학 | | | | |
| 10월 23일 | 제2회 | 의료기술강좌<br>'건강진단' | 의료기술강좌<br>'호흡기과' | 언어별 케이스<br>프레젠테이션 | 언어별연습 |
| 10월 30일 | 제3회 | 의료기술강좌<br>'순환기과 I' | 의료기술강좌<br>'순환기과 II' | 언어별 케이스<br>프레젠테이션 | 언어별연습 |
| 11월 13일 | 제4회 | 기술강좌<br>'소화기과 I' | 의료기술강좌<br>'소화기과 II' | 언어별 케이스<br>프레젠테이션 | 인이별연습 |
| 11월 20일 | 제5회 | 의료기술강좌<br>'혈액과' | 의료기술강좌<br>'내분비대사과' | 언어별 케이스<br>프레젠테이션 | 언어별연습 |
| 11월 27일 | 제6회 | 의료기술강좌<br>'뇌신경외과' | 의료기술강좌<br>'방사선치료과' | 언어별 케이스<br>프레젠테이션 | 언어별연습 |
| 12월 4일 | 제7회 | 의료기술강좌<br>'비뇨기과' | 의료기술강좌<br>'산부인과' | 언어별 케이스<br>프레젠테이션 | 언어별연습 |
| 12월 18일 | 제8회 | 의료기술강좌<br>'성형외과' | 의료기술강좌<br>'피부과' | 언어별 케이스<br>프레젠테이션 | 언어별연습 |
| 12월 25일 | 제9회 | 의료기술강좌<br>'안과' | 의료기술강좌<br>'이비인후과' | 언어별 케이스<br>프레젠테이션 | 언어별연습 |
| 미정 | 의료기관에서의 통역실습 | | | | |
| 1월 | 수료시험 | | | | |

## 6. 일본의 의료통역 지원 단체

여기에서는 의료통역사들을 지원하기 위한 일본 단체들을 살펴본다.

### 1) 의료통역사협의회

본 협의회는 일본어를 구사할 수 없는 외국인에 대해 일본인과 같은 수준의 의료를 제공하기 위해 보건의료분야에 조예가 깊은 통역전문가가 필요하다는 공통의식에 다다랐다. 그래서 의료통역사에 대한 보수와 신분을 보장하기 위한 활동을 집행할 것을 목적으로 '의료통역사 협의회(Japan Association of Medical Interpreters, JAMI)'를 출범하였다. 이 협의회는 의료통역에 관심을 갖는 개인 혹은 단체로 구성된다.

### 2) 의료통역사 윤리규정

의료통역사협의회에서 설정한 의료통역사 윤리 규정이다.

전문

의료통역사는 모든 사람들이 언어와 문화 차이를 넘어 필요한 의료서비스를 받기 위해 커뮤니케이션 지원을 하는 전문직이며 의료종사자와 환자 등이 서로 이해하고 건강과 복리를 촉진하기 위해 필요한 신뢰관계 구축에 기여할 것을 사명으로 삼는다. 이를 위해 의료통역사는 스스로의 기술, 지식, 경험을 최대한으로 활용한다.

의료통역사가 전문직으로 넓게 사회에서 인정되고 유의미한 업무를 집행할 수 있도록 하기 위해 여기에 윤리규정을 마련한다.

조문

1. 비밀 엄수

의료통역사는 의료종사자와 환자 등에 관한 업무상 알게 된 정보를 그 의에 반하여 외부에 누설해서는 안 된다.

2. 정확성

의료통역사는 의료종사자와 환자 등의 발언이 의미하는 것을 충실히 통역함과 동시에 사회, 문화, 습관, 종교 등의 차이를 고려하여 양호한 커뮤니케이션 성립을 도모한다.

3. 공평성

의료통역사는 모든 사람에 대해 공평하게 통역을 한다. 또한 의료종사자와 환자 등의 회화 내용이나 상황을 파악하는 유일한 존재인 것을 인식하고 그 입장을 이용하여 특정한 혜택을 받지 않는다.

4. 전문직으로서의 태도

의료통역사는 자기 업무수행능력에 대해 자각하고 중립성을 유지하지 못한 경우나 스스로의 능력을 넘을 경우에는 적절한 대응을 강구해야 하며 혹은 그 업무를 거절할 수 있다.

5. 지식 · 전문기술의 유지 · 향상

의료통역사는 업무상 필요한 지식이나 전문기술을 항상 유지 향상시키기 위해 노력한다.

6. 의료통역환경 정비 및 타 전문직과의 연계

의료통역사는 의료종사자와 사회에 대해 의료통역사 역할을 알리고 의료장면에서의 커뮤니케이션이 원활하게 진행되도록 통역환경 정비에 노력한다. 또한 의료종사자와 그 외 전문직의 역할을 이해하고 협동한다.

7. 권리 옹호

의료통역사는 모든 사람의 존엄과 건강하고 문화적 생활을 보낼 권리를 존중하고 환자 등의 주체성에 손상을 주지 않는 범위 내에서 그 실현을 위해 노력한다.

8. 의료통역사의 자기 관리

의료통역사는 스스로의 사생활 보호를 하고 심신 건강유지와 증진에 힘쓴다.

9. 전문직으로서의 사회공헌

의료통역사는 공익을 우선하며 그 능력은 널리 사회를 위해 사용되어야 한다.

## 2) International Medical Interpreters and Translators Association(린쿠국제 의료통역번역협회, http://www.imediata.jp/)

### (1) IMEDIATA

의료기관에서 훈련을 받아 실적을 쌓은 의료통역사 및 외국인 서포터로 구성되는 NPO 단체이다. 의사, 간호사 등 의료 전문가와 의료통역사가 함께 설립하였다. 의료통역 등의 활동을 통해 일본어를 모국어가 아닌 외국인과 일본인 간의 언어와 문화의 벽을 제거하고 보건, 의료, 복지 촉진과 풍부한 공생사회 실현을 지향하는 것을 목적으로 한다. 의료현장에서 배양한 경험과 폭넓은 의료지식이 IMEDIATA의 의료통역사의 강점이다.

### (2) IMEDIATA 활동내용

IMEDIATA 멤버는 린쿠종합의료센터 국제외래에서 의료통역사 및 외국인 서포터로 이미 훈련을 받은 실적이 있다(마취설명, 수술설명, 응급외래, 구명구급센터에서의 통역 포함). 린쿠종합의료센터는 '국제외래'를 실현한 의료기관의 선구자이다. 또한 동 의료기관의 영어 강좌 등의 교육프로그램에도 참여한다.

① 의료통역 서비스
외국인환자의 증상이나 병력을 듣고 의사에게 전달하여 의사 진단을 정확하게 환자에게 전달한다. 문진에서 진찰, 검사, 복약 지도에 이르는 과정을 통역을 한다.

② 의료번역 서비스
의료기관에서 사용하는 진단서, 보험청구서류, 마취, 수술 동의서 번역 및 의학학회 자료 번역, 교정 등.

③ 국제외래 서비스
IMEDIATA에서는 의료기관이 국제외래과(의료통역사가 스텝으로 상주하는 형태)를 마련하여 지원한다. 영문, 중국어, 스페인어, 포르투갈어의 번역, 서류작성(진료부문의 간판, 접수용지, 문진리스트, 진단서, 검사 설명서, 입원 안내서, 수혈 승낙서, 수술 승낙서 등) 등도 지원한다.

④ 의료관계자를 위한 의료어학강좌

현재 린쿠종합의료센터 등에서 의료영어강좌를 각각 월1회 개최하고 있다. 참가하는 의사, 간호사를 비롯하여 기사, 약제사, 접수 직원들에게 높은 평가를 받고 있다. 외국인 환자와의 커뮤니케이션을 원활하게 하기 위한 의료영어, 중국어, 스페인어, 포르투갈어 학습과 원내 의료회사 연습 등을 진행한다.

⑤ 기타 활동

그 외 의료포럼이나 학회 통역 등에도 대응한다. 의료지식과 통역기술을 향상시키기 위해 정기적으로 연수를 진행한다.

### 3) 의료통역 기준을 검토하는 협의회

의료통역 기준을 검토하는 협의회는 2010년 5월에 설립되었으며, '의료통역을 파견하고 있는 전국 단체에 의하여 활용 가능한 의료통역에 관한 공통기준을 검토하고, 책정하는 것'을 목적으로 한다. 협의회를 구성하는 단체는 특정 비영리 활동법인 다문화 공생센터 교토와 특정 비영리 활동법인 다언어사회 리소스 가나가와이다. 이 단체가 책정한 의료통역 공통기준을 소개하면 다음과 같다.

#### (1) 의료통역 공통기준

의료통역은, 일본어 회화능력이 충분치 않은 환자의 생명과 건강에 관련하여 환자나 가족(이하 '환자 등'이라 한다)과 의료종사자의 사이에서 의사소통을 도와주는 중계자 역할을 함과 동시에, 환자가 안심하고 의료 서비스를 받을 수 있고, 의료종사자를 신뢰할 수 있도록 도와주는 것을 말한다. 그리고 그러한 행위로서, 의료종사자가 최선의 의료를 행할 수 있도록 함과 함께, 환자가 최선의 의료서비스를 받을 수 있도록 하는 것을 사명으로 하는 것이다. 그러므로 의료통역사는 이하 여러 항목에 근거하여, 한층 더 수준 향상에 힘써야 할 필요가 있다. 또, 일본어 회화능력이 충분치 못한 환자 등을 수용하는 의료기관은, 이하의 여러 항목을 달성한 의료통역사를 적극적으로 수용할 필요가 있다. 의료통역사를 파견하는 기관 · 단체는, 이하의 여러 항목의 달성을 위한 환경정비에 힘쓸 것을 권장하는 바이다.

### (2) 기준책정의 목적

의료통역에 관한 개인 및 의료통역 파견 시스템을 운용하는 기관이나 단체(이하 '파견기관·단체'라 한다)가 학습이나 육성, 도달 목표의 설정, 채용전형 등에 있어서 하나의 '목표'로서 공통으로 활용할 수 있는 기준을 설정하는 것이다.

### (3) 기준의 시점

① 다문화 사회 실현에 공헌하는 것일 것
② 이용자를 안심시키고 신뢰관계를 구축할 수 있는 것일 것
③ 의료통역을 전문직의 하나로서 인식할 것
④ 전문직으로서 양성하여 학습의 필요가 있는 사항을 추출하고, 체계화하는 것일 것
⑤ 제시한 사항은, 의료통역 트레이닝 등의 과정에서 양성하고, 습득할 수 있는 것일 것
⑥ 공통기준은 다른 기준을 배제하는 것이 아닌 지역의 실정(지리, 통역인재, 재원, 문화 등)에 적합하게 수정 가능한 것일 것

### (4) 용어의 정의

이 기준에 있어 다음 항목에 제시되는 용어의 정의는, 해당항목에 기재된 대로 한다.

① '의료통사자'란, 의사, 간호사, 조산사, 약사, 의료 방사선 기사, 물리치료사, 의료 사회복지사, 의료계 직원 등을 말한다.
② '이용자'란, 의료통역 서비스를 이용하는 일본어 회화에 있어 어려움을 겪는 환자 등 및 의료종사자를 말한다.
③ '의료 실천 스타일'이란, 진료방법이나 간호방법, 환자 등과의 접촉방법 등, 의료종사자의 행동양식 경향을 말한다.

### (5) 기준책정의 수속

① 의료통역 기준을 검토하는 협의회의 검토 멤버에 의한 검토(멤버는 제6항 참조)
② 의료통역을 연구 테마의 하나로 하는 학회나 연구회의 논의

③ 제3회 의료통역을 생각하는 전국 회의의 파견단체 실천자 등과의 논의

## (6) 공통기준의 항목과 설명

| 대항목 | 중항목 | 소항목 | 설명 |
|---|---|---|---|
| 지식 | 환자의 배경/다문화에 관한 지식 · 이해 | 환자 등의 생활배경 | 재류자격제도나 환자 등의 생활상황, 일본어의 이해가 불충분한 환자 등의 의료장면에서 곤란한 상황 등에 관한 지식 · 이해 |
| | | 환자 등의 출신국 · 지역 문화 | 환자 등의 출신국 · 지역의 종교, 습관, 가치관차이에 관한 지식 · 이해 |
| | | 환자 등의 출신국 · 지역 의료 | 환자 등의 출신국 · 지역의 의료제도, 의료 실천스타일(일본과의 차이)에 관한 지식 · 이해 |
| | | 지원기관 · 단체에 관한 지식 | 각종 지원기관 · 단체 등, 환자 등을 지원하는 기관의 정보 |
| | 의료에 관한 지식 | 진체 조직과 그 기능 | 신체기관의 조직에 관한 지식 |
| | | 기초적인 의학용어 | 기초적인 질병과 그 증상에 관한 용어(문진에서 사용되는 정도)의 지식 |
| | | 검사 · 치료방법에 관한 기초지식 | 주된 검사방법이나 치료방법, 투약 · 복용방법에 관한 기초지식 |
| | | 보건위생에 관한 기초지식 | 감염증에 대한 대책, 예방접종 등에 관한 기초지식 |
| | | 의료기관의 검진 순서 | 접수, 진찰, 검사, 치료, 계산, 약 처방 등 검진순서에 따른 환자 등의 움직임에 관한 지식 |
| | | 환자의 심리 | 질병에 걸렸을 때의 인간의 심리(분노, 불안 등) |
| | | 의료종사자의 역할과 경향 | －의사, 간호사, 의료 사회 복지사 등 의료종사자의 종류와 역할에 관한 지식<br>－일본의 의료종사자의 의료 실천 스타일에 관한 지식 |
| | | 의료보건 · 보건복지제도 | 각종 건강보험제도, 출산 일시금, 공비부담제도, 해외여행 상해보험 등에 관한 지식 |
| | 소속기관 · 단체, | 소속기관 · 단체의 사명 | 소속기관 · 단체의 사명, 조직구성, 활동내용에 |

| | | | |
|---|---|---|---|
| | 의료통역 전체에 관한 지식 · 이해 (파견기관 · 단체에 소속된 경우) | 에 관한 지식 · 이해 | 관한 지식 |
| | | 파견제도 · 사업에 대한 지식 · 이해 | 의료통역 파견제도 · 사업내용, 파견규칙, 의료통역 지원기능에 관한 지식 |
| | | 의료통역의 현상과 과제 | 의료통역에 관한 전국적인 대처 현상과 과제의 개요 |
| 기술 | 어학능력 | 일본어 · 대상언어의 기초능력 | 통역사가 환자로서 진료현장에 갔을 때, 서로 주고 받을 만한 회화내용을 모국어, 대상언어로 말할 수 있을 것 |
| | 통역기술(※1) | 상대방의 말을 듣는다 | 집중력 · 청취능력 |
| | | 이해한다 | 대화내용을 정확히 이해하는 능력 |
| | | 기억한다 | 단기적으로 기억 보존 · 유지 능력, 이를 위한 메모 기술 |
| | | 전한다 | －충분한 어휘, 표현, 구문, 문법 등의 구사력<br>－발음이나 발성능력, 장면에 적합한 전달능력 |
| | 실천적 기술 | 통역의 중단 · 내용확인 | －이용자의 발언내용이 애매한 경우에 통역을 중단하여, 재차 회화내용을 확인할 수 있을 것.<br>－필요에 따라 사전을 찾아볼 것 |
| | | 상황판단 | 뜻밖의 사태에 냉정하게 대응하는 등, 현장경험으로 부터 얻을 수 있는 지혜, 임기응변 |
| | 의사소통 · 기술 | 대상에 대한 원조(※2)의 기초기술 | －상대방이 말하기 쉬운 침착한 태도로 대할 것(경청)<br>－따뜻한 시선, 보디랭귀지(비 언어적 의사소통)에 주의할 것<br>－적절한 자리 · 위치를 확보할 것 |

※ 1. 통역기술은 '상대방의 말을 경청' 하고 그것을 '이해', 단기적으로 '기억', 대상 언어(또는 모국어)로 상대방에게 '전달'하는 행위에 부수되는 기술이기 때문에, 소항목의 기재순서는 그 순서에 따르고 있다.
2. '대상에 대한 원조'란, 사회복지분야에서 사용하고 있는 용어의 개념이다.

| | | |
|---|---|---|
| 윤리 | 기본적인 인권존중 | 국적, 인권, 민족, 종교, 신조, 연령, 성별 및 성적 지향, 사회적 지위, 경제적 상태, 라이프스타일, 문화적 배경, 신체적 정신적 상태, 건강문제의 성질 등에 상관없이 모든 사람을 소중한 존재로서 존중하여, 공평하게 대응할 것 |
| | 수비의무 | 직무상 알게 된 환자의 정보 등의 수비의무를 지킬 것 |
| | 프라이버시의 존중 | 환자 등의 의사에 반하여 환자 등의 프라이버시를 침해하지 않을 것 |

| | | |
|---|---|---|
| | 중립 · 객관성 | -통역의 업무범위를 지키고 이용자의 의견에 참견하거나 조언하지 않을 것<br>-통역사 자신의 가치관이나 주관을 넣지 않을 것 |
| | 정확성 | -상기의 지식이나 기술에 대한 각 항목에 기재된 것을 최대한 지킬 것<br>-통역사는 충실하고 정확하게 통역을 행하고 환자 등의 배경이나 문화에 대하여 고려할 것<br>-자신의 전문적인 능력을 자각하고, 그것을 넘어선 통역을 하게 될 경우에는 그것에 대하여 이용자에게 알릴 것 |
| | 전문성의 유지 · 향상 | -통역능력의 유지 및 향상에 힘쓸 것<br>-항상 통역사로서 필요한 새로운 제도에 대한 이해나 보다 깊은 지식을 습득을 추구할 것 |
| | 신뢰관계의 구축 | -통역사는 이용자를 존중하고 이용자가 말하기 쉬운 태도를 취할 것<br>-상대에 대한 배려심을 가질 것 |
| | 이용자와의 사적인 관계회피 | -이용자와 개인적인 관계를 구축하지 않을 것<br>-통역사는 인간관계상 혹은 감정면 등에서 공평한 통역이 불가능하다고 여겨지는 의뢰는 거절할 것<br>-그 입장을 이용하여 이용자로부터 개인적인 보답을 받지 않을 것 |
| | 의료종사자, 지원단체, 전문가와의 제휴 및 협력 | -의료종사자나 관계자의 제휴 및 협력관계를 중요하게 여길 것<br>-환자 등으로 부터 상담 등을 혼자서 떠맡지 않을 것 |
| | 건강보존및 증진 | 업무와 사생활과의 균형을 지키는 등, 통역사 자신의 심신의 건강 보존과 증진에 힘쓸 것 |
| | 품행의 보존 | 사회인으로서 시간엄수, 청결유지, 적절한 복장(업무시는 깔끔한 복장, 향수는 금물)등 절도와 예의를 지킬 것 |
| 통역사가 소속하는 기관 및 단체의 의의 | 통역사의 육성 | 연수 및 기술 향상을 제공할 것 |
| | 통역사의 보호 | -통역사에게 과잉부담을 주지 않을 것<br>-적절한 감염예방대책을 가지고 통역사에게 육체적이나 정신적인 부담이 되지 않도록 배려할 것 |
| | 사회에 대한 책임 | 의료통역을 이해하는 의료기관의 확장에 힘쓸 것과 동시에 사회적 인식을 깊이 할 수 있는 대처방식을 행할 것 |

■ 참고문헌


국립사회보장 인구문제연구소, 제12회 출생동향기본조사, 2002

일본 경제성, 전국소비실태 조사, 2004

일본 국립사회보장 인구문제연구소, 사회보장급부비, 2005

일본 국립사회보장 인구문제연구소, 일본의 장래추계인구, 2002

일본 국립사회보장 인구문제연구소, 출생동향기본조사, 2002

일본 국토교통성관광청, 여행・관광소비동향조사, 2007/2008

일본 국토교통성관광청, 일본인의 여행행동에 관한 실태조사, 2008

일본 내각부, 고령자의 경제생활에 관한 의식조사, 2002

일본 내각부, 고령자의 생활과 의식에 관한 국제비교조사, 2002/2006

일본 법무성, 일본인 해외여행자수 추이, 2007

일본 총무성, 가계조사, 2004

일본 총무성, 국세조사, 2005

일본 총무성, 노동력조사, 2005

일본 후생노동성, 21세기 출생아 조사, 2002

일본 후생노동성, 국민생활기초자료, 2004

일본 후생노동성, 노동시장으로의 참가자 진척되는 케이스, 2006

OECD, Health Data, 2002

OECD, Health Data, 2003

## 지은이 소개

사이토아케미 齊藤明美

고마자와대학대학원 이문과학연구과 박사과정수료(일본어학)
한양대학교대학원 일어일문학과 박사과정졸업(한일대조언어학)
고려대학교대학원 국어국문학과 박사과정졸업(한국어학)
현재 한림대학교 일본학과 교수

〈저서〉
『ことばと文化の日韓比較－相互理解をめざして－』(世界思想社, 2005)
『対人行動の日韓対照研究－言語行動の基底にあるもの』(共著, 2008, ひつじ書房)
『다른 듯 같은 듯』(2006, 소화, 2006년도 문화관광부 우수교양도서)

최수나

1993년 서울대학교 신문학과 졸업
1997년 한국외국어대학교 통역번역대학원 한일과 졸업
2001년 한국외국어대학교 통역번역대학원 박사과정 입학
현재 한국외국어대학교 통역번역대학원 강사
한림대학교 의료관광인재양성센터 객원교수

〈저서〉
『일본어권 의료관광 서류의 번역과 작성』(2011, 소화)
『일본어권 의료 용어』(2011, 소화)

일본어권 의료관광 문화의 이해

초판 발행 2012년 2월 3일

지은이 사이토 아케미 · 최수나
펴낸이 고화숙
펴낸곳 도서출판 소화
등록 제13-412호
주소 서울시 영등포구 영등포동 7가 94-97
전화 02-2677-5890
팩스 02-2636-6393
홈페이지 www.sowha.com

ISBN 978-89-8410-426-6 93320

값 19,000원